"十三五"国家重点图书出版规划项目

改革开放 40年 中国教育学科新发展

教育技术学卷

编委会 主编

刘美凤 主编

高等教育出版社·北京

图书在版编目（CIP）数据

改革开放40年中国教育学科新发展. 教育技术学卷 / 刘美凤主编. -- 北京：高等教育出版社，2019.11
ISBN 978-7-04-051845-0

Ⅰ. ①改… Ⅱ. ①刘… Ⅲ. ①教育技术学－学科发展－研究－中国 Ⅳ. ① G40-03

中国版本图书馆 CIP 数据核字（2019）第 081476 号

GAIGEKAIFANG 40 NIAN ZHONGGUO JIAOYU XUEKE XIN FAZHAN·JIAOYU JISHUXUE JUAN

| 策划编辑 | 韩 筠 | 责任编辑 | 张 召 | 封面设计 | 张志奇 | 版式设计 | 杜微言 |
| 责任校对 | 胡美萍 | 责任印制 | 毛斯璐 | | | | |

出版发行	高等教育出版社	咨询电话	400-810-0598
社　　址	北京市西城区德外大街4号	网　　址	http://www.hep.edu.cn
邮政编码	100120		http://www.hep.com.cn
印　　刷	三河市骏杰印刷有限公司	网上订购	http://www.hepmall.com.cn
			http://www.hepmall.com
			http://www.hepmall.cn
开　　本	787mm×960mm 1/16		
印　　张	23.25	版　次	2019年11月第1版
字　　数	270千字	印　次	2019年11月第1次印刷
购书热线	010-58581118	定　价	64.00元

本书如有缺页、倒页、脱页等质量问题，请到所购图书销售部门联系调换
版权所有　侵权必究
物料号　51845-00

主　　　编：丛书编委会

编委会主任：顾明远

编委会委员：（排名不分先后）

　　　　　　石中英　刘海峰　褚宏启　孟繁华　陈晓宇

　　　　　　王长纯　靳玉乐　刘美凤　郑新蓉

序

今年是改革开放40周年。40年来我国教育取得了巨大的成绩。现在已经有多家出版社组织编写和出版了反映我国教育各领域的成就的成果，高等教育出版社也想出一套丛书来纪念这个伟大的时代。为了避免重复，我提议编写一套反映40年来教育学科的发展的丛书。

我国教育学科在改革开放以后发生了巨大的变化，在这之前，可以说只有一本教育学一统天下，可谓一枝独秀。但改革开放40年来教育学科呈现出百花齐放的局面。在"解放思想，实事求是"的思想路线指导下，我国教育学界引进世界各国的教育理论，总结我国几千年来的优秀教育传统，创造了许多新兴学科和交叉学科，为我国的教育改革提供了理论支撑，也丰富了教育理论宝库。总结40年来的教育学科的发展，展现其发展历程，不仅反映了40年来学科发展的过程，同时激励我们不忘初心，继续努力，为建设和完善中国特色社会主义教育理论体系做出贡献。

本丛书共九卷，分别是"教育哲学卷""课程与教学论卷""教育技术学卷""教育经济学卷""教育政策学卷""比较教育学卷""教育管理学卷""教育社会学卷""高等教育学卷"。编写的体例是各卷先综述该学科的发展，然后选编40年来各个历史阶段的代表性论文。这样既反映了学科发展的历程，也是一种历史文存，具有文献留存的价值。

本丛书不设总主编，由各卷主编负责。因为我帮助出版社出了点主意，他们邀我写丛书的序，我就把这个过程说清楚。

2018 年 8 月 27 日

目 录

第一部分　改革开放 40 年教育技术学的发展

第1章　教育技术的缘起　　　2
 第1节　教育技术诞生于美国　　　2
 第2节　我国教育技术领域与学科的最早起步　　　5

第2章　改革开放后我国教育技术领域与学科的重新起步和发展　　　8
 第1节　系统性建立各级机构，推动教育技术的重新起步与发展　　　8
 第2节　名称之争：对教育技术本质的审视　　　11
 第3节　教育技术学学科重建暨专业人才培养　　　13

第3章　我国教育技术学理论体系的构建与发展　　　18
 第1节　教育技术定位的嬗变　　　18
 第2节　教育技术学研究范畴的确定　　　24

第4章　教育技术应用领域的不断扩展与深入　　　35
 第1节　学校教育技术：从辅助教学到智慧教育　　　36
 第2节　远程教育技术：从函授走向开放　　　39
 第3节　职业教育技术：从局部走向整体　　　46
 第4节　人力绩效技术：从不需要到供不应求　　　50

第5章　教育技术学术交流日益丰富且频繁　　　60
 第1节　作为交流平台的学术组织的建立与发展　　　60
 第2节　作为交流媒介的学术期刊的创办与发展　　　66
 第3节　日益丰富且频繁的双向国际交流　　　69

第二部分　改革开放 40 年教育技术学代表性论文

从国外名词术语的演变看"电化教育" / 廖泰初　　84

课程开发理论与课程开发模型
　　——教育技术专业的课程框架体系的设计 / 赵为华
　　　乌美娜　尹俊华　　95

企业绩效技术是教育技术走向市场的重大突破 / 张祖忻　　112

技术—教育—人的发展（上）
　　——现代教育技术学的哲学基础初探 / 桑新民　　121

技术—教育—人的发展（下）
　　——现代教育技术学的哲学基础初探 / 桑新民　　133

教育技术的定位与错位 / 梅家驹　　142

什么是教育技术学
　　——关于教育技术学几个基本问题的浅见 / 尹俊华　庄榕霞　　148

中国特色教育技术理论的形成与发展 / 何克抗　　155

广义教育技术定位的确立 / 刘美凤　　195

信息化进程中的教育技术学专业建设研究 / 徐福荫　　219

教育技术学科建设：中国道路 / 南国农　　235

设计研究：促进教育技术研究的方法论 / 张倩苇　　245

对教育技术"工具理性"的批判 / 李芒　　261

教育的"技术"发展史 / 郭文革　　274

MOOC 热背后的冷思考 / 汪基德　冯莹莹　汪滢　　310

教育技术学本科专业发展现状及改进对策研究 / 杨九民　梁林梅　　326

从"知识"到"思维"：教育技术学发展的学科
　　转向 / 安涛　周进　韩雪婧　　346

出版说明　　359

第一部分

改革开放40年教育技术学的发展

第1章 教育技术的缘起

我国教育技术实践与研究起步于 20 世纪初,由于受日本侵华战争和"文化大革命"的影响,经历了三起两落。改革开放以后,教育技术领域与学科才真正得到稳步发展。当前,形成了教育技术实践与研究和教育技术学科(含专科、本科、硕士、博士和博士后流动站层次)并存的发展局面。教育技术领域及其学科从产生到发展的过程,深受美国教育技术的影响,同时,因为文化的差异,形成了自己的特色。

第1节 教育技术诞生于美国

教育技术,作为"如何教"的实践活动,从教育产生的那天起就存在。但是,作为人们从事实践与研究的教育技术,最早诞生于 20 世纪初美国的视觉教学运动,并历经了视觉教育、视听教育、视听传播、教学媒体、教育技术等名称的演变。

20 世纪初的美国,社会、经济和人们的生活处于不断变化当中,技术得到空前的发展。由于工业化生产大发展和社会分工的需要,人们越来越重视实用的课程和新的、更有效的教学方法,反对"书本学习",提倡结合生活实际、注重学生个体等的"新教育",以便培养出社会急需的大批有知识和技能的劳动者。视觉教学就是在这种背景下兴起的,目的是提高教育教学的效果。后来,随着广播和有声电影的发明和应用,视觉教学运动逐渐演变成视听教学运动。视听教学运动的本质就是在教学当中提倡运用能够提供直接经验或替代经验的视听媒体，以促进学生的理解，并最终提高教学效果。

到了20世纪40年代，"传播学"开始产生影响并形成新的概念框架。人们意识到，教学是一个过程，涉及信源、内容、信道和信宿等多个要素，教学效果是这些要素相互作用的结果，而不只是取决于信道（视听媒介）这一个要素。因此，到了20世纪50年代，"视听教学"这个名词开始被"视听传播"取代，重点也开始从只关注教学情境当中的"物"转移到关注从"信源到信宿"这一信息传递的完整过程上来。1963年的定义[①]直接用"视听传播"代替了"视听教学"，清晰地说明了视听教学已经被新的理论和模式代替了！

20世纪70年代，随着视听教学的进一步开展，人们开始认识到，没必要把"视"和"听"分开，它们都是作为媒体被应用于教学的。正如戴尔所说："视听材料不应当再分成'眼'的经验或'耳'的经验，它们是给学生提供丰富的、具体经验的现代技术手段。"[②]这样，在美国，相关的名称也就逐渐从视听材料转变为教学媒体，视觉或视听专家也被称为媒体专家；视觉教学局改名为教学媒体中心。这就是教学媒体曾经作为这个领域的一个名称的诞生背景。

这样，教育技术领域就从主要关注分离的"视"和"听"等不同感官对学习的影响，发展到把材料看成一个整体的"物"或"媒体"的概念；再从关注"物质"技术走向关注整个教学传播的"过程"技术。

---

① AECT1963定义："Audiovisual communications is that branch of educational theory and practice primarily concerned with the design and use of messages which control the learning process." Ely, Donald P. *The Changing Role of the Audiovisual Process: A Definition and Glossary of Related Terms.*, Washington: Dept. of Audiovisual Instruction, National Education Association, 1963, p18-19. "视听传播是教育理论和实践的分支，主要研究控制学习过程的讯息的设计和使用。"（作者译）

② 刘美凤：《教育技术学学科定位问题研究》，教育科学出版社2006年版，第50页。

教育教学效果不仅仅受到教育教学过程要素的影响，还会受到教育教学系统结构要素（比如教师、学生、教学内容、教学环境等）的影响。因此，为达到提高教育教学效果的目的，需要将教育教学系统当成一个整体来看待，不仅有过程要素，还有结构要素，需要统筹规划，在组成系统的各要素之间的关系和相互作用中发现系统的规律性，从而找到解决复杂系统问题的一般步骤、程序和方法。这就是20世纪五六十年代得到空前发展的一般系统论所形成的系统方法的主要思想。这正是技术的思维。

相对于科学发现规律而言，技术的本质是利用知识和经验改善实践，解决实际问题。而导致问题产生的因素很多，需要把它们当作整体来看待，才能分析出问题产生的根本原因，从而系统地利用科学知识和经验，通过研究得出解决问题的方案，并最终解决实际问题。因此，该领域在不断辩证否定自己的过程中，逐渐开始采用"教育技术"这个名称，即指系统地利用相关知识和经验，为促进学习而对解决教育教学实际问题的方案、过程和资源进行设计、开发、应用、管理和评价的研究与实践。[①]

这是美国教育技术发展的简短历史。从教育技术学专业的角度，到目前为止，美国形成了可以颁发教育技术证书以及硕士和博士学位的学科发展局面，授予教育技术学本科学位的大学很少。欧洲国家更倾向于有这个领域而不是学科。亚洲很多国家和地区该领域的学者曾留学美国学习教育技术，因而这些国家或地区的教育技术发展深受美国教育技术和学科的影响。

---

① 教育学名词审定委员会：《教育学名词》，高等教育出版社2013年版，第214页。

第 2 节　我国教育技术领域与学科的最早起步

我国教育技术领域的名称经历了从"电化教育"到"教育技术"[①]的变迁，从社会教育和高等教育中应用幻灯、电影、无线电广播等开始，逐步扩展到中小学学校教育，深受美国教育技术的影响，同时也带有中国特色。

20 世纪初的中国社会处于转型期，政治动荡、经济落后、百废待兴，急需普及平民教育，扫除文盲，发展农业和工业，这是诞生教育技术领域的必然性的土壤。在这个背景下，欧美先进的幻灯、电影等技术的发展及其在各行各业的应用（教育技术发展的偶然性）很快引起了中国学者的注意和兴趣。说起美国教育技术对中国的影响，离不开来华的外国学者和旅美的中国学者的作用。美国实用主义哲学家与教育家杜威 1919 年至 1921 年在中国讲学 200 余场。曾就读于哥伦比亚大学的杜威的学生陶行知、蒋梦麟等人回国，他们深受美国视觉教学运动的影响。陶行知针对中国当时文盲遍地的情况，曾立下"要使全国人都受教育"[②]的宏愿。1923 年，晏阳初在嘉兴开展"千字课"识字运动时，使用了幻灯教学方式。当时陶行知前往参观，深受影响，加上美国视觉教学运动对他的影响，在此后的平民教育中，陶行知一直非常关注幻灯、电影、无线电广播等技术在教育普及中的作用，并成为我国早期电化教育的积极提倡者和力行者。[③]

[①] 本书尽量统一使用"教育技术"作为领域或学科的名称。改革开放之前该领域基本使用"电化教育"这个名称；20 世纪 80 年代中后期开始出现"教育技术"这个名称，21 世纪以来，"教育技术"这个叫法基本普及；因此，凡使用"电化教育"的地方就是指"教育技术"领域早期的叫法。

[②] 南国农主编：《中国电化教育（教育技术）史》，人民教育出版社 2013 年版，第 2 页。

[③] 李陆云，卞旭慧：《陶行知电化教育思想与我国早期电教的产生》，载《青年与社会：下》，2015 年第 2 期。

蔡元培也是电影教育的力推者和践行者。鉴于我国的现实情况和欧美各国运用电影开展教学的成功经验，蔡元培于1912年担任第一任国民政府教育总长时就提出"惟社会教育，亦为今日之急务"[①]，在实施中宜配以"有益之活动画影画"[②]，并在"全国临时教育会议"开会演说中再次提出"社会教育"的问题。蔡元培与陈裕光在1923年率先提出运用电影来提高我国民众的素质是一种切实可行的办法，"有大用处"。[③] 可见，我国是由教育家较早提倡在社会教育中利用当时先进的媒体手段提高教育效果和效率的。

南京金陵大学是我国电影教学的前驱。1903年该校就在教室中使用电影进行教学，并在周末组织学生放映电影用以娱乐。由于中小学受设备和技术水平的限制，大学或社会组织机构深入中小学校提供放映服务，幻灯片、电影教学逐渐从社会教育、高等教育扩展至中小学教育。

"电化教育"这个名称，是1936年确立并开始使用的。国民政府教育部设立电影教育委员会（1936年）和播音教育委员会（1935年），负责全国电影和播音教育器材的供应，以及电影教育和播音教育运动的开展和技术指导等事宜。电影教育委员会和播音教育委员会行政建制在教育部内，归社会教育司分管。时任司长陈礼江为管理的便利和行文的简洁，将电影教育委员会和播音教育委员会简化为"电化教育委员会"，并将国民政府教育部委托金陵大学理学院举办的培训电影、播音人员的训练班命名为"电化教育人员训练班"。培训班的学员将这

---

① 璩鑫圭，唐良炎：《中国近代教育史资料汇编：学制演变》，上海教育出版社1991年版，第601页。

② 我一：《临时教育会议日记》，载《教育杂志》，1912年第6期。

③ 李龙：《"电教百年"回眸——继承电化教育优良传统开创教育技术辉煌未来》，载《中国电化教育》，2012年第3期。

个名称带到全国各地,从此"电化教育"的名称得以确立。①

可见,尽管受到美国视听教育运动的影响,但是,中国学者只是将视听媒体(还包括图片等)中带电的媒体及其在教育教学中的应用称为"电化教育"。这就是这一时期该领域不同于美国而具有中国特色的地方。

我国电化教育专业建立得较早,但是与美国以硕士学位为起点不同,我国最早建立的是专科学位,这与刚开始将该领域定位于带电的媒体并因此定位该专业为电教媒体的使用与维修有直接关系,这也构成了我国教育技术学专业的中国特色。

"从20世纪30年代起,我国开始在高等学校举办电化教育专业。1936年,江苏省立教育学院创办电影与播音教育专修课,学制两年,这是我国第一个电化教育专业。1938年,金陵大学理学院成立电影播音专修科,学制两年;1941年,国立社会教育学院设立电化教育专修科,学制两年;1948年,该院专修科改为系,学制四年,这是我国第一个本科层次的电化教育专业。"②"1952年,全国高校院系调整,社会教育学院的电化教育专业并入北京电影学院。从1952年到1982年,我国的电化教育专业停办了30年。从1983年起,我国高校开始恢复设置电化教育专业。"③

---

① 南国农主编:《中国电化教育(教育技术)史》,人民教育出版社2013年版,第2页。
② 南国农主编:《中国电化教育(教育技术)史》,人民教育出版社2013年版,第2页。
③ 南国农主编:《中国电化教育(教育技术)史》,人民教育出版社2013年版,第7页。

第 2 章　改革开放后我国教育技术领域与学科的重新起步和发展

无论是电化教育技术领域，还是学科专业，都在抗日战争和"文化大革命"期间两度衰落，电化教育专业更是在 1952 年到 1982 年遭遇停办。我国教育技术领域与学科专业真正得到快速发展是从 20 世纪 70 年代末 80 年代初开始的，①即在改革开放之后。其中，政府建立系统性的电教机构对教育技术实践和研究的重新起步与发展起了很大的促进作用；另外，关于"电化教育"名称的大讨论，预示着人们对这个领域重新的理性的审视，对教育技术基本理论的建立乃至专业发展有推动作用。

第 1 节　系统性建立各级机构，推动教育技术的重新起步与发展

改革开放以后，国家百废待兴，需要大力发展教育事业。政府从上到下系统布局，建立了各级电化教育机构，这对促进我国教育技术领域的重新起步与发展有较大的作用，从中央到地方的行政干预与推动是这一时期我国教育技术领域有别于美国而具有中国特色的地方。

一、从中央到地方建立各级电化教育馆系统

党的十一届三中全会以后，党中央召开了全国教育工作会议，确定了新时期发展教育事业的方针大计，电化教育进入了一个迅速发展的时期。为了便于领导和推动电化教育的开展，1978 年 7 月，经国务院批准，当时的教育部建立了中央电化教育馆，一套班子、两种职能，

---

① 刘美凤：《教育技术学学科定位问题研究》，教育科学出版社 2006 年版，第 22 页。

既是事业单位,又是管理全国电教工作的行政机构。之后,全国各级电化教育机构先后成立,形成了一个完整的电化教育机构体系,即中央电化教育馆/省级电化教育馆/县级电化教育馆(站)等。1979年起,教育部又决定将中央电化教育馆改为教育部的电化教育局,负责全国学校电化教育的行政管理工作。在此基础上,学校与企业也成立了相应的机构,即学校电化教育机构系统:各级各类学校电教中心或电教组;企事业电化教育机构系统:企事业电教中心(组)等。[①]这对推动全国中小学、高等学校以及企事业单位的电化教育研究与实践领域的发展起到了非常大的促进作用。由于电化教育更多地关注幻灯、投影、电影、电视等媒体及其教育应用,从1987年开始,国家设立了各级各类教育信息中心,以推动和促进各级各类中小学校甚至高校信息技术(计算机相关媒体)的教育应用。

二、从中央到地方建立广播电视大学系统

20世纪五六十年代,我国经济建设和社会发展对人才有了新的需求,于是利用广播电视进行教学的广播电视大学在一些城市陆续出现,"文化大革命"以后停办。1978年2月6日,邓小平高瞻远瞩,批准了教育部与中央广播事业局提交的《关于筹备电视大学的请示报告》,同意创办面向全国的广播电视大学。经过一年的紧张筹办,中央广播电视大学和28所省级广播电视大学于1979年2月6日同时开学。到1993年,全国形成了"中央广播电视大学/省级广播电视大学1+44所的发展局面"。[②]从中央到地方各级广播电视大学系统的建立,促

---

① 尹俊华主编:《教育技术学导论》,高等教育出版社1996年版,第60页。
② 中央电大咨委会总课题组:《广播电视大学的定位与系统建设》,载《中国远程教育》,2009年第6期。

进了利用现代技术手段进行远程教育的开展，扩大了教育规模，扩展了制度性学校教育的外延，这是教育技术在教育宏观层面的一个重要教育功能。

三、从中央到地方建立教育电视台系统

1986年6月23日，国家教育委员会、国家计划委员会、国家经济贸易委员会、国家科学技术委员会等国务院九部委联合发出《关于利用卫星电视开展教育工作的通知》，教育频道定于1986年7月1日试播、1986年10月1日开播。1987年10月1日，国家教育委员会宣布成立中国教育电视台。1988年10月29日，按照时任国务委员兼国家教育委员会主任李铁映的提议，中国教育电视台开通了第二个卫星教育电视专用频道（CETV-2），并在节目整合后，成为主要播出中央广播电视大学等学校学历教育课程的远程教育教学频道。1994年9月，为进一步服务首都教育，在时任国务院副总理李岚清和国务委员李铁映的协调推动下，中国教育电视台建立了北京发射台，时称"中国教育电视台35频道"。1996年5月1日，"中国教育电视台北京台"（CETV-3）正式开播。2003年5月19日，按照陈至立的提议，在教育部等机构的直接指挥下，中国教育电视台在为抗击"非典"期间中小学生提供《快乐课堂》教学节目的基础上，正式开播了面向全国的"空中课堂"频道。

直至目前，已形成"中国教育电视台/省级教育电视台"系统。[①]

各级教育电视台系统的建立，对提高整个社会民众的素质起到很大的作用，也成为学校教育的支持与补充。现代电视媒体技术应用于社会教育和学校教育，以提高大众或学生素质，这是对以前幻灯、电影在社会教育和学校教育中应用的一种延续。

---

① 南国农主编：《中国电化教育（教育技术）史》，人民教育出版社2013年版，第4页。

第 2 节　名称之争：对教育技术本质的审视

如上所述，一开始我国电化教育主要是将美国视听教育中带电的媒体及其应用作为主要研究对象，并在我国社会教育和学校教育中进行推广应用。但是，自 1936 年出现"电化教育"这个名称后不到 10 年就有了争议。20 世纪 40 年代初，金陵大学影音部负责人孙明经最早对"电化教育"这个名称提出异议，主张用"影音教育"，并于 1947 年将该校的"电化教育专修科"改为"影音专修科"。20 世纪 50 年代初，北京师范大学电教部门负责人廖泰初将该校的"电化教育馆"改为"直观教育馆"。①

改革开放之后，国家对教育事业的重视进一步推动了电化教育实践和研究领域的不断发展。随着研究与实践的深入，电化教育不断与教育、心理等学科融合，电化教育领域的研究者开始更理性地审视这个领域。于是，在 20 世纪 80 年代初出现了对"电化教育"名称的大讨论。

最早公开提出这一问题的是廖泰初，他在一篇题为《从国外名词术语的演变看"电化教育"》一文中指出："电化教育这个术语用了约半个世纪，已不足以代表今天在这个领域内发展的情况，名不符实，应当改名，并盼望经过大家讨论能获得一个最有代表性、最恰当的名词术语。"② 赞同改名的认为"电化教育名不符实，难于理解，它造成了理论研究的混乱，给实践活动带来了困难"，而且"电化教育"概念自相矛盾，逻辑混乱，造成了"电化教育"与所谓"传统教育"的对立，

---

① 南国农主编：《中国电化教育（教育技术）史》，人民教育出版社 2013 年版，第 5 页。

② 廖泰初：《从国外名词术语的演变看"电化教育"》，载《电化教育研究》，1982 年第 1 期。

"电化教育"从整个教育中孤立出来，自我隔绝。"适应现代科技和教育需要，适应人们的认识水平，电化教育应改名为'教育技术'。"① 不赞成改名、主张保留"电化教育"名称的学者认为，"从电化教育名词的诞生看，从目前使用的电教设备看，从电化教育这个名词与其它名词比较来看，使用电化教育这个名词是适合的"，"电化教育一词反映了时代特征，名正言顺，是一个名实基本相符的科学概念"，"而且名称和定义不一样，名称不一定反映事物的本质特性，电化教育名称不完整，并不影响对电化教育的研究，既然如此，就没有改变的必要"②，等等。

名称的讨论，实质是对教育技术本质的重新审视。当时这场讨论并没有形成定论，该领域的研究者还没有对"电化教育"的本质形成清晰的认识，观点也莫衷一是，存在几种说法，比如手段、工具说，教育方式说，新教育说，现代教育说等。其实，即使在教育技术蓬勃发展的今天，这几种说法依然存在。

关于名称问题的争论，直到1991年顾明远作为主任主持第一次电化教育专业教材指导委员会会议时，才最终得到解决。顾明远考虑到"电化教育"使用的时间较长，约定俗成，一下子抛弃不现实，但是，这个名字不能涵盖该领域的全部内容，又不利于与国际教育技术领域的交流。于是他主张两个名称并用，提议用"电化教育（教育技术）"这样的说法和写法，对内称电化教育，对外称教育技术，之后再进一步研究这个领域的内涵和学科性质，这些问题搞清楚了，名称问题也

---

① 《第二章 我国教育技术的发展简史》，https://max.book118.com/html/2016/0420/40862173.shtm，2017年11月11日。

② 尹俊华主编：《教育技术学导论》，高等教育出版社1996年版，第66～67页。

就自然而然地解决了。这个悬了近10年的问题就在这次会议上凭借顾明远的国际视野和灵活应变的学术性格迎刃而解（当然，后来"电化教育（教育技术）"的说法又变成"教育技术（电化教育）"，再后来就直接称为教育技术了），并把大家的注意力转移到当时很重要的学科课程规划、大纲的制定和教材建设方面来。①

第3节 教育技术学学科重建暨专业人才培养

芬恩提出，"关于一个领域是否能够成为一个学科专业"需要六个条件：（1）有智慧的技术；（2）在人类的实际生活中应用这个智慧的技术；（3）进入这个专业之前，需要长时间的训练；（4）存在由专业人员组成的协会，他们组成一个联系紧密的团体，成员之间有高质量的交流；（5）出台了有关专业的系列标准和职业道德规范；（6）一个有组织的理论知识体系，随着研究的进行，这个理论知识体系不断地被扩展。② 其中第三条与人才培养有关，即指出需要长时间的训练，才能使从事该领域工作的人员具备专业性。

改革开放以后，我国的教育技术得到了很大的发展，从事相关工作的人员的专业性不断受到重视。因此，教育技术领域与学科专业人才的培养被提上议事日程。从历史发展来看，教育技术领域专业人才的培养经历了集中培训、开设电化教育课程、开设专科专业，并随着该领域专业性不断增强以及研究和实践的不断扩展，再到开设本科专业、设置硕士与博士点以及博士后流动站等专业人才培养的发展路径。

---

① 刘美凤：《顾明远先生与教育技术》，载《中国电化教育》，2008年第6期。

② Finn, J. Professionalizing the Audio-visual Field, *Audiovisual Communication Review*, 1953, 1 (1), p7.

据统计，1978年全国有电教人员1 400余人，到1979年年底，全国已有专职电教人员19 400余人，增加了近13倍之多。这些人员大多未学过电教理论，缺少开展电教工作的经验。为了提高电教人员的业务水平，电化教育局与各地的电教机构积极开展人员培训工作。1978年到1984年，接受培训的学员总计达10万余人次。①

1979年6月25日至28日教育部电化教育局在兰州召开座谈会，讨论了各种电教专业人员的培训、师范院校电化教育课的开设和电化教育专业的设置问题。会议指出，师范院校应尽快开设电化教育课，可先开讲座、选修课，逐步发展成为必修课。为了培训师范院校电化教育课的教师，西北师范学院在教育部的支持下，于1979年举办了为期两个月的电化教学讨论班，全国39所师范院校共44名教师参加了学习。②

1978年至1980年，杭州大学、浙江师范学院、福建师范大学在物理系开设了电化教育专科，主要培养电教设备使用与维修的人才。到2010年，全国有35所专科院校开设教育技术学专业。

从1983年起，华南师范大学开办四年制本科电化教育专业。1984年东北师范大学、福建师范大学、陕西师范大学，1985年北京师范大学、西北师范学院、山东师范大学、华中师范大学、江西师范大学、西南师范大学，1986年华东师范大学、上海外国语学院、南京师范大学、云南师范大学、新疆师范大学等先后开办了四年制本科电化教育或教育技术学专业。到1986年年底，全国已有25所高等院校设置了电化教育（教育技术）专业。③"1999年至2000年，新增了23所学校

---

① 尹俊华主编：《教育技术学导论》，高等教育出版社1996年版，第63页。
② 尹俊华主编：《教育技术学导论》，高等教育出版社1996年版，第63～64页。
③ 南国农主编：《中国电化教育（教育技术）史》，人民教育出版社2013年版，第346～347页。

开设教育技术本科;2001年至2004年新增134所开设教育技术本科专业。到2010年,全国共有232所学校开设了教育技术本科专业。"[1] 由此可见,教育技术学本科专业的开设与发展速度较快。

早期,鉴于当时的电化教育的学科定位,该学科作为一个专业或专业方向,大多数被设在物理系或无线电系;后来逐渐独立成电化教育系或教育技术系(教育信息技术系等)。目前,经过院系调整,电化教育或教育技术系或者归入某个学院作为一个系存在,或者和其他有关职能部门一起成立一个单独的学院[2],或者与其他相关教育学院(所)等一起组成教育学部(比如北京师范大学、华东师范大学、西南大学等)。

最新数据表明本科院校教育技术学专业有减少的趋势,比如全国设置教育技术学本科专业的院校从2008年的224所减少到2012年的173所,截止到2015年4月,开设教育技术学专业的院校只有142所。[3] 因此,有人开始不看好教育技术学专业的未来发展。其实,教育技术学本科专业数量的不断减少是由于市场需求的调节,是对当时由于计算机和网络热而导致的定位于信息技术及其教育应用的错误的纠正,是正常也是可喜的现象。这不是教育技术学专业在衰退,而是这个专业在市场调节作用下自我辩证否定以及提升的过程,预示着未来更科学的发展。

教育技术学硕士点的设置始于1986年。"1986年国务院学位委员会正式批准三所大学(北京师范大学、河北大学、华南师范大学)为

---

[1] 南国农主编:《中国电化教育(教育技术)史》,人民教育出版社2013年版,第347页。
[2] 刘美凤:《教育技术学学科定位问题研究》,教育科学出版社2006年版,第24页。
[3] 刘和海,饶红:《我国师范院校教育技术学学科建设:现状与反思》,载《中国电化教育》,2015年第6期。

教育技术硕士生的授予点。"①1993年，国务院学位委员会批准在北京师范大学设立教育技术学博士点。1998年华南师范大学开始具有教育技术学专业博士学位授予权。至2010年年底，共有9所大学（北京师范大学、华南师范大学、华东师范大学、南京师范大学、西北师范大学、东北师范大学、华中师范大学、西南师范大学、浙江大学）设立了教育技术学专业博士点和教育技术学专业博士后流动站。内蒙古师范大学在科学技术史方向招收教育技术史博士。北京师范大学和华南师范大学教育技术学成为国家重点学科。②

"进入21世纪后，我国教育技术学专业得到了飞速发展。至2010年，我国举办教育技术学本科专业的高校有232所，设硕士点83个、博士点10个、博士后流动站4个，建成了一个从专科、本科到硕士、博士等不同层次的完整学科专业体系，这在全世界是绝无仅有的。"③

关于本科专业教学计划，1991年国家教育委员会设立全国高师电化教育（教育技术）教材编审委员会，制订教育技术学专业本科教学计划及主干课程教学大纲（由北京师范大学尹俊华和乌美娜主持），并落实了编写计划。"1992年讨论通过的全国高师四年制本科教育技术专业教学计划，并将'教育技术'这一名称正式写入文件之中。课程设置中原来的《电化教育概论》改为《教育技术学导论》。1993年国家教委发布了'高师本科专业目录'，正式确定将'电化教育'改为'教育技术学'作为专业名称。1994年国家教委批准将原'全国高等师范院校教材编审委员会'更名为'全国高等师范院校教育技术学教学指导

---

① 尹俊华主编：《教育技术学导论》，高等教育出版社1996年版，第73页。
② 南国农主编：《中国电化教育（教育技术）史》，人民教育出版社2013年版，第347页。
③ 南国农主编：《中国电化教育（教育技术）史》，人民教育出版社2013年版，第7页。

委员会'。"①

关于教育技术学专业的研究方向，"就目前来讲，教育技术专业主要的研究方向包括教育技术基本理论（含教学设计）、信息技术教育应用、远程教育、教育信息技术、教育信息管理、教育电视等方面，各个院校还有一些自身的特色。"②"2014年8月教育部高等学校2013—2017年教育技术教学指导分委员会启动了《教育技术学专业教学质量国家标准》的研制工作。"③该标准已于2018年年初发布。

网络技术的发展使跨校联合开课或共享优质课程成为可能；伴随着教育国际化的进程，目前，很多高校教育技术学人才培养体系中加入了"国外专家短期讲座""国际国内联合培养""短期国外访问""交换生""多国专家一起讲授一门课程"等国际因素。

随着这些工作的开展，有理由相信，我国教育技术学学科专业及人才培养会更加科学、规范与开放。

---

① 尹俊华主编：《教育技术学导论》，高等教育出版社1996年版，第73页。
② 张萍，朴姬顺：《中外教育技术理论与实践的比较研究》，科学出版社2005年版，第71页。
③ 杨九民，梁林梅：《教育技术学本科专业发展现状及改进对策研究》，载《电化教育研究》，2015年第7期。

第3章 我国教育技术学理论体系的构建与发展

如上所述，芬恩提出的"关于一个领域是否能够成为一个学科专业"六个条件中的第六条，即"一个有组织的理论知识体系，随着研究的进行，这个理论知识体系不断地被扩展"，这是一个专业能否存在的非常必要且重要的条件。一个专业存在的合理性在于该专业有专属的知识，且该知识能够不断被生产与传播。

教育技术学专业的知识是什么，它们之间的关系如何？哪些是教育技术学专业的理论基础知识？这些理论基础是如何影响教育技术学知识的生产与创新并解决教育教学实际问题的？这些问题构成了教育技术学专业的理论知识体系研究。它决定着教育技术学专业教学计划的制订，决定着教育技术学专业人才的培养，也决定着专业的生存与发展。但是，20世纪80年代早期发生的名称之争在当时悬而未决，导致当时的电化教育专业从专科办起，并致使后来的教育技术学本科专业出现突然激增又慢慢减少的现象。所以，研究教育技术以及学科的定位进而确定教育技术学的研究范畴，对构建教育技术学理论知识体系非常重要，这也是改革开放40年来教育技术领域学者共同努力的方向。目前，在这一方向上，学者们取得了一定的成果。

第1节 教育技术定位的嬗变

改革开放40年来，关于教育技术的研究与实践广泛而深入，在追求教育教学效果的过程中，与各学科领域的专家不断进行合作与对话，教育技术领域的学者也在不断反思教育技术的本质，因此对教育技术及其学科定位的认识也不断深入。总体而言,从逻辑和历史的线索来看,我国教育技术领域的学者对教育技术定位的认识经历了以下三个阶段。

一、对"电"的媒体的关注

如前所述,20世纪初,技术的不断发展加速了各种新媒体的出现。20世纪30年代,人们认为幻灯、投影、电影、广播是既能单独使用又可组合使用的4种"利器",并将采用这些"带电"的设备作为辅助教学工具的教学方法称为"电化教育"[1]。南国农认为,到20世纪80年代初期,电化教育是属于现代教育范畴的一种新的教育方式,它体现了现代的教育思想、内容、方法和组织形式。它运用电教媒体,并与传统媒体恰当结合,使用先进的教育方法,控制教育过程的各种信息,从而加以正确利用,以取得最优的教育效果。[2] 可见,当时电教界把自己定位在媒体等有形的技术上,尤其是当时比较新的"电"的媒体。

二、姓"电"姓"教"的争鸣

光有媒体设备不行,技术还需要相应的软件才能被应用到教育教学中。当将新开发的教育软件在教学中进行应用和研究时,人们逐渐发现,要达到电化教育优化教学效果的目的,一方面,软件设计要符合教育学、心理学的一些规律;另一方面,在教学中不能只注重对媒体的使用,应同时考虑教学过程的各个组成要素。于是,前面提及的20世纪80年代初期在电教界开展的名称大讨论中,其中的一个议题就是所谓电化教育到底姓"电"还是姓"教"。通过这次讨论,人们对电

---

[1] 吴在扬主编:《中国电化教育简史》,高等教育出版社1994年版,第10页。
[2] 南国农:《谈谈电化教育的几个理论和实际问题》,载《电化教育研究》,1981年第2期。

化教育完成了一个意识方面的历史性转变,认为电化教育姓"教"而不是姓"电",电化教育属于教育,是教育学的一个分支,使用那些电教媒体是为了更好地实现教育目标,而不是为了用而用。① 此阶段的代表性观点有:"电化教育是根据教育理论,运用现代化教育媒体,有目的地传递教育信息,充分发挥多种感官的功能,以实现最优化的教育活动。"②

三、教育技术的定位在于"技术"

美国教育传播与技术协会在1994年发布的有关教育技术的定义,掀起了又一股研究教育技术定义、定位的高潮。尹俊华认为:"教育技术学是教育科学领域中的分支学科、是教育研究中的技术学层次的学科,以及教育技术学是方法论性质的学科。"③ 当论及教育中的技术时,他指出,教育技术"是人类在教育活动中所采用的一切技术手段和方法的总和,它分为有形(物化形态)和无形(智能形态)两大类,物化形态的技术指的是凝固和体现在有形物体中的科学知识,它包括从黑板、粉笔等传统的教具到电子计算机、卫星通讯等一切可用于教育的器材、设施、设备等以及相应的软件;智能形态的技术指的是那些以抽象形式表现出来,以功能形式作用于教育实践的科学知识,如系统方法等"④。梅家驹提出"教育技术学是教育科学的一门分支,而它的定位却在于技术,它涉及解决教育问题的方法,研究和实践'如何做'的问题,并不是一种纯科学的概念,指研究培养人的过程"⑤。

---

① 刘美凤:《教育技术学学科定位问题研究》,教育科学出版社2006年版,第29页。
② 萧树滋主编:《电化教育概论》,北京师范大学出版社1988年版,第2页。
③ 尹俊华主编:《教育技术学导论》,高等教育出版社1996年版,第11~14页。
④ 尹俊华主编:《教育技术学导论》,高等教育出版社1996年版,第2~3页。
⑤ 梅家驹:《教育技术的定位与错位》,载《中国电化教育》,2000年第1期。

刘美凤进一步提出了"基于技术本质认识的广义教育技术定位"[①],其中,技术是指系统地利用知识和经验解决实际的问题。她提出,教育技术是指系统地利用相关知识和经验,为促进学习而对解决教育教学实际问题的方案、过程和资源进行设计、开发、应用、管理和评价的研究与实践。[②] 这样定位下的教育技术,是承认教育技术学是教育学的一个分支学科,在教育学科群中,有别于教育心理学、教育社会学等其他学科。教育技术学是从技术学的视角,研究"如何教育"或"怎样教育"的,这应当是我国当前最为领先的教育技术定位的观点,通过这种观点可以让人们厘清"教育技术学"与其他教育学科的关系。

因此,相对于研究"教育是什么",即探索教育规律的教育科学,以及"为什么教育",即探索教育根源与本质的教育哲学而言,还有"教育效果如何",即根据一定的标准对教育做出价值判断的教育评价学而言,教育技术学研究和实践的核心和关注点是"如何教育",它把教育、教学实践活动作为自己的研究对象,试图利用一切相关的教和学的科学知识或经验,通过研究、探索与实验,改进教育实践,更好更快地实现教育的目标,这就是教育技术及其学科要达到的目的。所以,教育技术学就是对解决教育教学实践问题的策略方案、实施途径的追求以及相应理论的研究。它把有关"教育是什么""为什么教育"以及"教育效果如何"的知识作为理论基础。同时,由于"教育是什么""为什么教育"以及"教育效果如何"的研究最终要服务于"如何

---

① 刘美凤:《广义教育技术定位的确立》,载《中国电化教育》,2003年第6期。
② 教育学名词审定委员会:《教育学名词》,高等教育出版社2013年版,第214页(略有改动——作者注)。

教育"，因此，"教育技术是关注教育的起点和归宿"。①

综合以上关于教育技术的定位的观点，无论从逻辑上还是从历史发展脉络中，人们逐步达成这样的共识，即首先承认教育技术学是教育学的二级学科，是研究教育的；其次，教育技术学定位于"技术"，与教育学的其他二级学科相区别，其是从"技术学"的视角研究"如何教育"的。相类似的定位还有，比如李龙认为："教育技术定位在'技术'；教育技术学根据它的逻辑起点的双重性，既是教育学学科的分支学科，又是技术学学科的分支学科。教育技术学是教育科学领域中的分支学科；教育技术学是教育研究中的技术学层次的学科；教育技术学是方法论性质的学科；教育技术学是教育科学理论与教育、教学实践之间的桥梁。"② 再比如，张祖忻认为："教育技术的目的是缩小在教育质量和规模方面存在的差距，教育技术不同于教育领域其他研究与实践的独特之处是其解决教育问题的方法。把教育技术作为一项解决教育问题的系统技术来定位，有利于发挥其在我国教育领域落实科学发展观的宏伟战略中的积极作用。"③

但是，由于从事教育技术领域的研究者和实践者学术背景多样，因此，对技术和教育技术及其学科理解莫衷一是。再加上不断有研究新媒体技术（非教育技术领域）的人员加入，因此，当前我国教育技术领域的学者关于教育技术及其学科的定位呈现多元化特点。

值得一提的是，南国农关于教育技术的定位不断发生变化。从20

---

① 刘美凤：《教育学科群中的教育技术学——从事"如何教育"研究和实践的领域》，载《中国电化教育》，2003年第7期。

② 李龙：《教育技术学科的定位——二论教育技术学科的理论与实践》，载《电化教育研究》，2003年第11期。

③ 张祖忻：《教育技术是一项解决教育问题的系统技术——论我国教育技术的定位（一）》，载《现代教育技术》，2006年第2期。

世纪80年代他就开始关注电教媒体的使用。到了2003年,他依然坚持电化教育的实质是强调以现代教育媒体的研究和应用为重心,强调现代教育思想、理论的指导。他认为,我国的教育技术(现代教育技术)学科,应定位为现代教育思想、理论与现代信息技术的结合。① 但是,到了2013年,南国农提出教育技术学应定位为"教育—技术"的双重定位,姓"教"名"技",并且双重定位有助于形成自己的特色和优势,有助于培养复合型人才(其实这种认识和刘美凤的定位相同——作者注)。不同的是,他头脑中的"技术"仍是指先进的技术手段,因此他建议改"教育技术"为"信息化教育",使教育技术学走向一级学科。②

何克抗对教育学与教育技术学的逻辑起点进行论证,从而指出教育技术学的逻辑起点是"借助技术的教育"③。王竹立认为:"教育技术就是桥。桥的这头是教育,那头是技术;这头是理论,那头是实践。教育技术既不是教育,也不是技术,而是把教育与技术联系起来的策略和方法;既不单单是理论,也不单单是实践,而是一种实践化的理论和理论化的实践,是把理论与实践结合起来的模式和样板。"④ 之后,他进一步指出:"教育技术学学科定位既不是教育,也不是技术,而应该是教育与技术、理论与实践之间的'桥梁',是教育与技术互动中的问题。"⑤

---

① 南国农:《从视听教育到信息化教育——我国电化教育25年》,载《中国电化教育》,2003年第9期。

② 南国农:《教育技术学科究竟应该怎样定位》,载《北京大学教育评论》,2013年第3期。

③ 何克抗:《关于教育技术学逻辑起点的论证与思考》,载《电化教育研究》,2005年第11期。

④ 王竹立:《一只眼看教育技术——关于教育技术学科建设的几点思考》,载《现代远距离教育》,2011年第6期。

⑤ 王竹立:《衰落,还是兴盛?——关于教育技术学科前景的争鸣与反思》,载《电化教育研究》,2017年第1期。

学界有不同的声音，存在不同的观点，可以促使大家思考得更加深入。不过，越来越多的学者认同基于技术本质的教育技术及其学科的定位，即在承认教育技术学属于教育学科的前提之下，教育技术学是从技术学的视角研究教育的。而根据技术的本质，首先就是从教育教学存在的实际问题出发，针对问题的根本原因，系统地利用有关知识和经验，通过研究、探索或实验等，形成解决教育教学实际问题的方案，并最终达到解决问题、提高教育教学效果的目标。

第2节 教育技术学研究范畴的确定

对教育技术有了清晰的定位后，以教育技术为研究对象的教育技术学学科定位就清晰了，在此基础上也可以确定教育技术学的研究范畴，即确定属于教育技术学自己的知识，以及如何生产这些知识。这样的理论探讨有助于改变教育技术学原来只研究新媒体及其教育应用，或者，整个课程体系都是教育学、心理学和计算机科学的拼盘的局面。

如果将教育技术定位于狭义的新媒体及其教育应用，那么以教育技术作为研究对象的教育技术学的研究将会是围绕新媒体的教育功能及其教育应用方面展开。而这个内容只是基于技术本质定位于技术的教育技术学研究范畴的一部分。教育技术学的研究范畴包括两方面的内容：教育技术学知识的构成以及教育技术学知识的来源。[①]

一、教育技术学知识的构成

教育技术学的知识，包含教育技术学原理性知识（教育技术以及

---

① 刘美凤：《教育技术学学科定位问题研究》，教育科学出版社2006年版，第102页。

教育技术学是"什么"、"为什么"的知识）、教育技术学的操作性知识（如何做的知识），以及教育技术学分支学科的知识（从不同视角研究教育技术学的知识）等。目前的状况是，教育技术学的操作性知识相对丰富，教育技术学的原理性知识在逐步发展，教育技术学分支学科知识处于萌芽状态。

1. 教育技术学原理性知识

"教育技术是什么？教育技术学是什么？为什么需要教育技术？为什么需要教育技术学？"的知识就是指教育技术学的原理性知识。依据技术的本质定义，相对于"科学发现规律"而言，技术则是系统化地利用有关知识和经验解决实际的问题，以更快更好地满足人们的需求。因此，教育技术就是系统地利用相关知识和经验，为促进学习而对解决教育教学实际问题的方案、过程和资源进行设计、开发、应用、管理和评价的研究与实践。其目的就是更快更好地促进学生的学习与发展。教育技术学以教育技术作为研究对象，是研究教育技术的原理、规律、操作程序与方法等的一门学科，是教育学科群中的一个分支学科。

那么，作为教育学科群中分支学科的教育技术学与其他教育学科关系又是如何的呢？在教育领域存在四种思维方式，第一种是科学思维方式，研究"教育是什么"，即探索教育规律的教育科学，比如从心理学视角研究教育的教育心理学，从社会学视角研究教育的教育社会学等；第二种是哲学思维方式，即研究"为什么教育"的教育哲学，探索教育的根源与本质；第三种，就是技术思维方式，即把"如何教育"作为研究和实践的核心，把教育、教学实践活动作为研究对象，试图利用一切相关的教和学的科学知识或经验，通过研究、探索与实验，改进教育实践，更好更快地实现教育教学的目标，即从"技术学"

的视角研究教育。所以，教育技术学就是对解决教育、教学实践问题的策略方案、途径的追求及其规律等相应理论的研究。第四种思维方式是"效果如何"，即针对教育标准或教育目标做价值判断，判断教育是否达到了目标，这就是教育评价要研究的东西。教育技术学研究"如何教育"理应建立在研究"教育是什么"，"为什么教育"以及"效果如何"的教育学科群中其他学科的理论基础之上。

教育技术学原理性的知识最重要的理论基础是教育哲学和技术哲学。从教育本质和技术本质出发，结合教育的理论基础以及教育技术的实践经验，可以不断演绎、归纳出关于教育技术及其学科的本质、特点、规律、方法等。当前，教育技术学原理性的知识也在日益丰富，并不断发展与深入。

2. 教育技术学的操作性知识

基于技术本质的教育技术及其学科定位，从操作性的角度可以推导出教育技术学的知识构成包括以下三个方面的内容[①]，我们可以称它们为教育技术学的操作性知识。

操作性知识 I，即关于教育教学实践问题的解决方案的知识。根据教育、教学实践中的问题，寻找并依据、利用和转化与教和学相关的科学理论知识和经验知识，通过研究、实验或探索，创造性地形成解决教育教学实践问题的方案（蓝图）以及由此形成的知识（包含一定问题情境下的教学原则、操作程序、技能或技巧、方法以及对所需要用到的资源——媒体、环境和相应的支持系统的要求等）。既可以是相对宏观的、也可以是中观或微观的与学生学习相关的教育教学实际问题的解决方案。也就是说，教育技术既可以解决与学习相关的教育教

---

① 刘美凤：《教育技术学的知识构成研究（上）》，载《电化教育研究》，2003 年第 11 期。

学的微观和中观的实际问题，也可以解决与学习相关的教育教学宏观层面的实际问题。当前教育技术领域及其学科的发展不断从对微观的教育教学实际问题的解决，走向对中观和宏观的教育教学实际问题的解决。

操作性知识Ⅱ，即对实现以上问题解决方案的过程和方案中需要的资源进行设计、开发、应用、管理和评价等的知识。这里的过程指的是实现解决问题方案这一特定结果的一系列的操作或活动；资源指方案中所用到的各种媒体、环境以及相应的支持系统。教育技术学操作性知识Ⅱ建立在教育技术学操作性知识Ⅰ的基础之上，是教育技术学操作性知识Ⅰ的延伸，以保障问题解决方案（蓝图）的落实。教育技术学操作性知识Ⅰ与教育技术学操作性知识Ⅱ是构想与实现构想的关系。

操作性知识Ⅲ，即基于行动研究的系统方法和形成研究方法的指导思想、应用模型、实施程序等知识。这是教育技术学方法论性质的操作性知识。系统方法是教育技术解决教育、教学实际问题的特有的方法，是教育技术及其学科的核心，是前面两个层次知识的灵魂。首先，不同的教育教学实际问题的解决需要利用并转化不同的科学知识或经验。这需要我们通过运用系统方法，鉴别问题及其性质，从而找到解决问题需要用到的各种科学知识或经验，并转化成指导实践的原则、操作程序、技能与技巧、方式方法以及相应的对所需资源的要求，这样就形成了教育技术学操作性知识Ⅰ。对实现这个方案的过程和所用到的资源的设计、开发、应用、管理和评价等也是一个系统化的过程，需要考虑涉及的所有要素及其之间的关系。这就会影响教育技术学操作性知识Ⅱ的形成。形成性研究方法是教育技术学知识的形成或获得的方法。它是借鉴对过程进行评价并注重改进的形成性评价的思想，对教育技术知识的"适合性"在实践过程中进行验证，并通过迭代实践改善教育技术知识的方法及其操作程序。由于教育技术知识的对象是教育、教学的实践活动，因此，它是研究行动、为了行动并在行动中进行的研究。所以，教育技术的系统方法及其操作程序和获取教育技术知识的形成性研究方法及其操作程序构成了教育技术学的方法论性质的操作性知识。

这三方面知识是相互联系、相互作用的。教育技术学操作性知识Ⅲ作为教育技术学方法论性质的操作性知识，是教育技术学操作性知识Ⅰ、Ⅱ的指导思想和操作方法；同时，教育技术学操作性知识Ⅲ，即系统方法和形成性研究方法的应用模型、操作程序等，也受到教育技术学操作性知识Ⅰ、Ⅱ面临的实际的问题及其应用情境的影响，并得到不断的丰富和发展。教育技术学操作性知识Ⅰ是实践观念的模型，是对解决问题的整体技术方案的设想和计划，是教育技术学操作性知识Ⅱ的基础和根据；教育技术学操作性知识Ⅱ是教育技术学操作性知识Ⅰ的延伸，是对教育技术学操作性知识Ⅰ从计划到实现计划的过程和所需要的资源的设计、开发、应用、管理和评价等方面的知识，同样会对教育技术学操作性知识Ⅰ（整体的技术方案）产生反作用。

3. 教育技术学分支学科的知识

正如从不同学科的视角研究教育会形成教育的各个分支学科（比如教育心理学、教学社会学、教育文化学、教育人类学、教育技术学等）一样，从不同视角研究教育技术，也有可能形成教育技术学的分支学科以及相应的分支学科知识。只是由于教育技术学科发展的历史不长，还不成熟，因此，其分支学科还处于萌芽状态，作者只能用较少的篇幅阐述这种可能性。

从经济学的视角研究教育技术，有可能形成教育技术经济学。比如，教育技术方案和其中的资源的费用效果比研究；教育技术项目中人、财、物等资源的合理分配研究等。从社会学的视角研究教育技术，可能形成教育技术社会学。比如，学校教育方式如何与社会的生产方式相适应，以培养出适合社会发展的人才？技术是如何影响人们在学校里的工作的？如何处理好学校不同利益团体之间的关系，才能够促成教育变革的发生等的研究。从技术哲学的视角研究教育技术，可能形成教育技术哲学，从而可以从技术本质出发形成对教育技术的本质认识。已经有学者在做这些研究，不过目前还没有成熟到可以形成分支学科。

当然，研究教育技术在不同学科中的应用，也可能形成相应学科的教育技术知识，比如数学教育技术、科学教育技术、外语教育技术等。这些在国外已经比较普遍。

二、教育技术学知识的来源

教育技术学原理性知识、教育技术学的操作性知识及其分支学科知识以及它们之间的关系构成了教育技术学的知识体系。这些知识如何形成，受哪些因素影响，这就需要我们探求教育技术学知识的来源，即对教育技术学知识体系的形成及其构建有影响的所有方面。根据教育和技术各自的本质和性质，我们认为，教育技术学知识的主要来源有以下几个方面。[①]

1. 知识来源之哲学与文化学

教育技术学是在教育目的驱动下对"如何教育"进行的全面研究和实践。教育目的与世界观、人生观、价值观等哲学问题密切相关。

---

① 刘美凤：《论教育技术学的知识来源》，载《开放教育研究》，2004年第4期。

教育观念或教育目的同样具有鲜明的民族文化特征。文化，既包括显性的文化，也包括隐性的文化。因此，本民族文化潜移默化、自始至终地影响着教育技术理论和实践的发展，也因此，哲学与文化学则是教育技术学知识的最为根本的思想来源。这主要体现在三个方面，第一，哲学与文化学影响教育技术研究与实践的决策和判断；第二，哲学与文化学在研究方法（实证、后实证等）上影响教育技术学；第三，教育哲学和技术哲学是教育技术学更为直接的理论基础，决定教育技术的本质、性质、规律和特点等。

2. 知识来源之科学层次的相关学科或领域

科学层次的相关理论是教育技术学知识最为直接的知识来源，这是因为，教育技术学操作性的知识就是对科学知识和经验的依据或转化，从而形成解决特定问题的原则、程序、方式、方法以及对所需资源的要求等，以达到教育目的。正是由于科学层次的理论为教育技术的实践提供了科学的依据，从而使教育技术从零散的、艺术的、经验的形态走向科学的形态。与教和学相关的科学层次的理论，就是揭示教和学的一般规律的学问，相对教育技术这种规定性的理论而言，它们是描述性的，是教育技术学科学层次的理论基础。这些理论涉及的方面很多，而且具有不同的层次，分别有心理学和学习理论；社会学、经济学、管理学等；教育学中科学层次的理论（包括教育传播学、教育心理学、教育社会学、教育人类学、教育管理学、教育经济学、教育评价学、教学论、课程论等）；技术科学、设计学、工程学、评价学；方法论科学等。

3. 知识来源之已有的教育技术学知识、研究与实践经验

已经形成的教育技术学知识、教育技术已有的研究和实践经验，

会成为新的教育技术知识的来源。举个简单的例子，教学设计的知识形成于 20 世纪 60 年代，并得到不断丰富与发展。后来出现的网络课程设计、移动学习设计等知识都建立在已有的一般性的教学设计知识的基础上，形成了新媒体教学设计知识。同样，新的教育技术方案的探索，也可以汲取以前的相关教育技术的研究与实践的经验，以形成新的相关问题的解决方案。比如，教育电视节目制作的过程与模式，同样会对计算机辅助教学软件或网络课程的开发程序有借鉴意义。教育技术学的专业知识也是在先前知识和经验的基础上不断积累形成的。

4. 知识来源之教育技术的研究、实验、实践与反思

利用相关知识和经验形成的解决教育教学实际问题的方案不一定能够完全奏效，由于我们的研究对象是人，实际的教学情境不断发展变化，因此，针对新的教育教学实际问题，一定需要进行新的教育技术的研究、实验，并不断实践，才能形成最终的解决方案（正是如此，也才有教育技术学专业存在的必要性）。在解决实践问题之后，反思所形成的教育技术解决问题的方案及其实现过程所形成的教育技术知识的适合性对教育技术知识的改进很重要。对教育技术知识的适合性进行调查研究，根据反馈信息进一步改进教育技术的知识，也是一个获得或改进教育技术知识的重要来源。

5. 知识来源之教育技术的研究与工作对象的本质与特点

教育技术的工作对象很多，有时它面临的是各个学科共同拥有的问题，比如关于如何设计"促进学生理解能力"的教学。但是，有的时候，教育技术的工作对象会是某个具体的学科，比如医学、外语、数学、科学等的教育技术问题。不同的学科会构成教育技术面临的不同情境。这样就会用到不同的知识和经验，从而形成不同的教育技术

解决方案。这些方案也会逐渐提升为技术知识，这样就可以形成新的教育技术知识，比如，学科教学设计理论；再比如，外语教育技术、数学教育技术、科学教育技术等。

另外，从教育技术的应用领域来看，远程教育中的教育技术与面对面常规学校教育的教育技术不同，因而会形成独特的远程教育技术的知识，比如远程教学设计等。大家都比较关注的企业人力绩效技术，其实就是将教育技术解决问题的系统方法应用到企业中解决绩效（Performance）问题时，结合其他有关知识形成的一种新的知识，我们称它为人力绩效技术，简称绩效技术。在解决企业等工作领域的问题时，所需要的相关的科学知识与解决教育、教学领域中的实际问题需要用到的知识有所不同。这些知识与企业管理、经济学、企业文化、组织行为学、知识管理、企业营销学、人力资源理论、工业心理学、动机理论等密切相关。

6. 知识来源之新技术产品或环境的特点

我们以前形成了教育幻灯投影片制作、教育电视节目制作、计算机辅助教学等相关的教育技术知识。随着新媒体的不断出现，新媒体具有的新特点还会形成新的媒体的相关设计、制作、评价等方面的知识，比如网络课程设计、开发与评价，移动学习教学设计、开发与评价，泛在学习及其环境的设计、开发与评价等新的知识。

诚然，我们不能够穷尽教育技术学所有的知识来源。但是，通过对教育技术学知识来源问题的逻辑性梳理，我们至少能够清楚该如何去深入理解作为教育技术学理论基础的知识来源，比如哲学与文化学、科学层次的学科等；该如何了解和积累以前生成的教育技术的知识、经验等（不至于一再出现由于"对以前教育技术的历史及其历史形成的知识和研究经验不了解"而不断重复已经有结论的教育技术实验或研究，抑或不断提出历史上已经有结论的命题之后再去证伪，从而导致"做了大量研究但是教育技术的知识并没有增长"的现实现象）；该如何训练我们的学生科学规范地通过研究去获得教育技术的知识；该如何与各个学科对象或领域的专家合作，并通过快速学习的能力了解各个学科对象和领域，以便能够解决它们的实际问题并能够生成新的教育知识；同时可以明了，追踪新技术的发展及其在教育教学中的应用是教育技术学知识的重要组成部分。不断研究新技术的特点、教育功能及其局限性，从而在整体解决教育教学实际问题的方案中恰当地设计这些新技术的教育应用，会形成新的教育技术知识，等等。

总之，通过研究得出的基于技术本质的广义教育技术及其学科定位，可以逻辑地推演出教育技术学自身的知识构成（教育技术学原理性知识、操作性知识和分支学科知识等），也可以进一步推演出教育技术学知识的来源，即帮助厘清教育技术学知识的产生路径。这样建立起来的教育技术学基本理论体系，将为规划高校教育技术学专业的教学计划和人才培养路径，为教育技术学知识的不断生产、传播与创新，进而为教育技术学专业科学规范的发展奠定坚实的基础。

尽管如此，当前教育技术学专业建设的现实却是，由于教育技术领域人员构成背景以及对教育技术及其学科定位认识的不同，学界对教育技术学专业到底培养什么样的人才还是莫衷一是，表现在各个高校培养人才的定位不同，因此课程体系呈现多样性。

杨九民等通过分析数据和查阅文献，总结出国内教育技术学本科专业发展面临的主要问题有："1. 由于学科本身的综合性和交叉性，不同类型院校之间差异极大，导致长期以来无论在专业定位还是在培养目标、专业核心能力及课程体系等方面都存在较大差异,学科共识短时间内难以达成;2.专业整体办学条件无法满足人才培养的需要;3.受到多重因素影响,部分专业招生和就业面临严峻挑战;4.课程体系庞杂,实践环节薄弱。"[①] 从中可以大致看出我国教育技术学本科专业的现状。

针对这些问题,杨九民等提出了改进对策和建议:"1.不同层次、类型院校(专业)的分类、特色发展;2.提高师资水平,注重年轻教师的专业发展;3.共建共享专业核心课程;4.加强企业培训与绩效技术和在线教育方向的建设;5.通过多种途径强化专业实践,提高毕业生的实践能力;6.从自身入手,探索信息技术支持的创新型人才培养新模式;7.注重学科建设,加强学科基础理论研究。"[②]

---

① 杨九民,梁林梅:《教育技术学本科专业发展现状及改进对策研究》,载《电化教育研究》,2015年第7期。

② 杨九民,梁林梅:《教育技术学本科专业发展现状及改进对策研究》,载《电化教育研究》,2015年第7期。

第4章 教育技术应用领域的不断扩展与深入

教育技术领域起源于社会教育和高等教育中使用带电的媒体,并逐渐扩展至中小学教育,主要用于扫除文盲、普及知识等。改革开放40年来,整个教育领域有了很大的发展,包括学校教育、远程教育、职业教育乃至企业教育。同时,教育技术领域自身也得到很大的发展,起源于但并没有停留在先进的技术手段及其教育应用上,而是在应用的过程中不断地辩证否定自己:既然不是所有的教育教学实际问题都能够用先进的技术手段解决,那么就需要先从教育教学实际问题出发,找到问题产生的根本原因,针对根本原因提出解决实际问题的整体方案,技术手段只是整体方案的组成部分。可见,人们的思维方式有了转变,而这正是技术的本质使然。

有教育的地方一定存在教育技术。改革开放以来,教育技术领域和学科的发展,不仅仅体现在其自身理论知识体系的构建,以及学科专业暨人才培养体系的稳步发展,还体现在其应用领域不断扩展,从学校教育到远程教育,再到职业教育以及企业教育;与此同时,从最初作为这些领域的辅助手段,到改变教育教学模式,再到促进教育整体变革,即从微观层次的应用,扩展到在相应领域中观或宏观层面的应用,不断在教育技术学科本质层面上发挥作用,应用也不断走向深入。应用领域的不断扩展并走向深入,一方面展现了教育技术解决实际问题的能力与发展潜力,另一方面为教育技术学专业学生的毕业走向提供了更多的选择。

第1节 学校教育技术：从辅助教学到智慧教育

改革开放40年来，教育技术在学校教育领域的应用基本上呈现渐进式的发展路径。各种技术，尤其是以计算机和网络技术为代表的信息技术，从作为改善教学效果、突破教学重难点的工具，到逐步渗透教育教学的各要素、各环节，推动课堂教学结构和教学方式的改进，再到不断提升教育教学的智能化水平，促进教学系统的重构，教育技术正迈入从深层次上影响学校教育变革的阶段。

一、计算机辅助教学阶段

20世纪70年代末期，计算机辅助教学（CAI）的概念开始进入我国。[①]1992年，全国近千所中学开展了计算机辅助教学，计算机总量已超过10万台，大城市重点中学（每校）都配有20台以上的计算机，全国中小学计算机教育研究中心已经收集1 000多件计算机教学软件提供给有计算机设备的学校用于计算机辅助教学活动。[②]初期的计算机辅助教学在设计上遵循程序教学的原则和方法，主要用于答疑、练习、个别指导、模拟教学测验、评价等方面的教育教学活动，模仿传统的课堂教学，代替教师的部分重复性劳动。[③]20世纪90年代以后，受建构主义学习理论的影响，以及多媒体技术、计算机网络技术的发展与应用，计算机开始更多地作为学习伙伴，或作为认知、协作、交流、情感激励的工具。计算机辅助教学对学校教育产生了较大影响。首先，计算机作为学习工具，使学习更具主动性和个性化，增强了师生的学

---

① 陶进：《计算机辅助教育的引入对我国教育的影响》，内蒙古师范大学硕士学位论文2010年，第21页。
② 陈宏敏：《中国教育技术发展历史研究》，福建师范大学硕士学位论文2009年，第17页。
③ 陈宏敏：《中国教育技术发展历史研究》，福建师范大学硕士学位论文2009年，第18页。

习兴趣,提高了师生的学习能力;其次,计算机作为教学工具,使教学手段和教学形式更具多样化,有助于提高教育质量。①

二、信息技术与课程整合阶段

从2000年左右开始,教育信息化进入新的发展阶段——信息技术与课程整合阶段。不同于计算机辅助教学主要是对教学方法和教学手段的改变,这一时期的技术应用观强调,信息技术不应该仅仅作为一种辅助工具,而应该全面、深入地融入学科教学的各个环节和要素,进而服务于教学质量的提升。例如,何克抗认为,信息技术与课程整合,不是把信息技术仅仅作为辅助教或辅助学的工具,而是强调要利用信息技术来营造一种信息化的教学环境,实现一种既能发挥教师主导作用又能充分体现学生主体地位的以"自主、探究、合作"为特征的教学方式,从而把学生的主动性、积极性、创造性较充分地发挥出来,使传统的以教师为中心的课堂教学结构发生根本性变革,从而把对学生的创新精神与实践能力的培养真正落到实处。②南国农认为,信息技术与课程整合是指将信息技术以工具的形式与课程融为一体,将信息技术融入课程教学体系各要素中,使之成为教师的教学工具、学生的认知工具、重要的教材形态和主要的教学媒体。③李克东认为,信息技术与课程整合是指在课程教学过程中,把信息技术、信息资源、信息方法、人力资源和课程内容有机结合,共同完成课程教学任务的

---

① 陶进:《计算机辅助教育的引入对我国教育的影响》,内蒙古师范大学硕士学位论文2010年,第7~8页。

② 何克抗:《对国内外信息技术与课程整合途径与方法的比较分析》,载《中国电化教育》,2009年第9期。

③ 南国农:《教育信息化建设的几个理论和实际问题(上)》,载《电化教育研究》,2002年第11期。

一种新型的教学方式。具体可以从三个方面来理解信息技术与课程整合：第一，应该在以网络和多媒体为基础的信息化环境中实施课程教学活动；第二，对课程内容进行信息化处理后成为学习者的学习资源；第三，利用信息加工工具让学生实现知识重构。① 可以说，信息技术与学科课程整合使得信息技术在促进教师教学、学生学习和创新能力培养等方面的作用得到了更好地发挥。②

三、智慧教育：信息技术与教育深度融合阶段

自 2012 年开始，随着物联网、云计算、大数据、泛在网络等为代表的新一代信息技术的快速发展，以及国内教育信息化的快速发展，智慧教育的概念受到相关学者越来越多的关注。智慧教育的真谛就是通过构建技术融合的学习环境，让教师能够施展高效的教学方法，让学习者能够获得适宜的个性化学习服务和美好的发展体验，使其由不能变为可能，由小能变为大能，从而培养具有良好的价值取向、较强的行动能力、较好的思维品质、较深的创造潜能的人才。③ 祝智庭认为，近些年热度逐渐增加的翻转课堂在信息化教学应用实践中就迸发了智慧的火花，主要表现在：自定步调学习，体现生本思想；人机合理分工，双边优势互补；采纳混合学习，优化学习策略；注重人际协同，发挥集体智慧；领导敏捷决策，革新有勇有谋。④ 智慧教育是教育信息

---

① 李克东：《信息技术与课程整合的目标和方法》，载《中小学信息技术教育》，2002 年第 11 期。

② 李芒：《论信息技术与课程整合的含义、意义及原则》，载《电化教育研究》，2004 年第 5 期。

③ 祝智庭，贺斌：《智慧教育：教育信息化的新境界》，载《电化教育研究》，2012 年第 12 期。

④ 祝智庭：《智慧教育新发展：从翻转课堂到智慧课堂及智慧学习空间》，载《开放教育研究》，2016 年第 1 期。

化走向融合创新阶段的表现,其目标是促进信息技术与教育的深度融合,改变传统的课程教学结构,加速教育改革。

可见,学校教育技术也逐步从辅助手段走向提供解决教育教学实际问题的整体方案。

第2节 远程教育技术:从函授走向开放

远程教育最早面对的问题是如何突破时空限制,而最早可以解决这个问题的手段是印刷媒体,由此形成了第一代远程教育方式,即函授。从函授开始,伴随着技术的进步,远程教育走上了不断突破限制、实现开放的发展道路。改革开放以来,我国远程教育的发展,正是沿着这样的道路,经历了从函授、广播电视、网络技术走向开放的发展历程。

一、改革开放初期的远程教育

我国真正专业化的远程教育是伴随着改革开放进程展开的。改革开放初期,"文化大革命"时期积压的一大批回城的知识青年,使得极少的优质大学资源面对着巨大的需求压力。这是教育供求问题,迫切需要扩大教育规模来加以解决,这对传统面授教育提出了挑战。面对这一需求,印刷媒体和初建的广播电视网络发挥了作用。于是,函授与广播电视教育成为远程教育发展的首选。

函授教育是中国最早的远程教育形式,发端于1902年蔡元培等在上海成立的中国教育会。中华人民共和国成立后,中国人民大学和东北师范大学率先开办函授教育,这是中国制度化远程教育的开端。[1]

---

[1] 丁兴富:《远程教育研究》,首都师范大学出版社2002年版,第8~9页。

"改革开放初期,为了加快函授教育的恢复与发展,1980年9月,国务院批转了教育部《关于大力发展高等学校函授教育和夜大学的意见》,对函授教育的政策、任务、办学形式、教学工作、人才培养、经费、毕业生的就业和待遇等做出了具体规定。《意见》颁布前,重建函授教育的普通高校只有69所,注册学生总数为162 134名。《意见》颁布后的1986年,提供函授教育的普通高校达到371所,注册学生总数为414 685名。"[1]虽然函授教育的恢复发展扩大了学校教育资源的覆盖范围,但相对于巨大的需求而言,仍显不足。同时,函授教育提供的异步教学方式的信息传播效率偏低,学生所处的独立学习环境对自主学习的意识和能力要求较高,这些因素也限制了函授教育规模的进一步拓展。

1977年时任英国首相爱德华·希斯在与邓小平的一次会谈中谈及英国开放大学,这引起了邓小平的注意。我国借鉴英国开放大学的模式,开发了广播电视大学系统。广播电视大学通过广播电视载体,借助名师授课,迅速使优质资源覆盖全国。这一形式很好地解决了教育机会的缺失问题,让每一个知识青年拥有了通过远程高等教育改变命运的机会。此时的广播电视大学是开放的,为学习者提供了全科生、单(双)科生、自学视听生等多种入学选择。[2]

值得注意的是,借助印刷与广播电视媒体,教与学在时空上分离,虽然实现了教育规模的快速扩张,但并没有从根本上改变来自传统面授教育的系统结构关系,虽然解了一时之需,但是留下了教学质量下滑的隐患。随着补偿性教育需求的结束,质量问题随之暴露。在社会

---

[1] 丁兴富:《远程教育研究》,首都师范大学出版社2002年版,第84~85页。
[2] 丁兴富:《远程教育研究》,首都师范大学出版社2002年版,第86~88页。

压力与国家政策的双重作用下,我国远程教育在20世纪80年代中期进入调整阶段。一方面,远程教育在外力的约束下转向封闭,另一方面,远程教育利用教育技术不断进行自我调整。

二、调整期的远程教育

从20世纪80年代中期至90年代中期,我国远程教育的发展处于调整阶段。[①]1985年后,广播电视大学播放的名师课开始减少,知青回城的浪潮消退,传统大学恢复了元气,学员有了更多的选择。为了提高竞争力,广播电视大学出现了回归面授的现象。为了巩固自身地位,精英大学开始质疑广播电视大学的教学质量。在这样的背景下,国家教育委员会对广播电视大学实行了统一计划、统一招生考试的政策,关上了广播电视大学对外开放的大门。这使广播电视大学在实践中走向了封闭,导致在校生规模严重萎缩,使远程教育应有的经济和社会优势难以得到充分发挥。

人们在实践中逐渐认识到,远程教育并非只是为了突破时空限制,而是要从对资源的建设和优化开始,逐渐延展至对教学过程的支持,并向转变观念和系统化的结构调整延伸。在这一过程中,教育技术的应用主要集中在开发远程教育课程、促进学习支持服务(包括建立师生、生生交互的机制)、提高教育管理的效率和质量三个方面。[②]

1992年,我国开始大踏步迈入社会主义市场经济。在此背景下,广播电视大学逐渐把培养人才的注意力转向了基层,转向了农村和地方,以培养适应当地发展的应用型人才,单科生再次出现。与此同时,终身教育思想逐渐受到重视,并以政策的形式反映出来。于是,远程

---

① 丁兴富:《远程教育研究》,首都师范大学出版社2002年版,第90～92页。
② 丁兴富:《远程教育研究》,首都师范大学出版社2002年版,第260～263页。

教育所面临的需求不再是对传统学校教育资源的大规模扩散,而是转变为构建覆盖所有学习者的终身教育体系,这需要远程教育进一步打破限制,提高教学的灵活性。随着多媒体计算机的迅速发展、互联网进入中国并快速增长、教育技术94定义的提出①,远程教育的发展观念逐渐由以教为中心转变为以学为中心,远程教育的实践开始迈向新的信息技术平台。这说明,远程教育逐渐步入了现代化的发展轨道,越来越多的限制被突破,开放逐渐成为现代远程教育的一个核心特征。

三、现代远程教育的发展

面对远程教育需求的变化和信息化浪潮的冲击,我国远程教育开始了战略革新,表现为现代远程教育工程项目的开启。② 一方面,普通高校纷纷加入远程教育的行列,另一方面,广播电视大学系统开始了新的转型发展。1998年年末,教育部批准了清华大学、北京邮电大学、浙江大学、湖南大学开展网上远程教育试点工作。1999年4月,教育部批准了中央广播电视大学开展"人才培养模式改革和开放教育试点"③。截止到2007年年底,教育部共批准68所高校开展现代远程教育试点工作。④

现代远程教育工程项目的开启,促进了我国远程教育的转型和升级。在硬件建设方面,国家加强了信息基础设施建设,使天地网结合(即卫星传输与地面传输相结合),使三网(广播电视网、电子通信网、计算机网络)合一,以构建现代远程教育网络平台。⑤ 在软件建设方面,

---

① 丁兴富:《远程教育研究》,首都师范大学出版社2002年版,第260~263页。
② 丁兴富:《远程教育研究》,首都师范大学出版社2002年版,第97~100页。
③ 中央电大咨委会总课题组:《广播电视大学的定位与系统建设》,载《中国远程教育》,2009年第11期。
④ 丁兴富:《远程教育研究》,首都师范大学出版社2002年版,第101~105页。
⑤ 丁兴富:《远程教育研究》,首都师范大学出版社2002年版,第110~113页。

教育部启动了新世纪网络课程建设工程①、国家精品课程建设项目②，还推动了远程教育公共服务体系的建设试点，比如中央广播电视大学与TCL集团合资建立的奥鹏公共服务体系、教育部批准的弘成远程教育公共服务体系和知金远程教育公共服务体系试点项目。③不仅如此，现代远程教育工程项目的开展还引发了从教育界、产业界到全社会的远程教育热潮，促进了涵盖基础教育和高等教育阶段的学校信息化建设，促进了网络学校的建立和发展，还促进了各个经济部门和产业界对现代远程教育的投资增长。④这使得远程教育在信息化的基础上形成了与传统面授教育相融合的趋势，这种趋势在不断发展的教育技术的作用下，逐渐实现全方位开放。

四、走向开放的远程教育

进入21世纪，建设学习型社会逐渐成为社会热点。满足学习者的个性化需求越来越成为远程教育所应具有的功能指向，与之相应，开放必然成为支撑远程教育这一功能指向的结构特征。信息技术的迅猛发展为远程教育全面走向开放提供了技术支撑。互联网技术的发展，极大地拓展了地址空间，提高了网络的安全性，使智能移动设备获得了有效支持，从而使远程教育的网络教学资源更加丰富、更加安全，使网络实时教学变得更加容易，使移动学习、泛在学习成为可能。⑤

---

① 丁兴富：《远程教育研究》，首都师范大学出版社2002年版，第113～114页。

② 袁松鹤，刘选：《中国大学MOOC实践现状及共有问题——来自中国大学MOOC实践报告》，载《现代远程教育研究》，2014年第4期。

③ 沈欣忆，林世员，陈丽：《中国现代远程教育政策编码与分析》，载《现代远程教育研究》，2014年第5期。

④ 丁兴富：《远程教育研究》，首都师范大学出版社2002年版，第260～263页。

⑤ 王继新，李书明主编：《远程教育原理与技术》，湖北科学技术出版社2005年版，第15～17页。

远程教育需求变化与技术进步的碰撞在国际上催生了开放教育运动，表现为从开放教育资源运动向大规模在线开放课程（MOOC，慕课）的延伸[1]，这场运动由名校发起，并波及全球。2001年，美国麻省理工学院（MIT）的"开放课件"（OCW）项目拉开了开放教育资源运动的序幕。随后，其他世界知名高校，如哈佛大学、耶鲁大学、斯坦福大学、剑桥大学、东京大学等，也都推出了自己的开放课程计划。随着开放课件运动的不断发展，2008年，大规模在线开放课程应运而生，并在2011年秋天掀起了第一次波澜。起因是斯坦福大学教授塞巴斯蒂安·史朗因（Sebastian Thrun）受到萨尔曼·汗（Salman Khan）为学生制作免费视频课程的启发，把他的研究生水平的人工智能课程面向公众在线开放，获得强烈反响，随后便推出了私人公司优达学城（Udacity）和十几门学生能依照自己的进度在网上完成的课程。紧接着，斯坦福大学计算机系的两位教授推出了课程时代平台（Coursera），美国麻省理工学院和哈佛大学联合推出了在线教育平台（edX）。与以往的开放课程相比，慕课（MOOCs）增加了教学过程。与以往大规模的远程教学相比，慕课借助学习过程跟踪以及学习分析等技术在一定程度上实现了大规模条件下的个性化教学。这些优势再加上名师授课等因素，使慕课迅速在全球蔓延，并不断掀起数字海啸。在国际上，2012年被视为慕课元年。2013年，这股来自大洋彼岸的数字海啸在中国掀起了巨大的波澜。

2013年后，通过引进与加盟的方式，一批基于传统优质院校的中国慕课大学发展起来，并逐渐形成大学之间、大学与企业之间的联盟，

---

[1] 王瑛，郑艳敏，贾义敏等：《教育信息化资源发展战略研究》，载《远程教育杂志》，2014年第6期。

以共建网络课程、共享网络平台、共同推进教学服务。清华大学、北京大学、香港大学、香港科技大学加盟在线教育平台（edX），北京大学、复旦大学、上海交通大学、香港中文大学、香港科技大学等加盟课程时代平台（Coursera），其中北京大学和香港科技大学同时加盟在线教育平台（edX）和课程时代平台。复旦大学、上海交通大学与未来学习平台（FutureLearn）合作，在该平台开设优质课程。在慕课本土化建设方面，清华大学于 2013 年 10 月发布了"学堂在线"，上海交通大学于 2014 年 4 月推出了"好大学在线"。在推进联盟方面，深圳大学于 2014 年 5 月牵头组建了全国地方高校优课（UOOC，University Open Online Course）联盟，分布于全国 40 个城市的 56 所高校加盟。[1]

与此同时，广播电视大学系统开始了向开放大学的转型发展。2012 年 6 月，教育部发布了《教育部关于同意在中央广播电视大学基础上建立国家开放大学的批复》，同意中央广播电视大学在原有基础上建立国家开放大学[2]，同时批复成立的还有上海开放大学[3]和北京开放大学[4]，二者的前身分别是上海电视大学和北京广播电视大学。2012 年 12 月，教育部批复同意了广东广播电视大学更名为广东开放大学[5]，江苏广播电视大学更名为江苏开放大学[6]。2012 年 12 月，教育部批准云南广播电视大学更名为云南开放大学。至此，在原有广播电视大学系统的基础上，形成了 1 所国家开放大学加上 5 所地方开放大学的格局。"一

---

[1] 袁松鹤，刘选：《中国大学 MOOC 实践现状及共有问题——来自中国大学 MOOC 实践报告》，载《现代远程教育研究》，2014 年第 4 期。
[2] 教育部批复同意成立国家开放大学的文件编号为：教发函 [2012] 103 号。
[3] 教育部批复同意成立上海开放大学的文件编号为：教发函 [2012] 105 号。
[4] 教育部批复同意成立北京开放大学的文件编号为：教发函 [2012] 104 号。
[5] 教育部批复同意成立广东开放大学的文件编号为：教发函 [2012] 287 号。
[6] 教育部批复同意成立江苏开放大学的文件编号为：教发函 [2012] 285 号。

加五"开放大学成立后,在建立国家数字化资源公共服务体系、建设学分银行、构建数字化学习港和学习超市、搭建终身学习立交桥等多个方面进行了探索,寻找建设有中国特色的开放大学的有效路径,以便促进学习型社会的建设。在探索过程中,"一加五"开放大学各自形成了相应特色。国家开放大学以现代信息技术为支撑,主要面向全国范围的成人开展远程开放教育。北京开放大学更关注于为学习者提供学历教育的高端课程,上海开放大学更专注于学习型社区的建设和短期培训,江苏开放大学更专注于终身学习型社会的构建,广东开放大学更专注于远程教育的信息化建设,云南开放大学更专注于中职教育与高职教育之间的立交桥建设。

远程教育领域的开放运动使人们认识到,一个建立在优质资源和服务基础上的新的教育生态的时代已经来临,泛在学习、移动学习、翻转教学、微课堂等新教育形态如雨后春笋般地生长出来。远程教育再次面临新的转型,这次转型是以服务为基本特征,促使更多的精英大学开放优质的资源,并使优质的资源和优质的服务相融合,给学生带来更加个性化的感受。

第3节 职业教育技术:从局部走向整体

职业教育是现代教育体系的重要组成部分,是指对受教育者实施可从事某种职业或生产劳动所必需的职业知识、技能和职业道德的教育,它肩负着培养高素质劳动者和技术技能型人才的重要使命。改革开放40年来,中国职业教育从20世纪80年代的百废待兴,到90年代如火如荼的实践,再到21世纪科学化发展。在职业教育向科学化发展的过程中，教育技术成为职业教育深入发展的支撑力量，从辅助职业教育课堂教学的工具，到提供开展技能训练和实习的环境，逐步渗透到职业教育教学的各个环节，不断推动职业教学方式的革新和教学结构的改进，进而引发职业教育系统的整体变革。

一、信息技术工具辅助职业教育教学阶段

中国职业教育领域对以计算机为代表的新信息技术的关注，源于1984年对国外职业教育机构使用微型计算机、交互式录像盘、盒式磁带录像、视听辅导电话、有线开路电视等开展培训的介绍。此后职业教育经过近20年的恢复与发展，伴随着以计算机和网络技术为代表的信息技术的发展以及教育信息化的推进，信息化已逐步进入职业教育的研究与实践中。信息化基础设施建设是这一阶段职业教育信息化建设的首要任务，各级职业学校纷纷创建计算机辅助教学的环境，并利用信息技术手段辅助课堂教学。截至2002年，全国职业学校装备了65万台计算机，平均每18名学生拥有一台计算机；60%以上的学校建成了计算机教室、多媒体电化教室、电子阅览室或教学资源开发实验室等信息化教学场所；全国5 625所中等职业学校初步建成了不同技术方案的校园网，拥有校园网网络管理中心，约占全国中等职业学校总数的30%。[1]

这一阶段信息技术主要作为知识呈现工具、交流工具、认知工具、技能训练工具等辅助职业教育专业教学的开展。信息技术作为知识呈现工具，主要体现在在专业教学中通过演示课件的展示，以动画、声音、图形、图像、文本、视频等形式，使学生直观地了解零部件的构

---

[1] 《职业教育信息化是职教现代化的推进剂》，http://www.caigou.com.cn/News/200602279.shtml，2018年3月3日。

造原理，将看不见的内部过程转化为看得见的呈现方式，有效突破了教学难点和重点，提高教学效果；信息技术作为交流工具，方便教师随时对学生进行指导；信息技术作为认知工具，通过支持学生的思维梳理、逻辑分析、观点表述等，促进学生的认知发展。信息技术作为技能训练工具，主要是给学生提供训练的环境，体现为虚拟仿真技术与虚拟现实技术在学生技能训练、实习等环节的应用。虚拟现实是由高速计算机系统创建的一种使人身临其境、可以获得与环境交互体验的虚拟世界。职业教育区别于普通教育的重要特征就在于前者的实践性，学生职业技能的掌握通常通过实验、实训、实习等手段实现。在利用虚拟现实技术搭建的虚拟实验室中，学生可以重复操练，快速提高实际操作能力；诸如银行、股市、人力资源开发、电子商务等虚拟经济环境，使学生体验企业管理与经营的全过程。虚拟现实技术进入职业教育的技能训练和实习环节，一方面解决了职业教育教学中设备无法及时更新以及职校学生实习难的问题，另一方面锻炼了学生的实际操作能力、问题解决能力，对优化教学过程、提高教学效果、缩短教室与就业岗位的距离等都起着积极作用。

二、信息化教学资源库建设带动职业教育教学深入发展阶段

从2006年开始实施的"国家示范性高等职业院校建设计划"，到2010年启动的"国家示范性高职院校建设计划"和"高等职业教育专业教学资源库建设项目"，均强调利用信息技术支撑职业院校专业教学资源建设、通过平台建设实现优质职业教育资源的共享。截至2016年，共建成了近100门课程的教学资源库，资源库涵盖的资源类型有文本类、图形（图像）类、音频类、视频类、动画类和虚拟仿真类等，内容包括课程对应的职业标准、作业规范、企业生产工具、企业生产

过程、学生实习实训、课堂教学、虚拟企业、虚拟场景、虚拟设备以及虚拟实验实训实习项目、企业案例、企业专家、数字化教材、教学课件、习题库、试题库等。职业教育信息化教学资源平台集资源建设、管理、教学、学习、分析等功能于一体,为学生在线学习及个性化学习提供全方位的支持,形成开放、高效的学习环境,促进主动式、协作式、研究型、自主型学习的开展,推进以学生为主体的新型教学模式的构建。

与职业教育信息化资源库建设相对应,这一阶段的职业教育理论研究是在借鉴国外职业教育课程开发的基础上,由一些学者提出了不少适合我国的职业教育课程开发的理论与实践模式,如信息化背景下项目课程的开发、以工作过程为导向的职业教育课程开发、基于角色分析的职业教育课程开发等,这一方面体现了教学系统设计理论在职业教育中的应用,另一方面不断丰富和拓展课程开发与教学系统设计理论的研究。

三、"互联网+职业教育"推动职业教育系统整体变革阶段

自从 2012 年首次出现"互联网+","互联网+"行动计划作为信息化与工业化融合的升级版,得到了不同行业与领域学者的普遍认可,并在 2015 年被写入政府工作报告,进而上升为国家战略。移动互联网、大数据、人工智能以及慕课、微课、智慧教育、翻转课堂等新技术新理念的出现,不断推动着职业教育领域的发展。在社会产业结构调整和经济转型升级的时代,互联网正重新定义着制造业和服务业,研发、设计、生产、销售、服务等环节面临着重构,数据化、智能化、信息化是未来生产制造的主流技术。

"互联网+"对与经济发展密切相关的职业教育提出了新的挑战与

机遇，推动职业教育的理念、课程、教学等进行整体性变革。职业教育在"中国制造2025""大众创业、万众创新"战略和"一带一路"倡议背景下，仍然存在着企业参与不足、人才培养质量不高等问题，并集中体现在职业教育"供给侧"体系无法适应经济发展方式转变的要求。因此，如何基于"互联网＋"促进职业教育内涵发展，实现人才培养模式创新和人才培养质量提升，满足创新驱动的经济新常态对高素质技术技能人才的需求，是当前建设现代职业教育体系面临的重大现实问题。职业教育在当前经济与技术的发展形势下，应进行整体性变革。

正如王启龙指出的，"互联网＋"带给职业教育改变，体现在企—校、校—师、师—生、生—资四大关系的巨大转变上，具体来说，企业与学校的关系从合作与伙伴转变为共生与互助、学校与教师的关系从管从与主仆转变到平台与舞者、教师与学生的关系从直面与传授转变到多维与陌生、学生与学习资源的关系从单向与获取转变到情感与交互，这些转变将直接影响未来职业教育的内涵与规模，并逐步引发职业教育系统的整体变革。①

第4节 人力绩效技术：从不需要到供不应求

人力绩效技术（Human Performance Technology，简称绩效技术）作为一个实践与研究领域于20世纪60年代诞生于美国的程序教学和之后的教学系统设计，②原意为应用程序教学培训组织的员工，通过改

---

① 王启龙：《职业教育如何步入"互联网＋"时代》，载《中国教育报》，2017年1月3日第9版。

② 梁林梅：《绩效技术的起源与发展》，载《现代教育技术》，2003年第2期。

变他们的行为就可以提高企业绩效。但是，当时越来越多的实践表明，有的时候培训能够提高企业绩效，而在大多数情况下培训不能够提高企业绩效。著名绩效技术专家吉尔伯特、哈里斯、马杰等意识到，应该先分析组织绩效问题及其产生的原因，之后根据产生问题的根本原因制定相应的解决绩效问题的方案，从而提高组织、部门和个人的绩效。这就是人力绩效技术。

一、引进并关注绩效技术

学界普遍认为张祖忻是把绩效技术引入中国的第一人。有学者将其1995年发表在《外语电化教学》第3期上的《企业绩效技术是教育技术走向市场的重大突破》一文，作为国内绩效技术研究的开端[①]，这也正是美国绩效技术走入成熟发展期的时候。

在最初的几年里，绩效技术在国内并未引起太多的关注。1996年9月在北京航空航天大学召开的"中美培训与教育技术研讨会"上，与会的大多数国内专家都是"第一次听到绩效技术这个词"[②]，当时只有少数学者在期刊上零星发表一些文章介绍绩效技术。会议后，相关企业的代表专门去美国考察绩效技术，回来时他们并不认为对绩效技术有什么需求。

直到进入21世纪，随着社会主义市场经济在我国的发展，各类企业都面临着激烈的竞争，绩效出问题，或者绩效不能够持续改进，企业就可能无法生存。因此，对绩效技术的需求越来越大。

与此同时，越来越多的学者（如张祖忻、刘美凤、梁林梅、张建

---

① 方圆媛：《美国高校绩效技术课程设置研究》，北京师范大学硕士学位论文2010年，第5页。

② 宋钺：《提高创造性潜能教育新技术——绩效技术》，载《继续教育》，1997年第1期。

伟、罗志刚、马宁、吴娟、尹睿等)加入研究绩效技术的行列。这些关注和研究不断扩大绩效技术的影响。2005年年底,《中央电教馆"十一五"全国教育技术研究规划课题指南》将绩效技术研究列入"十一五"期间教育技术研究的重点课题,这在教育技术研究历史上尚属第一次;2006年,教育部办公厅《全国教育科学研究"十一五"规划2006年度课题指南》也首次把绩效技术研究列为教育科学的重点课题。① 有研究者甚至将2005年作为我国绩效技术发展阶段的划分年份,认为此前为"了解与引进阶段",此后为"拓展与活跃阶段"。②

二、主张将绩效技术作为教育技术学科的一个研究方向

绩效技术引进不久,教育技术学领域的学者就针对"绩效技术作为教育技术学学科的一个研究方向"这个话题进行了探讨。

2003年,李龙在《我国教育技术学科的定位——二论教育技术学科的理论与实践》一文中提出了"教育技术学科树",主张将"绩效技术"作为一门"任选的专业拓展课程"添加到教育技术学学科体系中③;随后,他又在2005年指出可以将绩效技术设置为教育技术学的专业方向,该方向的毕业生可以胜任"政府和企、事业单位人力资源开发和绩效的提高"等工作。④ 何克抗指出:"我国(教育技术学领域)多年来最大的缺陷或称之为空白,就是企业培训这一块,且从事与

---

① 方圆媛:《美国高校绩效技术课程设置研究》,北京师范大学硕士学位论文2010年,第3页。
② 尹睿、梁贵媛:《近十年中美绩效技术研究的历史回顾与发展比较》,载《中国远程教育》,2008年第6期。
③ 李龙:《教育技术学专业的系统设计》,载《现代教育技术》,2002年第2期。
④ 李龙:《教育技术人才的专业能力结构——五论教育技术学科的理论与实践》,载《电化教育研究》,2005年第7期。

企业培训有关的绩效技术方面研究的专家极少。……随着企业培训的扩展,绩效技术应该成为我们大学教育技术专业的独立课程",并呼吁"尽快填补教育技术学学科上的这一空白"。[①] 刘美凤是国内教育技术学界持续关注绩效技术领域发展的学者之一,她将绩效技术视为教育技术学学科未来发展应研究的课题之一,[②] 并指出"绩效技术作为教育技术在其对象领域应用中形成的新的知识,应当进一步进行研究和发展"[③]。

刘美凤及其研究团队对美国教育技术学专业中绩效技术课程的设置和绩效技术人才的培养进行了进一步研究。2009年,方圆媛与刘美凤对美国高校教育技术学专业绩效技术课程的设置情况进行了调查研究,为我国教育技术学专业开设绩效技术课程提供了参考[④];2012年,方圆媛与刘美凤又通过访问7位美国绩效技术领域的学者,获得了对美国绩效技术定位、现状与人才培养较为全面的认识[⑤];2013年,马晓玲与刘美凤对美国教育技术学专业发展较好的9所院校的课程设置进行了分析,发现绩效技术几乎成为美国教育技术学专业的一个重要研究方向[⑥];2014年,韩世梅与刘美凤以佛罗里达州立大学为例,考察

---

① 曾兰芳:《关于教育技术的本质及其学科的发展——访我国教育技术著名专家何克抗教授》,载《开放教育研究》,2003年第2期。

② 刘美凤:《教育技术学学科未来发展需要研究的课题》,载《中国电化教育》,2003年第9期。

③ 刘美凤:《教育技术学学科定位问题研究》,教育科学出版社2006年版,第203页。

④ 方圆媛,刘美凤:《美国教育技术学专业绩效技术课程设置的研究》,载《中国远程教育》,2009年第9期。

⑤ 方圆媛,刘美凤:《美国绩效技术:定位、现状与人才培养——访美国绩效技术领域七学者》,载《开放教育研究》,2012年第1期。

⑥ 马晓玲,刘美凤:《美国高校教育技术学专业课程设置研究》,载《开放教育研究》,2013年第3期。

了美国高校导入绩效技术课程体系的过程，并建议我国高校绩效技术专业人才的培养，应结合我国当前社会的发展状况和人才需求形势以及高校自身的专业优势，循序渐进地把绩效技术的相关课程导入现有的课程体系中[①]；2015年，方圆媛与刘美凤从课程目标与内容设计、课程实施与评价策略、教师队伍三个方面分析了美国博伊西州立大学组织绩效与工作场所学习系对绩效技术人才培养的特色，并对我国绩效技术课程的开设和绩效技术人才的培养提供了启示和建议[②]。

三、绩效技术专业人才供不应求

首先，从我国绩效技术专业人才培养的现状来看。

目前，我国与绩效技术相关的人才培养主要在高校的教育技术学专业中进行。但多以选修课或专题讲座的形式开设绩效技术基础或概述类的课程，涉及的知识体系不完善、覆盖面不广、课程深度不够，也尚未建立专门培养绩效技术人才的专业和方向。

上海外国语大学是国内率先开设与绩效技术相关课程的高校。结合学生外语方面的优势，上海外国语大学从2002年起开始引进国外的相关教材，"培养以教学系统设计、培训与开发为主要专业方向，掌握扎实的英语语言基本功的复合型国际化人才。"[③] "学生毕业后应能承担国际企业中的绩效分析、培训与开发、绩效支持工具开发等促进学

---

① 韩世梅，刘美凤：《美国高校导入绩效技术的历程考察——以佛罗里达州立大学为例》，载《中国电化教育》，2014年第2期。

② 方圆媛，刘美凤：《美国高校绩效技术人才培养特色及启示——以博伊西州立大学组织绩效与工作场所学习系为例》，载《现代远程教育研究》，2015年第6期。

③ 张祖忻：《教育国际化背景下教育技术学专业发展思路》，载《中国电化教育》，2012年第6期。

习、提高绩效方面的工作。"①上海外国语大学还明确将绩效技术作为人才培养的方向之一,将绩效技术领域作为学校教育技术学的"立身之本",开设了教学设计和绩效技术类方向课程,主要包括"人力资源开发""电子绩效支持系统开发""绩效分析""改进绩效的认知方法""知识管理""教育评价""培训评估与变革管理"等。

其他高校则多以选修课或专题讲座的形式开设绩效技术基础或概述类的课程。2005年,上海师范大学开设了绩效技术课,以自学英文教材 *Fundamentals of Performance Technology*: *A Guide to Improving People*, *Process*, *and Performance*, 以及撰写读书笔记、开展实践技能训练为形式进行学习②;2006年,华南师范大学教育技术研究所的尹睿和张艳虹等开设了绩效技术概述课程;北京师范大学教育技术学院的刘美凤从2010年起连续9年为研究生开设绩效技术理论与实践选修课,并创建了教育系统与绩效技术实验室;2010年,梁林梅在南京大学为教育技术学专业高年级本科生及硕士研究生开设绩效技术专题研讨课;2010年,云南师范大学也开设了绩效技术及培训项目设计专业选修课等。

教育技术学专业绩效技术相关课程的开设,促进了绩效技术专门人才的培养,其表现形式之一是逐步地有与绩效技术相关的硕士和博士论文完成:1998年北京师范大学的郑永柏完成了与电子绩效支持系统相关的博士论文;2004年,华南师范大学的梁林梅完成了博士论文《教育技术学视野中的绩效技术研究》;2012年,马晓玲在其博士论文

---

① 蒋昕宇:《"211工程"三期建设中教育技术学本科国际化人才培养的总结与反思》,载《教育技术理论与实践》,2011年第1期。

② 刘晓峰:《心得速记——绩效技术报告》,http://www.360doc.com/content/05/1126/22/2500_36451.shtml,2018年5月11日。

《美国教育技术学专业课程设置研究》中有大量"绩效技术"相关研究;刘美凤主持了入选2010年教育部"新世纪优秀人才支持计划"的"绩效技术研究——教育技术学专业的一个研究方向"研究项目,以此项目为背景,韩世梅完成了博士论文《研究生层次绩效技术专业人才培养方案研究》。但总的来说"作为对其学术地位的决定性检验的博士论文数目"[①]还很少。另外,我国高校已逐步设置与"绩效技术"有关的研究方向(如表4.1和表4.2所示)。可以看出,2018年明确设置"绩效技术"的学校虽然有所增加,但增长缓慢。北京师范大学2015年成立了专门的研究机构——北京师范大学教育学部"学习与绩效技术研究中心"。

表4.1 我国教育技术学专业(硕士)内开设的与"绩效技术"相关的研究方向(2013—2014)

所在学校	研究方向名称	招生年度	
北京师范大学	教学系统设计与绩效技术	2013	2014
上海师范大学	培训与绩效技术	2013	2014
上海外国语大学	绩效技术	2013	2014
首都师范大学	教育信息化绩效技术	2013	2014
江西农业大学	现代教育理论与绩效技术	2013	2014
西北民族大学	教学系统设计与绩效技术	2013	2014
宁夏大学	教学设计与绩效技术	2013	2014
西北师范大学	教学设计与绩效技术		2014

数据来源:"中国研究生招生信息网"硕士专业目录。

[①] R.K.默顿:《科学社会学》上册,鲁旭东,林聚任译,商务印书馆2004年版,第8页。

表 4.2 我国教育技术学专业（硕士）开设的与"绩效技术"相关的研究方向（2018）

所在学校	研究方向名称	招生年度
北京师范大学	教学设计与绩效技术	2018
北京大学	终身学习与人力资源开发	2018
首都师范大学	教育信息化绩效技术	2018
上海外国语大学	绩效技术	2018
内蒙古师范大学	教学设计与绩效技术	2018
江西师范大学	教学（培训）设计	2018
江西农业大学	现代教育理论与绩效技术	2018
西北师范大学	教学设计与绩效技术	2018
西北民族大学	教学设计与绩效技术	2018
宁夏大学	教学设计与绩效技术	2018

数据来源："中国研究生招生信息网"硕士专业目录。

其次，从我国企业对绩效技术专业人才的需求情况来看。

我国高校只有少数教育技术学专业培养绩效技术方向的学生，并且课程开设少、体系化和规模化都不足，而企业对绩效技术专业人才的需求较多。

我国加入世界贸易组织（World Trade Organization，WTO）以后，切身感受到国际竞争的压力，不断地从管理理念、竞争机制等方面寻求发展和变革路向。近年来，我国工商企业界表现出对"绩效"的强烈关注。国务院国有资产监督管理委员会于 2006 年发布了《中央企业综合绩效评价管理暂行办法》，并于同年 9 月印发了《中央企业综合绩效评价实施细则》。随着社会各界对"绩效"的关注不断升温，致力于提升个人、团队和组织绩效的"绩效技术"也引起广泛关注。

由于"绩效"往往与"绩效考核"（Performance Appraisal）和"绩效管理"（Performance Management）等联系在一起，这些任务往往由人力资源部门或培训部门承担。因此，培训界和咨询界首先对"绩效"有所关注。随着认识的加深,"绩效技术"和"绩效改进"等术语在培训界和咨询界成为热门话题,频频出现在各种会议和刊物上。例如2012年4月,由《培训》杂志主办的"第八届中国企业培训与发展年会"就将主题确定为"职场学习和绩效改进";在2013年10月举办的第3届中国绩效技术论坛上把"从培训到绩效改进:企业培训管理者如何通过绩效技术增加和凸显个人对组织的价值贡献"作为主要探讨的问题。此外,与"绩效技术"直接相关的论坛和组织也开始出现,2011年10月起,已连续举办7届的"中国绩效技术论坛",邀请国际绩效改进协会(ISPI)朱迪·赫尔(Judith A. Hale)、杰克·菲利普斯(Jack J. Phillips)和莉莎·托尼格斯(Lisa Toenniges)等当届国际绩效改进协会主席做大会的主题演讲,并开设与绩效技术相关的工作坊;在2012年10月的第2届和2013年10月的第3届中国绩效技术论坛上,分别成立了国际绩效改进协会中国分会(ISPI-China)性质的组织(没有注册)和"绩效改进研究院",以进一步推进国际绩效技术理论研究的本地化和我国绩效技术本土研究与实践。在任何学科和专业的发展过程中,专业协会的成立始终是里程碑,作为职业化和专业化的研究者赖以栖身的研究机构和学术交流网络[①],它标志着一个话语共同体的正式形成。虽然国际绩效改进协会中国分会性质的组织尚未能成为该领域最有影响的"无形学院",没有出版发行专业期刊和重要典籍,也没有制定相应的专业人才标准和道德规范(Code of Ethics),但是,这个协会自成立以来,一直在提供相应的培训项目和资格认证,每年都举办年会等,影响乃至形塑着我国企业绩效技术的发展。另外,这个协会与北京师范大学教育学部学习与绩效技术研究中心合作制定三级

---

① 方文:《社会心理学的演化:一种学科制度视角》,载《中国社会科学》,2001年第6期。

国家绩效改进师标准和课程大纲，开发了我国绩效技术专业人才的胜任力模型和相应的培养计划，并且正在实施国家级绩效改进师的认证培训，帮助我国绩效改进师申请国际绩效改进师认证等，这些都有力地促进了绩效技术领域在企业的专业化发展。

企业对绩效技术专业人员的强大需求，与我国高校还没有完全把绩效技术当作一个独立的研究方向来培养人才的现状相对照，显然，绩效技术专业人才已经呈现供不应求的状况了。

绩效技术是教育技术的系统方法在绩效相对清晰、容易测量的组织情境下的一个应用领域，无论是从学术领域的近缘角度，还是从学生的就业前景方面，都是一个值得教育技术领域学者进行研究的方向。社会需要是一门学科创生、成熟和完善的主要动力。在我国当前企业的巨大需求的推动下，相信绩效技术必将成为我国教育技术研究和实践领域的一个活跃的生长点，并且得到相应的重视。

第5章 教育技术学术交流日益丰富且频繁

一个学科领域的建立与发展,离不开专门从事这个领域的研究与实践人员以及他们之间持续不断的互动。互动交流需要平台,也需要媒介,互动交流既可以发生在国内学术组织,也可以是跨国界进行的。改革开放40年来,作为平台的教育技术学术组织、作为媒介的学术期刊经过了从无到有、从起步到不断发展壮大的历程;教育技术领域的国内和国际交流也呈现形式日益丰富、交往日益频繁的发展态势。

第1节 作为交流平台的学术组织的建立与发展

教育技术学科发展的一个重要里程碑是相应的学术共同体的发展。学术共同体不是由研究个体组成的简单集合,而是在保持研究个体主体性的基础上所形成的以平等合作与交流为主的相互作用的有机整体,其存在和发展很大程度体现在学术组织的形成和发展上。这里我们将学术组织界定为以协会、委员会等形式存在的非官方或半官方性质的学术团体。协会、委员会等学术组织,是芬恩提出的专业存在的条件的第四条,即"存在由专业人员组成的协会,他们组成一个联系紧密的团体,成员之间有高质量的交流"。

限于篇幅,这里只介绍当前国内教育技术领域存在的两大全国性学术组织,它们分别是指导全国教育技术研究活动的中国教育技术协会和指导全国高校教育技术学专业发展的教育部高等学校教育技术专业教学指导委员会。

一、中国教育技术协会

中国教育技术协会成立于 1991 年 9 月 26 日，原名中国电化教育协会[①]，是由全国各级各类学校、教育机构、行业、企业的教育技术及信息化研究组织和工作者自愿结成的，全国性的推进教育技术和教育信息化的学术性、群众性的非营利性社会团体，是经教育部批准、民政部备案的国家一级社团组织。中国教育技术协会现有省、部级团体会员 100 多个，各级会员组织几千个。中国教育技术协会下设高校远程教育、中小学电教、外语、体育、金融、高校工科、高校文理科、期刊、出版、微格教学、煤炭、机械、中医药、职业技术、中学远程教育、医学等 30 多个专业委员会，为全国教育技术领域的研究和实践者搭建了一个坚实的学术交流平台。

中国教育技术协会的业务范围包括："（1）组织教育技术专家进行信息技术应用的研究，为教育行政部门的教育技术和教育信息化发展决策提供咨询服务；（2）组织专业委员会及会员参加国家教育技术课题研究，举办各种学术活动，推广教育技术研究的成果和经验；（3）开展教师、研究人员、技术人员和管理人员的培训；（4）协调各相关专业委员会和成员单位共享数字化教育资源；（5）编辑出版教育技术类专著、文集和专刊，推动社会各方面关心、支持和参与教育技术和教育信息化工作；（6）开办教育技术网站，交流信息，推动成员单位间的协作；（7）组织专家对教育技术产品的鉴定、评比、推广和展示，开展新技术、新设备咨询；（8）开展与国外（境外）教育技术组织和机构的

[①] 原名是中国电化教育协会。当时正值该领域名称对内称电化教育，对外称教育技术之时。2002 年正式改名为中国教育技术协会。参见李龙：《中国教育技术协会 20 年》，中央广播电视大学出版社 2011 年版，第 73 页。

合作交流；(9) 完成教育部交办的任务。"①

中国教育技术协会自成立以来为促进教育技术事业的发展做了大量的工作。在学术交流方面，中国教育技术协会每年都会举办主题性研讨会，研究和讨论当代国际、国内教育技术的最新理论和实践的发展动态，对我国教育技术的发展起到了导向作用。在编译出版方面，中国教育技术协会组织编译出版了多部理论书籍。比如，1999年翻译出版的《教学技术：领域的定义和范畴》，2002年翻译出版的美国国际教育技术协会编写的《面向学生的美国国家教育技术标准——课程与技术整合》，等等。②

在课题研究方面，"1997年，中国电化教育协会申报的'发展教育技术，促进教育现代化——学习资源与学习过程设计、开发、应用、管理和评价'项目被正式批准为全国教育科学'九五'规划国家教委重点课题（教科规办[1997]10号文）。""2002年3月，中国电化教育协会申报的'在信息化环境下，教育技术的发展研究'被批准为全国教育科学'十五'规划国家重点课题（课题批准号：AYA010034）。""2006年12月，中国教育技术协会申报的'信息技术环境下多元学与教方式有效融入日常教学的研究'被批准为全国教育科学'十一五'规划国家一般课题（课题批准号：BCA060016）。""2011年7月，中国教育技术协会申报的'信息技术促进区域教育均衡发展的实证研究'被批准为全国教育科学'十二五'规划国家一般课题（课题批准号：BCA110020）。"③ 这些课题的开展，

---

① 李龙：《中国教育技术协会20年》，中央广播电视大学出版社2011年版，第88～89页。
② 王开：《我国电化教育（教育技术）学术机构发展研究》，河南大学硕士学位论文2012年，第44页。
③ 李龙：《中国教育技术协会20年》，中央广播电视大学出版社2011年版，第239～278页。

带动了各地教育技术研究与实践的交流与发展。

中国教育技术协会的另一项贡献是制定有关标准。2003年11月，中国教育技术协会公布了《中国教育技术标准（试行）》(JJXB01-2004)，包括学生教育技术标准（SETC-S）、教师教育技术标准（SETC-T）、教育管理者教育技术标准（SETC-A）和教育技术职业人员教育技术标准（SETC-P）。并且制定了教育技术软件标准和硬件环境标准等。[①]标准的制定，以及后期对各种人员的相关培训，提高了相关人员的教育技术素质，促进了各层次各领域人员的教育技术学术和实践水平的提升。

2000年2月，中国电化教育协会（现中国教育技术协会）时任秘书长刘雍潜率团参加在美国洛杉矶举办的美国教育传播与技术协会年会，由当时正在美国印第安纳大学访问的刘美凤牵线，访问了美国教育传播与技术协会在印第安纳布卢明顿的总部，双方进行了友好的交流，这是中美两国相关协会首次接触，为未来的合作奠定了基础。中国教育技术协会也同日本教育工学会、加拿大教育媒体与技术协会、韩国教育工学协会等保持着友好互动与交流，这也成为我国学者与国际有关组织和学者交流的平台。

二、教育部高等学校教育技术专业教学指导分委员会

教育部高等学校教育技术专业教学指导分委员会是教育部聘请并领导的专家组织，该组织主要开展对高等学校教育技术专业教学工作的研究、咨询、指导、评估和服务等工作，其目的是帮助教育部加强对高等学校教育技术专业人才培养工作的宏观指导和管理，推动高等学校教育技术专业的教学改革和建设，进一步提高人才培养质量。

教育部高等学校教育技术与方法专业教学委员会最早起源于教材

---

① 李龙：《中国教育技术协会20年》，中央广播电视大学出版社2011年版，第270～287页。

编审的研讨工作,随着教育技术专业性人才培养工作的开展,教育技术专业的本科和研究生专业陆续在一批高等学校中设立,由此带来的课程建设和教学开展的问题,促进了该委员会的产生和发展。教育技术专业性人才的培养最早出现于师范院校,而后,一些非师范院校也陆续加入,因此,该委员会源自师范院校指导教材编审的学术组织的建立,随着业务范畴和参与主体的扩大不断地进行更名和重组。

1. "全国电化教育课程教材编审组"的成立

为了满足改革开放初期产生的对电化教育专业教材的大量需求,需要建立研发主体,然后逐步开展教材研发工作。1984年3月,教育部批准成立由南国农任组长、李运林任副组长的全国电化教育课程教材编审组。1985年8月,编审组组织编写并审定了《电化教育学》(南国农主编)、《电化教育基础》,由高等教育出版社出版发行。[①]

2. "全国高等师范院校电化教育(教育技术)教材编审委员会"成立

"1991年,原国家教委在'全国电化教育课程教材编审组'的基础上,设立了'全国高等师范院校电化教育(教育技术)专业教材编审委员会',负责电化教育专业教材建设和课程教学的指导工作,制定了专业教学计划及主干课程教学大纲,落实了编写计划。"[②]第一届全国高等师范院校电化教育(教育技术)专业教材编审委员会主任委员由顾明远担任。

3. 发展过程中的几次更名和调整

第一次更名发生在1994年,随着"教育技术"这一名称被广泛接受,"电化教育"已不能适应发展需要。于是,经国家教育委员会批准,

---

① 阿伦娜:《中国电化教育(教育技术)年表(二)》,载《电化教育研究》,2006年第12期。
② 王开:《我国电化教育(教育技术)学术机构发展研究》,河南大学硕士学位论文2012年,第33页。

"全国高等师范院校电化教育（教育技术）教材编审委员会"更名为"全国高等师范院校教育技术学教学指导委员会"。①

第二次更名发生在 1996 年，国家教育委员会将"全国高等师范院校教育技术学教学指导委员会"更名为"高等学校教育技术学教学指导委员会"。② 这次更名主要源于工作所覆盖学校类型的扩展，除师范院校以外，一些非师范高等学校也加入教育技术人才培养的行列。

第三次更名发生在 2001 年 4 月，高等学校教育技术学教学指导委员会重组为教育部高等学校教育技术学专业教学指导委员会③。这次更名确立和强化了教育技术学专业在整个专业体系中的地位，反映了教育技术在 21 世纪教育改革中的重要作用。

第四次更名发生在 2013 年，教育部将"教育部高等学校教育技术学专业教学指导委员会"更名为"教育部高等学校教育技术与方法专业教学指导委员会"。④

第五次更名发生在 2018 年 11 月，教育部又将名称更改为"教育部高等学校教育技术专业教学指导分委员会"。此次更名顺应了 2010 年以后技术变革教育的潮流，反映了教育技术专业的发展与教育信息化合流的趋势。

教育部高等学校教育技术专业教学指导分委员会所做的工作，对促进全国各高校教育技术学专业领域学者和教师在教育技术学专业各层次人才培养、课程建设、培养方式等很多方面的学术交流起到了非常大的作用。

---

① 阿伦娜：《中国电化教育（教育技术）年表（二）》，载《电化教育研究》，2006 年第 12 期。
② 王开：《我国电化教育（教育技术）学术机构发展研究》，河南大学硕士学位论文 2012 年，第 33 页。
③ 王开：《我国电化教育（教育技术）学术机构发展研究》，河南大学硕士学位论文 2012 年，第 33 页。
④ 陈琳：《2013 中国教育信息化发展透视》，载《教育研究》，2014 年第 6 期。

从整个教育技术的历史发展进程来看,学术组织的形成和发展经历了一个从无到有、从小到大、从分散到集中的过程。它产生于理论研究与实践的结合,在研究者自发组织的基础上,经过社会和政府的驱动,不断发展壮大,将分散的研究力量整合到一起,逐渐走向成熟,从而推动教育技术学科的理论研究与实践发展。

教育技术学科学术组织的发展始终围绕"做事"与"做人"两个方面展开,两大学术组织也反映了这两个方面发展的结果。所谓"做事"是指开展研究活动,也就是进行教育技术及其学科建设需要从事的工作,这不仅包含了工作的内容和范围,也包含了工作的质量和水平。"做事"总要有做事的主体,同时做事的质量与效率也与做事主体的素质水平密切相关。对教育技术及其学科发展而言,做事的主体是研究者与实践者的共同体。所谓"做人"就是进行研究与实践共同体的再生产,通过提高人才培养的质量和水平,形成一大批致力于教育技术研究与实践的高素质队伍。中国教育技术协会的形成和发展,凝聚了"做事"的力量,规范了"做事"的方式,明晰了"做事"的范畴,突出了"做事"的重点。而教育部高等学校教育技术专业教学指导分委员会的形成和发展,则凝聚了研究共同体自身建设的力量,即"做人"的力量,使人才培养与专业建设步入了规范发展的轨道。

第2节 作为交流媒介的学术期刊的创办与发展

学术期刊是一种公开出版物,发表在学术期刊上的文章通常涉及特定的学科。学术期刊展示了学者的研究成果,并起到了公示的作用,其内容主要为原创研究、综述、书评等形式的文章。

学术期刊是一个学科领域学者学术交流的重要媒介，期刊文章的传播扩散与学术观点的碰撞会促进学科领域理论与实践的长足发展。所以，一个学科专业领域是否有自己的学术期刊，期刊是否丰富，代表着这个学科领域发展的状态。学术期刊级别在一定程度上代表这个学科领域理论发展的水平。

如前所述，改革开放以后，教育技术领域不断发展。其发展过程的轻重缓急，该领域期刊的发展历程也有所表现。

国内教育技术期刊起源于 20 世纪 70 年代，在 20 世纪 80 年代和 2000 年以后出现两个数量迅速增加时期。1978 年，吉林省电化教育馆创办了国内首个公开发行的电教类期刊——《中小学电教》，曾经与《电化教育研究》和《中国电化教育》并称为国内最具影响力的电教类三大期刊。1979 年上海外国语大学创办《外语电化教学》，黑龙江广播电视大学创办《现代远距离教育》。这些期刊开国内教育技术期刊先河，为 20 世纪 80 年代教育技术期刊的迅速发展起到带头作用。随后 10 年间，教育技术期刊迅速增加，出现了《电化教育研究》《中国电化教育》和《电大教学》（后更名为《中国远程教育》）等。20 世纪 90 年代电化教育更名教育技术，曾出现低潮期，仅有 4 种新期刊面世。21 世纪以来，随着教育信息化的实施和教学改革的开展，教育技术又一次迎来了研究热潮，期刊数量也迅速增加，出现了《中国信息技术教育》《网络科技时代》《教育传播与技术》等教育技术期刊，北京师范大学教育技术研究所还推出了网络在线版教育技术期刊——《教育技术通讯》，成为国内首个免费浏览的在线教育技术期刊。[①]

---

① 高东怀，宁玉文，高岭：《教育技术期刊建设现状与研究热点分析》，载《现代教育技术》，2009 年第 11 期。

在公布的 1998 年、1999 年中文社会科学引文索引（CSSCI）来源期刊中，没有教育技术刊物的身影。教育技术刊物步入 CSSCI 来源期刊始于 2000 年，之后就获得迅猛发展，在其后每次公布的 CSSCI 来源期刊中，教育技术刊物的数量逐年增加，从 2 种增加到 3 种、5 种、8 种，以至少 50% 的速度递增。不仅绝对数量在增加，而且更为重要的是，教育技术刊物在 CSSCI 来源期刊中的比重逐步增加。率先进入 CSSCI 来源期刊的教育技术期刊为我国教育技术界公认的权威期刊——《电化教育研究》和《中国电化教育》，2003 年《教育信息化》迅速跟进，紧接着《开放教育研究》和《外语电化教学》进入 CSSCI 来源期刊。后来，《现代教育技术》《中国远程教育（上）》《现代远距离教育》也进入 CSSCI 来源期刊。教育技术学期刊成为 CSSCI 来源期刊后，没有像许多学科期刊那样在 CSSCI 来源期刊中只是昙花一现，这说明教育技术期刊是在一步一个脚印地稳步前进。①

目前，通过查阅中国知网收录的所有教育类期刊，发现国内仍在公开发行的与教育技术学相关的期刊有 23 种，分别是《中国电化教育》《电化教育研究》《中国远程教育》《远程教育杂志》《现代教育技术》《开放教育研究》《外语电化教学》《现代远距离教育》《现代远程教育研究》《中国教育信息化》《中国医学教育技术》《中国信息技术教育》《中国教育技术装备》《中小学电教》《中小学信息技术教育》《软件导刊（教育技术）》《教育信息技术》《教育现代化》《教育与装备研究》《数字教育》《发明与创新（教育信息化）》《苏州教育信息化》《浙江现代教育技术》。其中有 9 种期刊属于 CSSCI 来源期刊（2017—2018），分别是：《电

---

① 陈琳：《从 CSSCI 看新世纪中国教育技术学学科地位的变化》，载《电化教育研究》，2008 年第 2 期。

化教育研究》《中国电化教育》《现代教育技术》《中国远程教育》《远程教育杂志》《现代远距离教育》《现代远程教育研究》《开放教育研究》和《外语电化教学》。

这些期刊大多刊载我国学者教育技术实践和研究领域的优秀成果。早期也零星有一些海外学者的文章。2003年左右,《开放教育研究》《中国远程教育》《现代教育技术》和《中国电化教育》等期刊不断刊出中国学者对国外学者的专访文章。2004年《开放教育研究》率先发表国外学者的英文文章。这些学术期刊的努力,使得我国教育技术学术期刊成为国内国际学术交流的平台和重要媒介。学者的文章在学术期刊上发表,很大程度上促进了学者的学术观点碰撞(比如早期的名称之争,后期的教育技术研究方法的讨论,教育技术定义或定位的讨论等),推动着教育技术领域与学科的不断发展。

第3节 日益丰富且频繁的双向国际交流

如前所述,我国教育技术学科的发展深受美国的影响,其中一个重要的原因就是当时留美回国的学者深受美国视觉教学运动的影响(偶然性),而更重要的是我国当时有社会教育的强大需求(必然性),所以,偶然性和必然性一起促成了电化教育的诞生。改革开放之后,尤其是伴随着教育国际化的发展大势,以及互联网技术带来的交流便利,国内国际交流活动日益多样并且频繁,影响着我国教育技术领域和学科的发展。直至今日,我国与国际教育技术领域的交流正在走向你中有我、我中有你的发展态势,我国教育技术领域与学科也正在走向国际舞台。

一、从"走出去请进来"到互访

当一个新事物出现时,组织去国外考察以便学习他国的经验是较为常见的一种国际交流形式。比如,"在援助项目的支援下,1980年由北京师范大学、华东师范大学组成考察小组,赴美国考察教育技术的发展情况。以后又组团赴美国考察卫星教育,赴日本考察教育技术。所有以上工作为在我国迅速开展电视教育、计算机辅助教育、卫星教育的研究打下了基础。"[①] 再比如,"教育部电化教育办公室代表团曾于1999年11月29日赴美国、加拿大进行为期15天的交流、考察,对远程教育的应用系统和开发技术进行了介绍和比较分析。……2003年10月,全国高校现代远程教育协作组赴澳洲和欧洲,对当地高校的远程教育情况进行了考察。"[②] 等等。这样的考察一直持续进行。2017年9月,应日本教育工学会邀请,中国教育技术协会秘书处与技术标准委员会,以及教育游戏、教育测量与评价、教育康复、电影教育等专业委员会代表一起参加了"2017日本教育工学会第33次年会"和"第6届日中教育技术研究与发展论坛"。同时,与参会的美国教育传播与技术协会秘书长和韩国教育工学协会秘书长进行了交流。[③]

除了组团外出考察,学界也利用一些机会邀请国外学者来国内讲学。比如中国电化教育协会(现中国教育技术协会)成立暨第一届年会(1991年)举办时,曾邀请美籍华人喻潜安(时任美国俄亥俄州立大学教育媒体中心主任)、香港岭南学院(现岭南大学)任伯江(时

---

① 尹俊华:《教育技术学导论》,高等教育出版社1996年版,第70页。
② 任友群,冯锐:《论道忘年:教育技术中外互动三十年顾望》,华东师范大学出版社2013年版,第6～7页。
③ 《迎接新时代 踏上新征程——中国教育技术协会2018年度工作报告》,http://www.caet.org.cn/news/143,2018年3月11日。

任教育科技中心主任）等参会并做报告。后来，各种情境下邀请过的教育技术领域的国外专家不计其数，像著名的美国印第安纳大学教学系统技术系教授罗伯特·海涅克、查尔斯·M.赖格卢特、托马斯·M.施文等，佛罗里达州立大学美国绩效技术奠基人罗杰·考夫曼、罗伯特·瑞泽等，北得克萨斯大学教授迈克尔·斯佩托克、美国协和大学阿拉巴马分校校长林立杰、日本北海道大学重田胜介、关西大学水越敏行、爱尔兰国立都柏林大学莉兹白·古德曼、加拿大阿萨巴斯卡大学金沙克、英国诺丁汉大学贝纳雷特·罗宾逊、荷兰特温特大学普朗普、爱尔兰国立大学艾伦·布鲁斯、韩国著名教育技术专家奥赫瓦·李、美国佛罗里达海湾海岸大学王小雪、美国圣地亚哥州立大学王敏娟、美国詹姆斯麦迪逊大学博士刘炬红等。"将国外专家请进来"对我们了解国外教育技术领域，了解国际上教育技术的发展前沿、研究范式和研究内容起到了很好的交流作用。这样的活动也在持续进行。在2017年举办的中国教育信息化国际峰会暨国际智慧教育展览会上，组委会邀请了芬兰等10个国家的驻华参赞或相关负责人出席，各国专家在论坛上进行了学术交流。①

早期，出国考察、请国外学者来我国交流比较多，即"走出去，请进来"。后来，随着中国各个领域包括教育技术领域的不断发展，也不时有代表团来中国访问考察。

比如，2004年4月英国劳动与教育大臣布朗克特访问北京师范大学远程教育研究中心，参观中英合作项目"利用交互式计算机远程教育技术开发中国中小学教师环境教育的能力"；2007年11月美国著名

---

① 《迎接新时代 踏上新征程——中国教育技术协会2018年度工作报告》，http://www.caet.org.cn/news/143，2018年3月11日。

网络教学产品提供商毕博信息技术公司副总裁卡尔等一行访问南京师范大学，商讨世界高校教学改革等问题并签署了合作意向书；2008年3月泰国素可泰开放大学一行20人来到北京大学现代教育技术中心，了解中国远程教育所采用的技术；2010年6月，法国教育部数字资源办公室负责人吉尔斯·布劳恩、数字化园区代表巴普蒂斯特苏弗隆等一行9人，来访北京师范大学，双方探讨了在数字教育方面项目合作的可能。① 这样的来访也在持续进行。

二、高校间的国际项目合作交流

以高校研究团队为主体的国际高校间的项目合作交流对推动教育技术领域与专业发展促进作用很大，是一种重要的教育技术国际交流方式。

比如，"2003年7月，北京师范大学派代表赴英国曼彻斯特大学和诺丁汉大学，参观了远程教学、在线教学的发展和运营体系；双方讨论并确定了向两国高教管理机构递交的合作项目实施方案书；同时还就项目的长期进展计划与近期即将开展的工作交换了意见。"2007年12月挪威奥斯陆大学的黑格·郝维克及其团队来访北京师范大学，双方在数字化学习的设计模型方面交流了研究项目及成果；"2009年8月，中央电化教育馆、华南师范大学、北京师范大学、西北师范大学的代表赴加拿大多伦多大学（TU）安大略教育学院（OISE）参加中加教育技术合作研讨会，与国际同行交流研讨成果，共同研讨存在的问题，并考虑未来的合作和交流计划。研讨主题包括：在线学习、课堂教学的技术环境、开放资源和开发源码资源以及博士生培养等问题。此次

---

① 任友群，冯锐：《论道忘年：教育技术中外互动三十年顾望》，华东师范大学出版社2013年版，第24～29页。

交流会为中加教育技术的未来交流发展起到了重要作用。"①

还有，2009年3月，加拿大阿萨巴斯卡大学吉纳森·保罗·巴格利到访北京师范大学远程教育中心，介绍了他们的在研项目，并详细讨论了双方的合作项目，签订合作备忘录；2013年，余胜泉、马宁与加拿大西安大略大学合作开展国际研究项目"北京和伦敦社群非正式学习工作坊的设计、实施与评价"，并在此项目中大力支持硕士研究生和本科生的发展，促进学生与国际学者的交流；2016年10月29日，"未来学校2030第一次研讨会"在北京师范大学召开，来自北京师范大学、华中师范大学、北京大学、不列颠哥伦比亚大学、伦敦大学学院、芬兰赫尔辛基大学、美国高等教育信息化协会等高校及研究机构的30余名学者针对"未来学校2030项目"提出研究计划与建议。

随着教育技术领域或学科的发展，各国高校的项目合作研究也越来越深入。比如全球学生同上一门课程的项目。ME310 Global，是全球知名的新产品创新设计培训课程，也是斯坦福大学最有影响力的课程之一，至今已有40多年的历史。2017年6月，北京师范大学与斯坦福大学联合，聚焦"未来教室设计"，招募优秀的硕士生和博士生组建ME310项目团队。2017年9月，ME310 Global课程与北京师范大学设计与学习课程同时开课，从中选出6名学生，进行了为期9个月的ME310项目学习。

三、师生个体的双向国际交流

"中国最早期与国际的接触是1940年金陵大学（1952年合并于南京大学）孙明经先生赴美国考察教育电影，在纽约美国影片中心社和

---

① 任友群，冯锐：《论道忘年：教育技术中外互动三十年顾望》，华东师范大学出版社2013年版，第7页。

明尼苏达大学视觉教育中心目睹了美国记录电影的成就。……随后教育部于1947年选送萧树滋、白芷洁赴美攻读视听教育硕士学位，1947年廖太初先生被燕京大学（1952年全国高等学校院校调整中被撤销）派到哥伦比亚大学学习视听教育，回国后他在燕京大学附中开始运用电教媒体进行教学实践。1948年南国农赴美攻读比较教育与视听教育硕士学位。"[①]那个时候，出国考察人数虽然比较少，但给中国教育技术的起步带来了很大影响。

改革开放之后，特别是20世纪90年代，随着国家资助力度的加大，如国家留学基金管理委员会"建设国家高水平大学项目"的设置和国家奖学金计划的实施等，高校教育技术学专业的师生进行国际交流学习的机会和平台越来越多，其中以访学、项目合作的形式居多。出国访问的师生人数不断增多，在国外获得硕士和博士学位的人数也不断增加。出外访问回国的学者和获得学位在高校教育技术学专业就职的老师把在海外学到的知识与经验带到工作岗位，不同程度地影响着所在学校教育技术学科的发展。

同时，国家留学基金管理委员会开始对海外留学生提供资助，加上"一带一路"倡议的实施等，来中国读书（不仅仅是学语言，而是学习各种专业，也包括教育技术学专业）的外国学生也不断增多。根据教育部公布的数据，2008年至2016年来华留学总人数持续增长，但2012年至2015年增速放缓，2016年又大幅提升，来华留学人数超过44万，增幅仅次于2012年（12.21%），为11.35%。这些留学生来自205个国家和地区，就读于全国829所高等学校、科研院所和其

---

① 任友群，冯锐：《论道忘年：教育技术中外互动三十年顾望》，华东师范大学出版社2013年版，第3页。

他教学机构。①

随着教育国际化的进程不断深入，高校也逐步开始招收外国学者入职，为学生开设全英文课程，短期的、长期的、专职的，各种情况都有。

未来，师生个人的双向交流项目会更加多样，也会更加频繁，并成为日常的一项工作，一种国际交流方式。

四、参加或组织国际会议

参加或组织国际会议，也是一种很好的国际交流方式。最早主要是参加国际会议。比如，我国学者参加的国际会议有美国教育传播与技术协会年会、美国教育研究协会年会、全球华人计算机教育应用大会、教育技术与计算机国际会议、计算机支持的协作学习大会、人工智能与教育应用国际学术会议、学习科学国际会议、计算机教育应用国际会议等四五十种国际会议。

随着我国经济与教育的发展，在国际各个领域的话语权也不断扩大。各个大学从只是参加国际会议，逐步开始承办有影响的国际会议。比如，教育技术学专业承办的国际会议有美国教育传播与技术协会暑期论坛（华东师范大学 2016 年承办，香港教育传意与科技协会 2017 年承办等）、计算机教育应用国际会议（北方交通大学 1998 年承办，北京师范大学 2006 年承办）、全球华人计算机教育应用大会（北京师范大学 2017 年承办，华南师范大学 2018 年承办）、全球华人探究学习创新应用大会（郑州外国语学校 2014 年承办，江南大学 2015 年承办）、学习科学国际会议（华南师范大学 2016 承办）、混合学习国际会议（北京师范大学 2010 年承办，华南师范大学 2012 年承办，华东师范大学

---

① 胡征兵，贾琴琴：《来华留学生教育现状与对策浅析——以华中师范大学教育技术专业为例》，载《世界教育信息》，2017 年第 10 期。

2014年承办，华中师范大学2015年承办）等。

我国相关机构不仅参加与承办著名国际会议，也开始举办国际会议，吸引着越来越多的教育技术学者参加。举办的国际会议有连续多年的"教育技术国际论坛"（华南师范大学，2001年首届；首都师范大学，2002；吉林大学，2004；江西师范大学，2005；华中师范大学，2006；山东师范大学，2008；徐州师范大学，2009；清华大学，2010；江苏师范大学，2017；等等）；连续三年的"中美智慧教育大会"（北京师范大学）；等等。

五、引进与输出教育技术思想与智慧

在教育技术领域和学科发展的早期，我们想尽方法引进国外的教育技术思想和智慧（当然，前面谈到的"请进来"本身也是一种引进思想与智慧的形式，但这里的引进思想与智慧指的相对长期或有文字记载的思想和智慧的引进）。改革开放后，教育得到了发展，教育技术领域也不断走向成熟。伴随着我国教育国际化的步伐加快，我们也开始向外输出教育技术思想与智慧。

1. 引进国外教育技术思想与智慧

引进国外相对先进的教育技术思想和智慧对我国教育技术领域和学科的发展少走弯路至关重要。乌美娜在20世纪80年代美国访学之后，就于1987年在期刊上介绍过肯普的教学设计[①]，这是我国最早引进教学设计思想的文章。除了摘编国外学者的文章，还有以下几种引进国外教育技术思想与智慧的方式。

（1）邀请国外学者开设短期课程。一些高校设立专项资金支持邀请国外专家来中国短期授课或开工作坊。例如，2007年11月，华东师

---

① J.E.肯普：《教学设计简介》，载《外语电化教学》，1987年第1期。

范大学网络教育学院举办了"教育设计研究"国际高级研修班,邀请荷兰特温特大学以及美国乔治梅森大学的专家来授课。①

(2)多国专家共同开课。随着网络技术的发展,通过网络视频会议跨国上课成为可能。比如,自2011年起,北京师范大学的黄荣怀邀请海内外专家学者,共同开设了面向教育技术学专业博士生的"全球视野下的学习技术发展前沿"系列课程,曾邀请的学者有:加拿大阿萨巴斯卡大学的金沙克、土耳其哈斯特帕大学阿里夫·阿尔通、突尼斯大学的穆罕默德·杰姆尼、希腊比雷埃夫斯大学的迪米特里厄斯·桑普森、印度理工学院孟买校区的卡纳安·莫奇利亚、美国北得克萨斯大学的迈克尔·斯佩托克、哈佛大学克里斯·德迪、南洋理工大学的奇·基特·卢等。

(3)国内期刊发表国外专家文章或专访。"21世纪以来,最早发表国外专访的是2000年4月《中国远程教育》对Digital Ed公司副总裁Jill Berlin进行的专访。……随后《全球教育展望》设置了对话访谈的栏目。……到2003年,《开放教育研究》、《中国远程教育》、《现代教育技术》共刊登6篇专访论文。……2004年,《开放教育研究》开辟了专栏'高阶访谈',……从2005年到2010年(截至9月份),国内各种期刊对专访的内容逐渐重视,如《开放教育研究》除2009年之外,每年均有访谈栏目;《中国电化教育》2009年、2010年每月均有一篇跟本学科国外一流学者交流的论文。……如今访谈的作者不再局限于期刊的记者,一些业内人士发现这是一种与国外学者进行交流合作的有效且易行的方式。随着对访谈活动的重视以及采访作者的转变,对

---

① 任友群,冯锐:《论道忘年:教育技术中外互动三十年顾望》,华东师范大学出版社2013年版,第13页。

国外学者的访谈（即主要思想是'输入'）逐渐有意识地变成双方的互动对话（既有思想的'输入'又有'输出'），他们会针对专业某一领域知识互相针对相关观点进行较为深入的交流。"①

（4）翻译国外教育技术著作。1947年，中华书局出版了杜维涛翻译的《视听教学法之理论》（戴尔著），这是我国第一部教育技术领域的译著。"80年代末，由于当时还没有太多教育技术的专业书籍，于是业内学者开始引进国外的相关著作进行学习。如北京师范大学最早的教育技术学硕士导师尹俊华先生引进一些美国教育技术的原版著作，作为硕士生学习的读本，以此了解国际教育技术的研究，推动专业发展。……1999年，中国电化教育协会组织出版了乌美娜、刘雍潜等人翻译的《教育技术：领域的定语和范畴》，于是国内掀起了学习、介绍美国教育技术的热潮。"②

"华东师范大学高文教授团队出版了'21世纪人类学系的革命'译丛、'教学设计理论与模型的国际前沿研究'译丛、'学习科学与技术设计'丛书以及其他相关译丛，共20余本。……祝智庭教授团队在'技术在教学中的创新应用以及适合于教学的创新技术'等方面进行了大量研究，其团队的'信息化教学创新技术'译丛介绍了技术的作用、技术在教学中的创新应用、教学设计与技术的趋势与问题、优化学生学习策略等。"③北京师范大学刘美凤和宋继华组织翻译了《教育大百

---

① 任友群，冯锐：《论道忘年：教育技术中外互动三十年顾望》，华东师范大学出版社2013年版，第9～10页。

② 任友群，王觅：《新世纪第一个10年中国教育技术学科的国际交往研究》，载《现代远程教育研究》，2011年第3期。

③ 任友群，冯锐：《论道忘年：教育技术中外互动三十年顾望》，华东师范大学出版社2013年版，第11～12页。

科全书》中的《教育技术》卷；浙江大学盛群力在教学设计研究方面，翻译了大量的国外教学设计专著；北京大学汪琼从企业绩效的角度介绍了系统教学设计；等等。

2. 向国外输出教育技术思想与智慧

近年来，我们不仅仅引入国外教育技术的思想，也一直尝试输出我们自己的教育技术学术思想与智慧，主要有以下几种形式。

（1）参加国际会议发表演讲。如前所述，我国教育技术领域的学者积极参加的国际会议有四五十种，一些学者在会上交流学术论文，做学术演讲，这是一种输出我国教育技术思想与智慧的方式。

（2）在国外期刊发表文章。越来越多的中国教育技术学者在国外期刊上发表学术论文。一些学校把在社会科学引文索引（SSCI）期刊上发表学术论文作为评职称或获得博士学位的条件，也促使我国学者不断向国外输出教育技术的思想与智慧。我国学者在国外期刊上发表的文章不断增加，呈上升的势头。值得一提的是，当时作为《英国教育技术》（*British Journal of Educational Technology*）期刊中国地区通讯主编的刘美凤还组织了一期特刊①，共组织了8篇长文、4篇短文，从各个方面向国外介绍中国教育技术的发展情况，在国际上引起了一定的反响，这对国外学者了解中国教育技术起到了促进作用。

（3）在国外发行我们主编的英文杂志。比如黄荣怀主编的英文国际期刊《计算机教育杂志》（*Journal of Computers in Education*）（由斯普林格出版社出版），目前被科睿唯安旗下数据库收录；与国外出版社发行不同，2018年4月15日，《华东师范大学教育评论》英文刊（*ECNU*

---

① Liu Meifeng（Editorial），Special Issue on Educational Technology in China，*British Journal of Educational Technology*，2010，41（4）.

Review of Education）在美国纽约隆重举办新刊全球发布会。

（4）由国外出版社出版英文专著。我国越来越多的学者在国外出版英文专著，系统地介绍我国教育技术的学术研究成果。比如北京大学吴峰[①]、贾积有[②]，北京师范大学李芒[③]、黄荣怀[④]、郑兰琴[⑤]，华南师范大学张倩苇[⑥]，等等。

（5）设立合作办学项目或者英文教育技术学专业项目。比如，安徽师范大学与美国约翰逊大学合作的现代教育技术专业硕士研究生教育项目获得批准。该项目是我国教育技术专业首个中外合作办学项目，对教育技术专业的人才培养与学科发展具有重要的历史意义。[⑦]北京师范大学教育学部教育技术学院2018年开始招收"先进学习技术国际博士"，目前报名的有来自美国、拉脱维亚、海地、苏丹和巴基斯坦等地共8名学生。

可见，改革开放之后，我国学术界的交流形式从单一的走出去和请进来，逐步发展成互访和项目合作，以及参加、承办或主办国际会

---

① Wu Feng. *Corporate University*：*An Innovation of Organizational Learning in China*，New York：SCPG Publishing Corporation，2016.

② Jiyou Jia. *Intelligent Web-Based English Instruction in Middle Schools*. Hershey PA，USA：IGI Global，2014.

③ M. Li，Y. Zhao. *Exploring Learning & Teaching in Higher Education*（New frontiers of educational research），Berlin：Springer，2015.

④ R. Huang，J. Spector，Kinshuk. *Reshaping Learning*：*Frontiers of Learning Technology in a Global Context*（*New frontiers of educational research*），Heidelberg；New York：Springer，2013.

⑤ L. Zheng. *Knowledge Building and Regulation in Computer-supported Collaborative Learning*（Perspectives on rethinking and reforming education），Singapore：Springer，2017.

⑥ Q. W. Zhang. *Supporting Teachers to Enact Integrative Practical Activities in China*（Doctoral dissertation），Enschede，the Netherlands：University of Twente，2012.

⑦ 孙淳：《教育技术专业中外合作办学的特点与启示——以安徽师范大学和美国约翰逊大学现代教育技术专业硕士生教育项目为例》，载《世界教育信息》，2017年第9期。

议，引进并输出教育技术思想和智慧，真正形成你中有我、我中有你的发展局面。随着我国教育技术在国际舞台不断展示自己，也随着我国经济和社会地位不断提高，我国教育技术领域的专家学者也成为一些国际杂志的编委会成员，从而更好地促进相互之间学术交流。当然，国内教育技术领域的交流平台越来越多，线上线下的交流随时发生。

综上，我国教育技术学科自改革开放以来，确实得到了长足的发展，建立了从专科、本科、硕士、博士和博士后流动站的学科以及人才培养体系，基本建立了教育技术学的理论体系，广泛而深入地应用于学校教育、远程教育、职业教育与企业教育等领域中，建立了非常强大的、作用日益明显的国际国内的交流平台，等等。

教育技术学诞生于当时的新媒体及其教育应用，但是并没有停留在只研究新媒体及其教育应用上。它走过了对自己的辩证否定即"扬弃"的过程，因为在任何时候，任何情境，光依靠新媒体并不能够解决所有教育教学的实际问题。因此，它利用系统方法，从鉴别教育教学的实际问题入手，根据产生问题的原因制定相应的解决方案，通过对方案实现过程与所需资源的设计、开发、应用、管理和评价，最终达到解决问题以及提高教育教学效果的目的。

然而，新媒体及其教育应用尽管不是教育技术的全部，却是教育技术的重要组成部分。因此，正如其诞生一样，教育技术领域和学科的发展也必将受到新技术发展的裹挟并在曲折中前行。当前，国家特别重视信息化和教育信息化的建设。《国家中长期教育改革和发展规划纲要（2010—2020年）》第十九章"加快教育信息化进程"提出："加快教育信息基础设施建设，信息技术对教育发展具有革命性的影响，必须予以高度重视。"①这使得教育技术又迎来了新的发展时期。特别是当前互联网技术、物联网技术、大数据、学习分析技术、人工智能技术等的长足发展并在各个领域得到应用,让教育技术成为大家共同关注的焦点。这些技术的发展,为教育实现其夙愿——促进每个学生的个性化发展提供了可能性,使得教育技术有可能为宏观、中观和微观层面的教育教学实际问题提供解决方案。因此,一方面,我们要抓住这个机遇,进一步繁荣学科的发展;另一方面,要意识到挑战的存在,因为无论在任何历史发展阶段,技术手段只是影响教育教学效果的一个要素,只有技术价值与教育价值一致,也就是说只有遵从教育的本质,采取正确的教育技术观,统筹规划,系统设计,使协同组成教育系统的各个要素共同发挥作用,才能够达到教育技术提高教育教学效果、促进教育变革的最终目的,绝不能本末倒置。

---

① 《国家中长期教育改革和发展规划纲要(2010—2020年)》,人民出版社2010年版,第58页。

* 在成文的过程中,博士生朱肖川、硕士生陶鑫荣和王飞在资料查询、确认等方面做了大量工作;博士生朱肖川(远程)、方圆媛(学校)、鞠慧敏(职业教育)和韩世梅(人力绩效技术)撰写了教育技术应用领域的初稿;朱肖川撰写了学术组织部分的初稿,硕士生陶鑫荣撰写了"学术期刊"部分的初稿。在此一并致谢。

第二部分

改革开放40年教育技术学代表性论文

从国外名词术语的演变看"电化教育"

廖泰初

一、引言

在日常谈话中,我们经常听到"名正言顺"、"名实相符"或"名不符实"等词,它们都表达了名词术语要和事实内容一致的要求。在学术范畴上,也有同样的规定。一个术语代表一个学术领域,揭示某一学术范畴的本质,并体现这一领域的理论、思想、功能、内容、方法和组织形式。同时,在历史演变上看,这样的术语也绝不是一成不变的。正在发展中的某一种新科学技术的术语,就常得有变动,尤其在科技知识急剧增长的今天,更是如此。它会随着事物不断的发展,和人们对它的认识,而不断地进行更名换姓。根据这一情况,我愿把"电化教育"这一沿用已久的名词研究一下,同时也把国外这些年来有关这一学术领域中术语的演变回顾一下,并将两者作些比较,试图把名词术语和事实内容一致起来,使名词所代表的学术范围和性质一致。这样对今后我们在"电化教育"的科研方向、教学方法、管理领导各个方面,很有意义,也很重要的。

我国自解放以来,有不少文化宣传工作者和教育学者对这一术语提出商榷,主要认为"电化教育"一词没有说出这一学术领域的本质。文化革命期间,这方面的考虑一度消沉;粉碎四人帮以后,大家都在想方设法大量培养四化建设人才,一度忽视了的"电化教育"又得到了新生。中外加强文化交流之后,看到欧美在这方面的长足发展,他们在教学上,解决了许多前人未能解决的问题,这一学术范畴的领域越来越大,代表这一领域的名词术语也因而出现了许多变化。这就促使我国学者更感觉到这一沿用了多年的术语有重新考虑的必要。事实上，这些年来，就不断地有不同的团体和个人，提出过各种各样的替代词，如影音教育、电影教育、影声教育、形声教育、直观教育、视听教育、感官教育等等；最近又在欧美的影响下，采用过媒介教育，现代化教育手段、现代化教育技术、信息教育、教育工艺学、教育媒介系统工程、教育工程学、信息交往等等，真名目繁多，莫衷一是。名词的提法各有不同，对这一范畴所下的定义，也是千差万别，这些说法的出现，主要是由于各个不同人在这方面工作的范围和性质不同，因而有所偏重，出现了各种词汇，至于这一范围到底有多大，好象谁也没有获得过权威的说法，因此，我们认为有着重提出来讨论的必要。

二、"电化教育"的来龙去脉

据初步查考，"电化教育"一词的出现是三十年代的事，地点是在我国，我们遍查这一时期前后的外国书籍期刊，都没有找到类似的提法，只好说这一术语是我们创造的，是国产。

三十年代后期陈友松教授曾创办过电化教育月刊，共出过六期，主要是介绍电影、幻灯等在教学上的辅导作用，这一刊物的命名和创办都是在一九三六年后。

一九三六年时的教育部有电影和广播两项工作，要把二者合并为一个单位，就采纳了"电化教育"这一新词。同年，当时教育部计划成立电化教育委员会，委托金陵大学办电化教育人员训练班，采用这一名词是该部社会教育司第三科提出的。

一九三七年，陈友松教授在他写的《有声教育电影》一书中又提到 electrifying education，这一说法，是"电化教育"的一个回声。同年，在一次教育会议上，当时江苏省长，为了加快教育进度，在会上又一次提到了"电化教育"这一词，在会上并未详细斟酌考虑，也没有作出正式决定，但从此以后，这一新词就通用开来了。

事过一年，一九三八年间，当时教育部约请金陵大学开办电化教育专修科，但以后该校又认为这一提法有些不当，在工作上出现问题，一九四七年后就改为影音专修科。这可说是对"电化教育"一词的第一个异议。

综上所述，当时对这一新词的认识是比较含混的，想法很不一致，分析起来可能有以下几种：

1. 过去一段时间认为电是最先进的东西，很新鲜，城市不多见，农村还没有。因此用电来表示加速教育进程，扩大教育范围和对象，开始是很受欢迎的。

2. 我国三十年代，"电化教育"只有三个方面的工作：电影、幻灯、广播。这三种设备都和电发生密切的关系。"电化教育"一词可说是恰如其分。

3. 当时，电影、幻灯、广播的主要对象是社会上没有受过太多教育的成人，那时说的电教，用在学校不是主要的。"电化教育"多少是用以区别于传统教育。

4. 大多数人认为，"电化教育"是结合电气化的辅助工具进行教学，以电能带动电器设备，辅助教学，提高教学质量。

另外，这个词的出现也曾产生过误会，居然有人认为那是通过电流加强记忆的新方法。这当然是不当的。

以上是"电化教育"一词的由来，和早年的认识。

我国自从有了"电化教育"这一词后，多少年来就存在着不同的意见。国内正式对此进行辩论是在一九四七年。当时还有人曾到美国谈过这个问题，那里也没有什么人同意这一说法。这是对这一词第二次正式提出异议。

五十年代，北京师范大学又将它的电化教育馆改名为直观教育馆。这是第三次对这一词表示的异议。

粉碎四人帮以后，"电化教育"在国内又获得了新生，振奋了许多这方面的工作者，进展中的工作使他们越来越感觉到，这一用语确实有问题，有的人在报告里、文章里提出异议，这可说是第四次来自各方的正式反映。

我们认为要解决这一问题，首先要明确这一学术领域的范围，到底研究的对象是什么，内容该有多广，如只限于早期的电影、幻灯、广播，那是一回事；如把现代化的电视、录像、录音、电子计算机辅助教学、录像唱盘、卫星广播教学等等都计算在内，那就增添了内容，也改变了性质。北京电化教育馆在一九八○年四月下过的定义是一切和电没关系的其它教具、手段，都不包括在内。但是，如把旅行、参观、模型教具、黑板、教科书、表演、展览、实验、实习等都算在内，那就有不少和电能没有太大关系的。又如把教学和教学工具（教具、教材等）、行政领导、管理、教学法等都列入这一范围，"电化教育"一词就更觉得不合适了。这是一个值得研究的问题。要想得出个恰当的结论，首先必须把这一学术领域弄清楚。

让我们再退一步考虑，如果对这一些异议和社会的发展置于一边，不加以考虑，仍是继续采用"电化教育"这一词，这是否可行呢？不难看出这会出现以下的困难的：

1. 如我们这一术语把一切的教具都包括在内，则有许多教具如沙盘、模型、图表、黑板、粉笔等，只有形和声，和电不发生关系。这些是否得另立名目，如列为直观教育、形象化教育等。

2. 到目前为止，黑板仍然是最基本的教具，比电影、幻灯普及得多。对这种形式的教学，我们从未说过"黑板教育"。至于今天用的电气化教具，也仍然没脱离开这种教学的方式。广义说，形式仍是一样，而使用上，黑板比电气化教具更为普及，用"电化教育"一词概括一切有些片面。

3. 如果说电快、电新鲜、电先进，利用电，能扩大教育的范围和提高教育的质量，那么目前还有比电更快更新鲜，更先进的东西，如光、激光、原子能等，今天科学大大提高了一步，其他更强的"能"也会用到教学上，从发展方向看，电就有局限性了，"电化教育"一词也就跟不上时代。

4. "电教"、"电化教具"，顾名思义，一般人来看，强调的似乎只是硬件，而实质上，教学和教育包含的因素是多方面的。除硬件外，还有软件，还有运用软硬件的各种技术和艺术。

三、国外有关这一术语的演变

追溯"电化教育"（或接近这一领域的术语），世界上许多国家都比我国用得早，尤其是美国，可以称为鼻祖。它在一九一〇年已拍摄了第一部教学影片，用的是35mm胶片。一九二〇年后，幻灯、平面图片、放影机、无声影片等已相当流行，不少学校已逐渐采用，当时只称为视觉教育 Visual educatiou（还没有声音），也有某些人称这些为教学机器 teaching machine。至于有声影片，是一九二七年以后出现的（16mm 的教学胶片是一九二八年才出现的），从此是逐渐采用了 audio-visual（视听）一词。四十年代是这词的流行时期，当时有称为 audio-visual education（视听教育），也有称之为 audio-visual aid（视听手段）。Aid 一词的使用是经过长期争论的，它说明这些只是教学的助手或手段，不能代替教师。同时，这一时期唱片、钢丝录音机、无线电广播等，也用到教学上了。但电视教育广播的开始，却是五十年代的事。

六十年代初，有关这一领域的术语在美国又有了变化，出现了 audio-visual instruction（视听教学）一词。但是三年以后，对这词就有人提出异议，改用 audio-visual communication（视听传播），原因是范围扩大了，暗示了 media 媒介的意义，但还没有直接说出来。当时在名词术语上仍然存在着不少争论。一九六五年的视听教学杂志，为此刊登了几篇文章，对用词问题进行了研究、讨论和争论，可说是各抒己见，出现了不少新术语，其中学习资源、教学技术、教育通讯等词比较普遍，这些新语汇都比"电化教育"的范围广，包括的方面多。不久主要由于技术发展的关系，他们的视听教育学会，也因此改名为教育通讯及技术协会，这时，只是视和听已不能适应新的发展，教育技术一词就此流行了起来。在日本，随着这一演变也把他们所用的视听觉教育改称为教育工学，主要是重视技术。

不久，美国从事这一教育事业的工作者，又创造了一个新词 media（媒介）。从此 media 就大大流行起来。一九七〇年出版了一本名为 Educational Media 的杂志，每年出版九期。偏重于硬件的使用方面。到一九七四年，联合国教科文组织，正式决定把一些进行视听教学的机构称做 media center。不过就是在这个浪潮中，也仍然有一些人不愿意放弃视听教育这个老词。

media 这一词出现后，轰动了整个教育界。凡多少与教育有关的都和 media 拉上了关系。过去已经放弃了的 audio-visual 也改成了 aadiovisual media、educational media、instruction-alvmedia、communication media 等新词都出现了。英国在一九七八年出版的有关这方面的词典 *The Encyclopaedia of Educational Media Communication and Technology*（《教育媒介通讯与技术百科词典》）也用了 media 这个流行术语。media library（媒介图书馆）、sound media（音响手段）、media program（利用各种媒介的程序）、printed and non-printed-media（印刷和非印刷媒介）、media specialist（媒介专家），这些和 media 联系起来的新词象雨后春笋，有点来不及统计。

其实 media 代表的首先是 media of mass communication，主要是对大众的通讯宣传手段，media of mass communication 曾一度缩称为 mass media，最后又简化成 media。起先是用在商业宣传上，后来才用到文化教育上，因为 media 比 technology 这个词的含义更清楚，范围更广，它包括了任何手段、机构或工具，并利用这些达到宣传、教学、和教育目的。我国和英国直到一九七七年止，也一直都只是把它看成为对大众的传播，或宣传工具和手段，是通讯的媒介物。

一九七九年十一月美国的视听教学杂志，登载了一篇文章，提出了用 media 代替学校的可能性（deschooling media），文章说到 media 是指硬件和软件，可以教学，可以给人各种新闻、知识，可以劝说人不去做某种活动，或做某种活动，可以供给间接的经验，可以激发思想，还可模拟思想的过程，但这种说法终究是过火一些，并不为大众所拥护。

到一九八〇年，这一杂志的编辑部认为 Audio-visual（视听）已代表不了发展的要求，把原名 Audio-visual Instruction 改成 Instructional Innovator（教学的创新者）。

除了 media 之外，还出现过其它许多新的术语，如 educational

resources Information-center、educational data systems、communication technology、information technology（信息技术）、educational communication，instructional systems technology 等。英国还把图书馆和视听教材馆合并，称之为 resourceteria。香港的高等院校，都设有电化教育机构，有称为教育媒介资源中心的，有称为视听教育服务部的，也有称为教育技术统筹处的，这些词汇术语的确切含义究竟是什么，大家也不太清楚。这一领域到底都包括什么内容，从事这些活动的机构都应称作什么，也各有千秋。

我们再来考查一下几个培养这样人才的主要学校（印地安那大学、西拉求斯、纽约州大学等）所开设的课程，那也是多种多样的，主要的有电视电影制作、电脑、媒介作用、信息资料处理、大众传播史、心理学和教育学理论、管理、媒介写作、信息设计等。哥伦比亚大学在一九七八年开设的有关课程，也和这些一样，有偏重硬件的，有偏重软件的，也有组织管理的课程，分得很详细。一九七八年到一九七九年，美国教育通讯与技术协会曾向全国开设这些课程的九十一所院校作调查，有六十一所院校寄回调查表，它们开设的课程可分为九大类：1.有关图书馆的，2.媒介的各种问题，3.设备管理，4.教学法，5.中小学资料和教学，6.理论方面的，7.软件制作，8.硬件，9.其它。从大学开设的课程上看来，这一领域包括的范围很广。

我国在一九七九年七月，三十七所高等院校电化教育班，也曾提供一个"电化教育学大纲"的讨论稿，另一个单位又拟订了一个"国内四年制视听教育高等课程建议章则"，在整个学习过程中，提供了技术知识、实践机会。课程包括电子工程、电机及机械工程，平面设计及摄影技术，器材及应用管理，基本教育理论知识等。这里请注意，前一设计用的是"电化教育",后一设计用的是"视听教育"。尽管如此,根据这些内容,都不能以"电化教育"四个字来概括。

四、问题讨论

以上我们首先提出"电化教育"这一词的来龙去脉,认为这个术语已用了约半个世纪,已不足以代表今天在这领域内发展的情况,名实不符。我国在长期实践过程中,最少有四次正式提出异议。其次,我们分析一下欧美各国(主要是美国),从一九一〇年到今天,在这一领域内,由一九二〇年的视觉教育,到约三十年代出现而到四十年代流行的视听教育,发展到五十年代的电视教育广播,迈进到六十年代的教育技术,再发展到七十年代的媒介;由于技术的发展和教育理论的演变,每十年左右就有一次名称术语的变化。到目前为止,仍在不断讨论,不断改变中,但并没有得到统一的意见,不过它的范畴已比较清楚了。

"电化教育"一词既然不合适,怎样改,改为什么好,我们也没有肯定的说法,本文只提出了一些情况供大家讨论时参考。不过有几点是值得注意的:

1. 现代化教育技术(或手段)这一提法也有局限性。什么是现代化,什么是非现代化。如以幻灯来说,很早就有,并不属现代技术,这样是否就应该排除。将来科技必然继续发展,目前的录像、电视,到那时是否又不是现代化的,也得排除。所指的范畴,是会随着时间和科学发展的转变而转变的,这样,"现代化"一词的含义就显然是不够明确的。

2. 教育技术,目前还是有强调的必要,但这不能包括一切教学过程,这里还有教学法问题、教学艺术问题、课程安排问题、管理问题等。以技术代表一切，也还欠妥。

3. 有人用 multi-media 表示各种各样的教学手段，可是 media 本身就是多数，再加上 multi 这一构词成分来表示多种，是否多此一举。当然在教学过程中，多种媒介先后用，或合起来用的情况是经常出现的。另外，虽然很多最近出版的外国词典，把 media 列为独立的一个新词，和 medium 不发生太多关系；但从意义上看来，还是离不开媒介这一含义。再者，就是 media 这词本身是否很合适，这也是值得研究的。

4. 过去用过 audio-visual aid 一词，aid 一词是手段、工具，这种现代化的科技手段，多半是用在工农业生产及其他生产管理上，用在教育上还不占多数。aid 就是协助，不占主导地位，只是这领域的一个组成部分，不代表整体。因此有些人认为这个词还是很合适的。

5. 大家是否可讨论一下"信息媒介教育"这个词，它的原素是音和声，但除了声音外，还有形象，还有文字、符号。包括投影信息、记录信息和计算信息，还可定量计算。形声可上升为抽象的概念，概念对理解和记忆都能起到重要的作用。

6. 又如果认为任何一个术语也不能代表这一领域的整个范畴，那么有没有提出分类的可能，如说电影教育、幻灯教育、计算机辅助教学、某种硬件制作、软件编排、行政管理、教育理论、教学法等，放弃寻找包括全面的统一术语。目前美国各大学的课程就是用这些分类法来决定内容的。国外出版的这类杂志，也是分门别类，没有一个统一的总说法，这和我国现行的许多用"电化教育"来定名的杂志是不同的。

7. 有人认为"电化教育"这一词，虽然大家对它的含义还没有统一的说法，但理解还是相近的。要另选一个新词，对广大群众来说，那就更生疏、更莫名其妙了，不如继续沿用它。从形象声音来说，不属电的模型教具、教学、教育,甚而教学艺术,这是可以包括到影音方面来的,还可利用或通过影和音来表达的,可以属于信息媒介的范畴。

  我们极盼望经过大家讨论,能获得一个最有代表性,最恰当的名词术语。这样我们进一步建立属于这一范畴的科学就能有所依据。独立的学科建立起来,研究的目的、范围和方向明确起来,这项科学才能健康地成长。因此,名词的确定,不仅仅是个定名问题,而实质上是个方向问题,推进工作的问题,是不允许等闲视之的。

本文选自《电化教育研究》1982年第1期

课程开发理论与课程开发模型
——教育技术专业的课程框架体系的设计

赵为华 乌美娜 尹俊华

课程是社会与教育活动的中介,是社会对教育的需求或要求在教育、教学活动及进程和计划中的体现,也是教育活动能否满足社会对教育的需求的关键性保证。本文拟在宏观层次的课程研究中就课程开发理论及模型作些探讨。

一、课程开发

课程问题一直是教育和培训中所关心的问题之一。对课程的开发和实践一直同教育和培训的内在动力性机制——教育和培训的价值尺度和价值标准相关联。人们一般认为教育技术理论初步成熟的标志是课程开发理论和实践研究的广泛开展(海涅克1985),在此之前关于课程开发理论和实践大都带有很浓厚的思辨主义和经验主义的色彩。大都属于教育哲学和教育科学范畴,而对课程开发中课程的设计、实施和评价等具体过程几乎是没有或很少涉及到。原因是多方面的,我们认为关键的原因在于课程开发所涉及到的各种问题的复杂性,缺乏有效的信息技术是使人们不能有效地解决课程问题的关键。近40年信息技术开始发展以来,新的科学的思想逐步介绍进课程开发领域,并形成了独立的课程开发的理论体系。这个体系从科学的层次上看,更多的应该属于教育技术的范畴,而且人们也普遍认为教育技术的系统方法在微观教学层次——教学设计的实践中初步成熟之后,在课程开发的领域中也得到了更充分的体现,一方面它促进了课程开发理论的成熟,另一方面也使它自身趋于完善,成为教育技术学的另一个层次的研究和实践的领域。

1. 什么是课程开发

作为课程开发理论本身当然首要的一个问题自然就是什么是"课程开发"。课程开发一词是由课程（Curriculum）和开发（Development）两个词搭配而成的复合词。对于课程比较通俗的理解是教育活动、教学活动的总体计划，是教育活动和教学活动的程式和程序，它规定了学生与教学内容、教育资源及教学过程之间的关系。所以通常人们把课程开发理解为对教育或教学的一系列程序、程式、计划以及规划的设计、实施和评价的过程。

但从目前来看，这种对课程开发的描述是不完整的，至少有以下几个问题：其一，没有清晰地表述教育的价值观念，从本质上看教育活动是一种价值活动，人们是为追求教育的价值才进行课程的开发的；其二，没有对课程活动的约束条件进行描述，课程活动是一种价值活动，自然就有其价值的约束条件；其三，课程活动的内在机制没有陈述，在课程活动的过程中，内在的运行机制是什么呢？

那么该怎样来描述课程开发的过程呢？这里还存在一些不同的看法：其一是，认为教学设计和课程开发是同义或者是大概念中所包括的小概念（Kemp，Frederick G. Kurik，Gustafson 1986）；其二是，认为课程开发和教学设计是教育技术学处理教育问题的两种方法，尽管他们之间存在许多的联系，也有许多的相似之处，但它们解决的是不同层次的问题，它们是相互独立、相互关联的理论体系（Romizowski 1981）；其三是，认为课程开发同教育系统开发是同义词，关键在于它们都是同教育的价值尺度和价值标准相关连的（Royer A. Gustafson）。

应该怎样来看待这些分歧呢？对于这一点我们认为问题的关键在

于对研究的领域和课程开发的本质属性认识上的分歧。

（1）研究的领域和范畴　对研究的问题及其范畴的理解的差异是导致这种看法上存在一些分歧的关键。作为教育活动和教学活动的程序和程式，以及规定学生与教学内容、教育资源和教育过程之间的关系而言，教学设计和课程开发在实质上是没有什么区别的。正如肯普（Kemp）认为课程开发是教学设计的思想方法在课程领域中的具体应用。的确我们可以设想一下，按这种方式来理解，一个教师根据对学生评定的结果和对终极性目标的分析决定采用一些新的使能性目标和内容以及教学方式、方法时，这不就是课程开发吗？不就是教学设计思想的应用吗？所以美国教育技术学家柯里克（Frederik G. Kurik）和加斯塔夫生（Kent L. Gustafson）认为课程的开发领域范围小可以到一节课，一个新的纠正以往错误的措施，大可到整个火箭发射计划中所涉及到的人员培训和教育活动的设计和开发；然而从另一个方面，课程是教育的价值标准和价值尺度在教育和具体的教学活动中的具体体现来看，教学设计和课程的设计、开发的确是存在质的区别的，因为从总体上看教学设计更多的是关心具体的教师与学生之间的相互作用，关心学生的学习成果和认知的过程。显而易见，这的确是两个相对独立而又相互联系的两个过程，这两个过程的相互作用构成了教育活动和教学活动的各个环节。

（2）研究的基本属性　从分歧产生的原因来看，这一问题的认识的差异性也是十分重要的。肯普在《教学设计》一书中，非常强调对教育或教学的程序或程式的设计，他认为这种程序和程式可以是一节课，也可以是一个单元，甚至也可以是一门课程和教学的设计，强调教学设计的方法可以在不同的层次上应用，因而对课程开发的教学设计之间划了一个从属性的符号；然而加斯塔夫生和罗米斯佐斯基（Romizowski）等人把教育的价值尺度、价值标准作为课程开发的核心，而把促进学生的认知发展、促进教师与学生之间相互作用的开展等作为具体的涉及个体内在和外在的认知活动及其外部条件的方法称之为教学设计。当然从课程开发理论和教学设计理论发展的今天来看，似乎这样理解这两个理论的基本属性更确切和适合一些。

从总的课程开发的理论发展的趋势来看，课程开发是以探讨社会对于教育的价值及价值标准如何在教育活动中的具体体现为核心的；它是外部社会环境中随着社会的发展而产生的对人的具体的需求在教育活动中的体现；是根据社会对教育的需求，特别是对人才的数量和质量的要求而组织对教育进程、计划和规划进行设计、实施、评价过程；是以教育的价值尺度为标准，在课程体系中对教育的价值尺度进行分析，而得到关于教育目标、课程目标和教学目标的价值信息；以及根据教育系统的目标、课程的目标和教学的目标为基础，以对课程制约条件、资源条件为依据来制定课程的策略，以及对不同的科目进行组织、调配、配合、协调或者构造新的科目等等来满足社会对人的素质要求和数量的要求的过程。

2. 课程开发的实质

教育活动是人类客观的实践活动，是人类意识对客观存在的反应，是人类改造客观社会的活动。课程一方面是对这种客观存在在教育活动中的具体体现，另一方面它反映了人类客观实践活动的能动性。换句话说，它是使教育系统能够满足社会需求的关键性的程序和步骤。课程开发本身就是人们根据社会对教育活动的需求，根据学习者的基本条件和特征，根据教育者和教育机构的特征，而制订的有效的应付社会需求及其变化发展的教育活动、教学活动的程序或程式。在课程的开发中，人们需要规定和说明在课程体系中，不同的学科、科目之间如何根据社会的需求进行有效的组织、协调、配合，以及学生、教师和各种学习资源之间的关系，以有效地满足社会的需求及其发展。如果没有进行有效的课程开发，那么课程和在课程之下的教学活动的价值就可能受到怀疑。与此同时，我们也还应充分地意识到课程开发的过程本身是永无休止的过程，因为社会对于教育的需求在随着社会的发展而迅速变化，当然这就要求反映社会对教育的需求的课程和课程体系就该随之变化，超前或落后于社会需求的发展变化的课程体系都将使教育活动、教学活动的效益受到影响。总的来看，超前意味着教育投资的浪费，人力、物力、财力的浪费；落后意味着教育系统的失职，无法满足社会的需求，同样也是浪费。从实践来看，在历次的各国教育改革中课程与社会需求适配都是改革的主题之一，这就是一个很重要的原因。

但是，我们不应忽视教育是一个周期性很长的工作，而且课程体系如果变化过快也会给教育带来过多的不稳定的因素。这就自然而然地出现了一对在课程开发中需要高度重视的矛盾——课程的稳定与发展的矛盾。解决好这对矛盾在课程开发中是极为重要的。美国从布卢纳的课程改革——新的科学发展在教育中特别是在课程体系中要有充分的体现运动到恢复基础教育运动，再到80年代以来的课程改革，正规学校的课程体系忽左忽右，动荡较大，就是一个例子。处理不好这种关系将直接地影响到教育的价值，而间接地给社会带来的影响本身是很难确切描述和估计的。从实质上看，这对矛盾的出现仍是传统的课程问题——形式训练和实质训练的继续。"实质训练"是对外在的实用性的知识、技能和能力的培养和训练;"形式训练"是对内在的心理操作机制的培养和训练,以及以内在的心理机制和心理机能的培养来适应各种变化。总体上讲,这两者都是各执一端,具有很大的片面性。从"实质训练"来看,社会需求的迅速变化,就意味着"什么是有用的知识的概念迅速变化",因而课程变动很大,稳定性很难保证;从"形式训练"来看,心理机制的训练能不能达到以不变应万呢?答案是否定的,因为心理机制的训练仅仅是培养学生应付环境的一个因素,而另一个因素即应付环境的知识、技能和方法论因素被忽视,也使教育活动达不到预期的目的。正确的理解是,以社会需求为核心,以有效的分析需求的方法来找寻"形式"和"实质"的结合点,把形式训练和实质训练的思想有机地结合起来,以发展学生的认知能力、发展学生对未来的适应能力和知识的迁移能力为核心,以教育的社会需求为课程的价值导向,以适应社会需求及发展为目的,构造课程的结构、课程环境、课程内容,规定师生相互作用的方式、方法,把形式训练和实质训练有机地结合起来,以寻求课程、课程体系的相对稳定。

3. 什么是社会需求

在前面我们经常提到社会需求一词,以及谈到它在课程开发中的地位和作用,那么什么是社会需求呢?通常人们认为社会需求有两层意思:一是,教育活动的现实状态与现实社会对人的教育和培养的要求之间的对立与统一;二是,教育系统内部各环节、要素之间的现实状态与完成目的所希望或者理想的状态之间的形式、内容的对立与统一。这就是通常人们所说的教育系统的外部需求与教育系统的内部需求,在此我们主要要研究的是教育系统的外部需求。

教育系统的外部需求——社会需求(social needs)这一词有许多不

同的理解。

① 《云五社会科学大辞典》（《教育学》分册）把社会需求理解为具体的社会生活中的需求，把社会需求同历史传统、文化背景、政治力量、世界性潮流、教育制度、有关人员等并列起来。

② 劳登（Lowton）在《课程计划》一书中把社会需求理解为从社会的各个角度、各个方面中产生的对人的素质能力以及人员的数目等方面所产生的现状与期望之间的差异，而且这种差异劳登分析指出主要存在于以下八个方面：社会政治系统，经济系统，传播系统，社会关系系统，社会科学技术系统，社会道德系统，美的观念系统，文化和宗教系统。认为这种差异就是从这八个领域中产生的。因此，分析需求和评定课程的价值都必须以这八个领域为中心轴线来进行。

③ 考夫曼（Roger Kaofuman）认为需求就是在目前和未来期望之间存在的差异。他陈述了两个主要的内容：现在怎么样，达到了什么标准，以及将来要达到怎么样，什么标准。

对于如何理解社会需求我们更倾向于后两者的理解，认为这样理解似乎是更合理一些，因为作为人类社会或者某个特定的社会，它必然把政治、文化、经济、宗教道德、科学技术、美的观念等包含在内。这样比其割裂开来看肯定是要合理一些，也更容易为人所理解。所以我们认为社会需求就是社会活动中存在的对教育已取得成就同期望所取得成就之间的差值。

4. 制约课程的因素

那么除了社会需求之外，还有些什么因素并行于社会需求而作用于课程呢？这些因素之间的关系如何呢？对于课程开发者由于对课程制的因素理解的差异，可能使整个课程开发的结果课程体系、课程结构、课程内容等受到极大的影响。首先从职业道德上讲，就必须要求课程开发者对制约课程的各种因素有一个比较全面的、客观的认识。

当然正如我们在课程的实质中所陈述的那样，课程的价值是由满足社会需求的程度来决定的，社会需求是课程开发过程的价值尺度和价值标准。更具体地讲，满足一定的社会需求就会得到一定的社会价值或社会承认。这种承认是以特定的人力资本投资大小来衡量的。人们把教育活动看作是人力资本投入的一个过程，以未来的收入多少作为衡量投资效益的一个客观尺度。人们总是希望在教育活动中投入较少的资金来谋求更大程度的满足社会对教育的需求。总体上看，对于满足特定的需求的教育活动其投资是固定的，其效益的大致结构我们可以用"效用连续流"图来作描述（如图Ⅰ）。

图Ⅰ

值得注意的是这个图中的两个维度（区域）问题，严格地讲，一般的教育活动的成果在这两个维度中均有体现，谋生的维度主要是指教育活动对个体在谋生的能力、技能、知识等方面的发展；贡献维度主要是指个体对社会发展的自适应能力，以及情感、态度、道德观念等方面的发展。这两个维度的效率都是在课程的开发中必须尽最大的努力去追求的。

除社会的需求因素之外，另一个制约课程的因素就是学生或学习者的因素。学习者的知识状态、能力素质结构、情感和态度的姿态等等都是决定满足社会需求的课程体系的起始点。可以说学习者的现在的特征因素实质上同期望学习者达到的目的和目标的差值就是课程具体的任务。对这个任务的分析技术通常称之为任务目标分析（task-objective analysis）和条目项分析（topics analysis），具体地讲，通常学生的接受能力、认知发展的水平、认知的结构不仅仅是决定了课程的起始点和教学活动的进度，而且也极大程度地影响着课程的环境和可以利用的教育资源。

其次还存在一个因素，这就是教师和教育机构对课程的制约。对于三种基本的教育策略而言，教师的地位和作用都是十分重要和突出的。教师是教育活动、教学活动组织者，课程的具体实施是由教育机构和教师来组织和进行的。教师的知识水平、对课程的理解、教育目标的理解，以及教学和组织实施水平都极大地影响着课程的实施；教育机构是组织教师实施课程以及提供相应的课程和教学环境的机构，教育机构的工作方式、管理方式、提供的环境，以及教育机构的管理者对课程的理解都是极为重要的因素。所以通常在课程开发的过程中，对于教育机构的适应性的考虑是一个非常重要的因素，而师资的培训和教育则是另一个并行于针对学生开发课程活动的课程开发活动。

5. 课程开发的系统方法

在探讨了课程的基本问题之后，这里介绍一种教育技术处理课程问题进行课程开发的主要方法——系统方法。课程开发的系统方法，它同样包括了六个部分，而创造性地解决问题是这种方法的核心。我们把这种方法用图来描述（如图Ⅱ）。

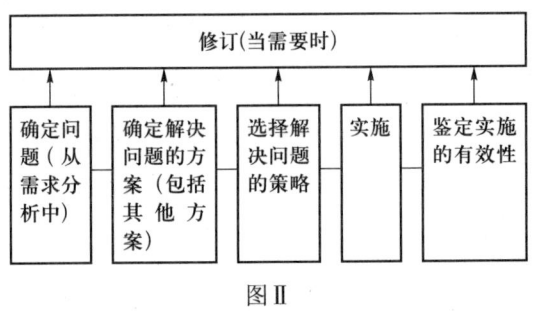

图Ⅱ

那么在课程开发中应该怎样应用这一方法呢？在作出说明之前我们再次强调社会需求的问题，社会需求分析是课程设计的基础的基础。一般来说，这种分析包括两个部分，一个部分是对教育活动的质量需求分析；另一个部分是参加教育活动的受教育或训练的人数分析，这两个分析的结果是课程开发活动的指南。下面就对系统方法在课程开发中的应用作过程性的说明。

第一步，从需求分析中确定问题。通常需求分析都是对现状和希望的结果之间的差异分析。这种分析应用严格的可理解术语，以便不同的课程开发的参与者之间的沟通。应注意这种需求分析应提供两种数据，第一种是对于教育、教学活动的质量要求的数据，通常是以严格的"行为化术语"来描述的，第二种数据是对参与教学活动的学习者的数量的需求。

课程开发中应用系统方法都是从需求分析评定开始的，评定分析需求是一个极为重要的过程，在没有根据需求确定问题以前，任何方法显然都是无目的的，即使是有效的，充其量也仅仅是一种偶然的巧合，所以一般应用系统方法的第一个过程通常称之为根据需求评定分析鉴定存在的问题的过程。

第二步，确定解决问题的方案和可替换的解决方案。在需求分析过程中已确定了所要解决的问题，并且也提供了所有的对于教育系统的需求。这些总体的需求，对于课程系统的设计而言称之为"任务目标或行为要求"。通过对问题的现状和产出之间的比较，系统的设计者就能发现发展的方向，以及如何陈述所要达到的目标。

在应用需求的陈述方法来描述现在的状况和所希望的状况时，教育管理者和课程开发人员必须确认他们所面临的解决问题的需求。应用教育的"系统分析"的技术，开发者可以有意识地认识到系统的需求和可能存在的解决问题的策略和在不同层次和水平上可以应用的解决问题的方法和工具，这些方法和工具的范围包括最一般的方法工具到最特殊方法和工具。本质上讲，这一步骤并非是要选择如何去解决问题，而是要决定总体上看将要做些什么？以及对于完成每一个要求都有些什么样的替换性策略和工具。选择怎样应付问题的方法和工具系统方法的下一个步骤。

教育系统分析的工具包括以下几种：任务分析（Mission analysis）、功能分析（Function analysis）、作业分析（Task analysis）、方法—手段分析（Method-means analysis）。系统分析的过程在问题求解的过程中是一个关键的阶段。这种方法是用于系统设计中决定什么信息是有用的。

对于从现在的状况到期望的状况的分析工具是任务分析、功能分析和工作、作业分析。所有的这些分析都有助于我们决定对于满足要求需要做些什么，但是这三个方法并不是提供如何作的信息。任务分析告诉我们对于总体问题的任务；功能分析可以揭示总体问题的各个部分的更进一步的细节信息；最后作业分析把问题分解为进行课程计划设计和开发所要求的最小的工作单元。应用这一系列的方法就好象一个光学显微镜具有多个倍数不同的镜头一样，可以把物体从宏观到微观，一步一步地看清楚。第一组镜头（任务分析）可以看清事物的整个轮廓；第二组镜头（功能分析）以更详尽的方式给出了总体问题的各个方面；第三组镜头（作业分析）给出了每个部分的详尽的信息。

在确认了系统的所有部分之后，那么对于在任务分析、功能分析、作业分析中了解到的存在问题我们便可确认可能的解决方法和策略，我们可以根据需求对照每个解决问题的策略的优点和缺点，把握问题总体的实质，从而选择对于总体效果最佳的解决方法。

第三步，从多种可行的解决方案中选择问题解决的策略。这一步骤在系统方法中是关于"怎样去做"的一个步骤。在这一步骤里，要选择完成目标的工具和方法。通常选择方法和工具的标准是"费用－效果"的比值。从效益的角度上看，我们总是想以最小的花费来取得最大的效益。

这种选择必须把整个系统的分析作为基础，而不是去注意系统的各种要求及其相互作用。通常模型化和模拟的方法在课程的开发中用来确定满足各种要求的最有效果的方法。

第四步，实施问题求解的策略。在系统方法的第四个步骤中对产生出的计划和选择的解决问题的方法策略，要具体地加以实施。上面系统分析中提到的方法和手段将被采纳、应用或者修正。为了确保课程和计划的顺利进行和收集课程系统呈现出的功能是否同要求的相符以及相符的程度的数据和信息，为此必须构造一个管理的子系统。这个系统开始进行之后，应该可以管理各种的复杂的事务和处理各种在课程计划执行中产生的信息。这包括复杂的日常事物、人事、设备、学习者、微观劳务市场，以及其他一些对于完成所要求的职能的其他一些因素的管理。通常在这里应使用管理的网络技术。

第五步，确定实施的效率。在实施的过程中收集的信息包括两个部分：①过程信息；②系统的产出信息。把这些信息同在需求分析评定和在系统分析中所得到的各种详尽的要求的信息相比较，现实的系统同所要求的理想化的系统之间的差异性便一目了然了。这就为下一步考虑修正给出了诊断性的信息。

第六步，如果有必要对系统加以修正，根据实践实施得出的具体的执行信息，所构造课程系统的执行情况便可以很快地反映到开发者那里。如果有必要的话，许多步骤可以加以修订，构造的课程体系可能需要再设计。这种系统方法的自我修正的特征保障了应付问题的有效性。我们应看到课程的开发的过程是一个永无完结的过程，它必须不断地评价和修正。以下两点在这个过程中是至关重要的：① 它是否有能力满足各种需求，和能否对各种要求作出相应的反应；② 是否能连续地同原需要和要求相适配，因此一方面我们不仅要注意其内在的运行机制；另一方面我们还要不断地调查和分析各种需求的变化情况。特别是社会需求的发展情况，以确保课程体系的外在价值。

二、教育技术专业课程开发模型的构建

基于对课程开发的认识，在教育技术（电化教育）专业课程体系的研究过程中，我们在课程开发的系统方法的基础上构建了一个适用于应用技术学类专业的课程开发模型（macro level），这个模型可以用于正规学校的技术学类专业。

1. 模型构造的基本指导思想

对于这一模型的提出，我们根据课程理论的研究和课程开发中的一些模型的实践经验，提出了这个应用技术专业课程开发模型的一些基本的原则和规定：

① 课程设计应当根据社会对人才的当前以及长远的需求，这种对人才的当前及长远需求包括以下两个方面：社会对人才的能力素质的要求；社会对人才任职方向的需求和对人才数量的需求。

② 课程设计应在体现社会对人才需求的同时体现学科的特点、结构和学科发展，这对保证课程体系在学科发展中的相对稳定性是极为重要的。

③ 课程设计、开发中，应充分考虑到学习者的发展，以及学习者的知识、技能、能力和态度、情感的养成及迁移，考虑到课程对学生未来走向社会以后自适应能力的发展和促进。

④ 课程设计、开发的过程中必须保证课程体系的开放性、全面性，全面的、开放性的课程体系是促进学生自适应能力和保证学生未来发展的关键；同时，全面的、开放性的课程体系也是使课程体系在迅速发展变化的社会需求中保持相对稳定的关键性因素。

2. 模型

基于以上的想法，在教育技术（电化教育）专业课程体系的研究和开发中，我们提出了如下适用于正规学校应用技术类专业的课程开发模型（如图Ⅲ）。这个模型主要强调对课程体系的价值标准的研究，以及课程体系的价值尺度和价值标准在课程体系的目标、课程体系的框架结构、课程计划、课程环境，及各课程的目标和教学顺序的规定中的基本作用的研究。提出了课程的价值标准在课程开发的宏观研究中的一些基本的规定，及价值标准在课程体系的目的、课程的框架结构、课程计划、各分科课程的目标和课程环境设计中的转换和应用。

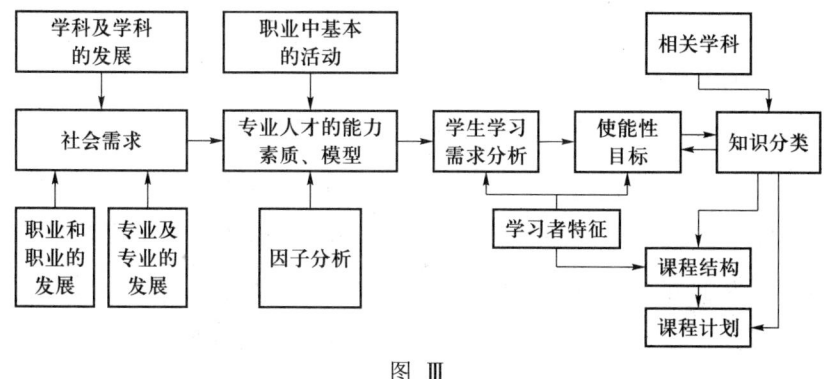

图 Ⅲ

① 社会需求研究，即课程的价值尺度研究，在这个课程开发的宏观模型中，社会需求分析包括以下三个方面：社会职业、职业标准和社会职业的发展，以及这种发展对社会职业标准所产生的影响；专业和专业的发展，专业标准同职业标准之间的关系，专业标准变化同社会职业发展、专业发展的关系；学科及学科的发展，及其同专业、专业标准、职业和职业标准的关系。

② 专业人才的能力素质分析，我们主要是从社会现实专业人才的职业基本活动中，利用能力素质的分析方法、以及多元统计理论的模型构造理论，在学科研究和发展、专业领域和发展、职业领域及发展等的基础上，提出专业人才的标准，即能力素质标准。

③ 学习需求分析，主要包括学习者的现实状态分析，分析的主要内容应包括认知水平、现有的技能和知识水平、情感的发展和态度等等，以及同达到这种人才的能力素质标准的差异分析。

④ 使能性目标分析，主要分析学习者通过学习要达到的能力素质标准的过渡性目标，这个分析是学习需求分析的继续。在这个分析中，对学习过程的理解以及对学科的认识和理解是分析是否有效的关键性

因素。所有的分析包括三个方面：任务分析（task analysis）；内容分析（content analysis）；活动分析（act analysis）。

⑤ 知识分类，主要是把使能性分析中所涉及的各个类型的目标的知识类型，以及学科类型或领域类型加以标定，寻找使能性目标的知识点和知识的组织体，为形成课程的体系结构和课程的组织策略的决策作必要性的准备。值得强调的是知识分类和使能性目标分析之间是紧密关系的，这两个分析过程应当在整个课程的开发中反复地考虑，另外，在这个过程中领域专家，以及相关学科专家的参与是使研究更有效率的一个重要因素和前提条件。

⑥ 课程结构研究，首先对知识分类结果进行组合，反复地考虑组合的合理性，相关学科专家及学科专家的意见在课程的组合过程中是十分重要的。同时，在这一过程中，学习者的特征、社会需求、专业人才的能力素质标准、学习需求以及使能性目标也是要反复考虑的重要内容；其次，才是对这种组合的结构加以考察和确认。在这个过程中，学习者的特征、学习过程以及可能的结构策略的研究是极为重要的，研究的重点应放在什么样的课程结构才能有效地促进学习、促进目标的实现和课程效率的提高。已有的经验的总结、利用，以及一些验证性的说明性实验是必要的。

⑦ 课程计划设计，首先是对课程体系结构中，对各课程之间的顺序结构加以进一步的落实，在落实的过程中应当反复地考虑课程体系结构的合理性，假如实验例证有困难，则专家评议以及以往的经验将对其有着极为重要的作用；其次，就是各课程目标的具体化。目标的具体化应当根据以下几方面的信息：社会需求分析，专业人才的能力素质标准分析，学习需求，使能性目标分析和知识分类分析的结果；

再次，就是对课程课时数及各学期课时的平衡的考虑，各课程课时量的考虑应当根据教学目标实现的难易程度和学习者可能具有的学习效率来加以确定。在这个过程中，已有的教学经验以及一些验证性的实验是说明问题的关键；再其次，就是对各课程教学活动方式的总体设计。学习者的特征、目标的类型、教师及课程已有的资源条件应当反复地在课程的教学活动方式的确定中加以考虑；最后，课程体系和课程评价标准的确立。课程体系评价标准确定主要是根据课程的社会价值尺度、价值标准——社会需求而制订的（用人才标准来评价课程体系总体的效度或社会效度），以及在设计过程中从课程体系结构上赋予各课程的任务——主要是指完成学习需求的任务来制订的（评价课程体系的结构效度）。然而在这个标准的制订过程中，不可忽视的是对社会需求和专业人才能力素质模型转化为学生学习需求分析过程及其结果的与否合理，这是要加以反复考虑的内容。课程评价标准主要是根据各课程分担的教学目标来制订的，实现教学目标的效率的高低就是课程评价的标准。应当注意，在课程评价中应当包括两部分内容：学生学习评价和教学费用——效益评价。

本文选自《教师教育研究》1991年第4期

企业绩效技术是教育技术走向市场的重大突破

张祖忻

教育技术学科的建设应面向 21 世纪。企业绩效技术是教育技术走向市场的突破。自从它由国外引入，就标志着教育技术在我国将进入一个崭新的历史阶段，教育技术将冲破狭小的课堂，直接面向广阔的市场。当今，社会主义市场经济呼唤着作为上层建筑的教育更好地为它服务，而以企业绩效技术面貌出现的教育技术也必然要更好地为社会主义市场经济服务，两者相辅相成，紧密相连，不可分割。

随着社会主义市场经济在我国的发展，全国各类企业都面临着剧烈的竞争态势，人才的竞争尤为突出，企业绩效技术正是为了满足社会上各种企业对人员考核、人才培训与开发的迫切需要应运而生，在国外已有很大发展。企业绩效技术是一个新的领域，专门研究和分析企业中各个工作岗位上工作人员的作业状况，探索如何利用科学理论和传播技术来帮助他们取得最佳的工作业绩，实现企业的最终目标。

一、绩效技术的基本概念

由于绩效技术对许多人来说还是一个新的概念，故有必要对其作一介绍。

"绩效"一词是英语 performance 的汉译（笔者在以前的有关论著中曾译为"作业"，现考虑到我国企业界约定俗成的术语用法，改译为"绩效"），指有目的、有预定结果的行为倾向，是一企业组织所期望的、符合企业总目标的业绩。例如，某银行职工为储户提供优质服务，因而在本地区争取到一定数量的储户，储蓄总额达到预定目标。这种服务行为及其带来的成效称之为"绩效"。企业绩效技术研究领域的先驱者之一吉尔伯特（T.F.Gilbert）在 1978 年指出：在评价中要对行为和业绩加以区别，一个人可能忙忙碌碌地工作，但未取得组织目标所要求的成果。这种劳而无功的行为就不是绩效。价值观是绩效概念的基本属性之一。

如何提高企业组织中人员的工作成效？这里涉及方法论和理论应用的研究。这也是企业绩效技术中"技术"概念的基本含义。谈到技术，普遍理解为机器的使用，这是一种误解。技术是相对科学而言。科学是反映人类及其环境的客观规律的知识体系，技术则指将这些知识应用于解决实际问题。例如，探索人的消费心理规律是科学，而研究如何利用这些规律做好广告则是技术。企业绩效技术中的技术指应用科学研究成果和经实践证明有效的经验。来解决提高企业组织中各级人员的工作成效的实际问题，这是一种运用系统方法的过程。企业绩效技术应用的科学研究成果包括控制论、行为心理学、传播理论、系统理论、管理学和认识科学等。

由于存在"技术即机器"的认识误区，该领域的研究人员使用"人的"（human）术语对企业绩效技术的概念进行限定，强调这门学科研究的是人的行为及其业绩，而非机器的性能。因而绩效技术也称人的绩效技术（Human Performance Technology，简称 HPT）。

企业绩效技术是一门新的研究领域，专门考察与分析企业组织内各工作岗位上的作业状况，研究如何利用科学研究成果和传播技术来帮助各级各类人员取得最佳工作业绩，实现企业组织的总目标。有关研究人员已从实践中发展了众多的企业绩效技术的操作过程的模型，其中，ADDIE 模型得到广泛承认，具有一定代表性：A 即"分析"（Analyze）、D 即"设计"（Design）、D 即"开发"（Develop）、I 即"实施"（Implement）、E 即"评价"（Evaluate）。

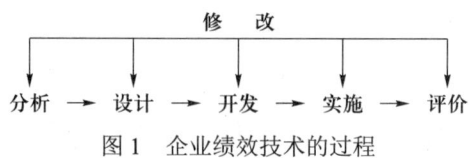

图 1 企业绩效技术的过程

分析是企业绩效技术的基础。研究人员运用科学调查研究方法，对照企业组织的目标，找出各级人员的工作成效方面的差距，揭示其主要原因，提出针对性的整改措施，如开展培训、加强信息交流、修改政策、重新设计、活动以及对解决方案进行评估的指标体系。开发指把计划书中的内容转化为实际使用的东西，如编制培训大纲、教材、拟定新的奖惩制度、建立信息传播网络等。这些方案、教材等投入实际使用即为实施阶段。研究人员在实施过程中，不断收集有关方案的使用效果的数据，根据预定目标的要求对方案的某些方面进行修改，以求得最优化地达到目标，这就是评价与修正的作用。ADDIE 模型具体地体现了系统论方法在解决企业人员工作业绩问题中的运用。

综上所述，企业绩效技术不同于职业培训，后者仅是企业绩效技术所采用的一种属于教学性质的手段。企业绩效技术与职业教育更是两个不同的概念。相对普通教育而言职业教育是为企业人员上岗前作思想品德、文化素质和工作技能方面的准备。企业绩效技术则要解决工作岗位"现场"的业绩不佳的问题。当然，业绩不佳的原因有可能是缺乏必要的职前教育，在这种情况下，有关的职业教育就构成企业绩效技术的一个组成部分。

二、企业绩效技术的起源

企业绩效技术起源于行为主义学习心理学。它的显著特点之一是，密切围绕可测定、可观察的行为目标来对整个企业组织进行改造。它把企业组织中可能影响人的工作成效的繁复因素视为"刺激物"，分析由此而引起的"反应"以及这些反应的后果,从而挖掘绩效问题的根源。在此基础上,制定具体、明确的绩效目标,开发相应的手段。然后应用控制论反馈原理及时修正不足,直至达到目标。这种系统的操作过程是斯金纳程序教学运用的产物。1962年建立起来的全美程序教学学会(The National Society for Programmed Instruction)即为目前全美绩效与教学协会前身。本世纪70年代后期发展起来的认知学习理论使绩效技术研究人员进一步认识了知识与技能的本质。布卢姆的教育目标分类学、布鲁纳和加涅等人把学习过程与教的活动有机地联系为一个整体,这些理论构成绩效技术研究的基础。

企业绩效技术也是教学系统设计学科发展的产物。产生于本世纪60年代末与70年代初之间的教学系统设计运用系统方法分析、解决教学的培训问题,其主要观点之一是:教学或培训中出现问题,原因是多方面的,如不加以综合考虑和进行配套改革,教学或培训手段将发挥不了应有的作用。企业绩效技术正是以这一观念为基础而发展的。目前,企业绩效技术中最重要的理论与作法均源于教学系统设计,如任务分析、行为目标的编写、标准参照评价等。企业绩效技术操作过程的ADDIE模型则是在教学系统设计过程模型的基础上发展的,而企业绩效技术又是企业管理的一个子系统。

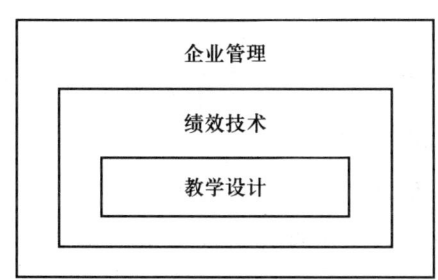

图2 企业管理、绩效技术与教学系统设计的关系

企业绩效技术应用系统论观点考虑企业组织中人员的工作成效问题。当企业中出现人员的业绩不佳状况时，绩效技术研究人员把企业组织视为一个有机整体——系统，综合考虑它与外界的联系、它内部各种因素及其相互联系与制约，找出产生问题的根本原因。根据企业总目标的要求，对症下药，设计解决方案，寻求最经济、最有效的对策。这是根据系统整体性原则处理企业组织中人的绩效问题的方法。这种整体论方法（systemic approach）反对"头痛医头，脚痛医脚"的短期行为。从这一意义上说，绩效技术是一般系统理论应用于企业组织改革的一个产物。

对绩效技术学科发展作出重要贡献的还有系统分析技术的研究。哈里斯（J.Harless）1970年发展了"前端分析"（front-end analysis）的理论与方法，吉尔伯特（T. F. Gilbert）1978年提出了从企业组织的总目标要求来分析绩效差距的观点，朗姆勒（Rummler）和布雷切（Brache）从组织结构（如文化、氛围和政策等）的角度分析其对人的工作业绩的影响，梅格（R.F. Mager）发展了绩效分析流程图，考夫曼（R. Kaufman）等人提出了对"需要"进行分析的技术等。这些研究为绩效技术提供了许多新的思路与方法，奠定了学科基础。

绩效技术也依靠相关学科的研究成果，例如：认知工程、信息传播技术、工效学、心理测量学、控制论、企业管理学等，用以开发岗位操作指南、电子培训系统、选择合适人员上岗、预测工作成效、进行机构改革、改造企业文化和发展竞争战略等。

三、企业参与市场竞争需要教育技术

在我国随着社会主义市场经济的发展，各类三资企业纷纷在沿海经济发达地区抢滩登陆，并逐渐向内地渗透；国有大中型企业正处于

转变机制的改革过程中。企业的经济、社会环境、政治环境、技术环境和生态环境在不断变化。如何使企业经营管理者适应这些变化，参与竞争、开拓市场、占领市场，为企业发展寻求机会？企业现代化、信息化和自动化的过程愈来愈高，劳动日益具有智力或科学的性质，企业设备和技术更新加快，如何使在职人员不断学习新知识，掌握新技术，以适应技术、设备和环境的变化或胜任新的工作？这些都离不开人才的培养和开发。企业从一定意义上说是人才的竞争。

职业培训与人才开发是参与市场竞争的迫切需要，是实现企业经济发展目标的重要保证，而现代教育技术则为企业开展培训与开发提供了科学的理论与方法。从这个意义上说，企业参与市场竞争需要教育技术。纵观教学系统设计的历史，教学设计最早正是萌芽于军事训练和工业培训领域，到本世纪60年代才逐渐被引入学校教育，发展成一门独立的学科。可以预见的是，与社会主义市场经济发展相结合，这是我们面临的机遇与挑战。

在发达国家，教育技术已走向企业。"对教学开发领域而言……在将来的历史上，若对两个因素不加考虑的话，则是难以想象的：它们是微机的出现与美国企业界迅速采用教学系统开发技术。"（G. J. 安格林编：《教学技术的过去、现状与未来》，1991年英文版，第17页）。据介绍，"商业、工业和金融机构目前已成为主要的教学场所……"美国《培训》杂志一项调查结果说明，在美国，每年企业在培训上的投入已达430亿美元。在雇员100人以上规模的公司中，87%开展了管理与开发方面的培训，86%进行了技术和知识方面的培训，37%为雇员提供基础教育（R. 海涅克等著：《教学媒体与新教学技术》.1993年英文版，第21页）。美国、加拿大等国教学技术学专业学生毕业后很多去工业、商业、咨询业、医疗卫生和军事部门供职，从事培训与开发工作。

四、绩效技术是教育技术根据企业特点发展的产物

教育技术是解决教育问题的系统方法。教育技术研究人员进入企业，开始时大多从培训系统设计的角度入手，研究提高企业中各类人员的工作成效的课题。在实践中他们逐步认识到：企业组织中对人员工作业绩产生影响的因素是错综复杂的。工作取得成效，有多种因素起作用，如开展了有效的岗位培训、制定了合理的岗位职责、人员与岗位配置科学化等；或者多种因素兼而有之。因此，知识与技能的培训仅是解决工作成效问题方案的一个组成部分。教育技术如仅强调培训开发，其局限性显而易见。教育技术在参与企业改革的过程中，要达到本身的目的，必须根据企业特点发展。教育技术专业人员在实际过程中汲取了认识科学、信息技术、工效学、组织行为学、心理测量技术等学科的成果，拓宽了研究范围，改进了实际作法。教育技术的对象由培训开发扩展为人的工作成效的研究。在这种背景下，教育技术逐渐与绩效技术汇流。

目前，关于绩效的论文大量涌现，有关专著陆续问世。在美国建立了专业协会，如全美绩效与教学协会（The National Society for Performance and Instruction），专业刊物有《绩效与教学》（*Performance and Instruction Journal*）、《培训与开发》（*Training and Development Journal*）等；《教育技术》（*Educational Technology*）月刊上大量刊登有关论文。很自然，企业的培训部门也随之扩大职能，承担起绩效技术的研究，在企业管理中日益发挥举足轻重的作用。1989年5月美国教学设计与技术教授（PIDT）协会在印第安纳大学讨论教育技术趋势时，强调教育技术学科把重点之一放在企业绩效技术研究方面。

五、今后教育技术学科建设的对策

随着绩效技术的崛起，教育技术学科建设应采取什么对策？

首先，需要更新教育技术观念。目前把教育技术等同于电教手段，并且只局限于学校教育范围的看法也颇有市场。如仅仅从这个较狭窄的视角去认识教育技术，则难以看到教育技术与绩效技术之间的内在联系。笔者认为，教育技术的"技术"指应用科学研究的理论成果（如系统论、学习理论等）和信息传播技术（如视听技术、计算机多媒体技术等）来解决实际问题。能否正确把握教育技术概念的内涵，关键不在于认识它的目的（即提高教育质量），而在于认识它的方法（即技术）。正是这种技术观构成教育技术与绩效技术两者的共性。所不同的是，前者要解决的是学校和社会中的问题，后者则解决企业的效益问题。如果我们能正确把握教育技术的本质，那么，这门学科向企业发展，走向广阔的市场就有了观念的基础，就成为顺理成章的事了。需指出的是，在国外，虽有人认为绩效技术直接起源于系统理论与行为主义心理学，但这一领域的大多数实践人员与理论研究者都是搞培训出身的。尽管他们拓宽了研究范围，发展了绩效技术，但它们的"根"仍然是教育技术。

其次，要鼓励教育技术专业的多元化发展。我国地域广阔，各地社会经济发展不平衡。地处不同区域的院校的教育专业应视当地实际，根据自身能力来发展；或注重培养学校电教人才，为发展普通教育作出贡献；或研究媒体化教学开发，为远距离教育培养人才；或开发信息技术，为建设信息高速公路输送人才。在沿海和经济发达地区，教育技术则可向企业培训与开发领域发展。关于这一点，1994年11月在北京召开的教育技术学专业系主任第二次会议上已形成共识："在符合教育技术学科内涵的前提下，应因地制宜、扬长避短、办出特色、提倡多元化发展"。多元化发展将使我们看到，在我国经济的许多方面，教育都是大有作为的。反过来，多元化发展也将促进学科的理论研究向新的广度和深度发展。

以现代教育技术观念为基础，鼓励专业的多元化发展，这两点就为教育技术通向企业开了学术政策上的"绿灯"。

最后，要对专业课程内容与体系作必要的调整。举例如下：在教育技术导论课中，要强调新的技术观。突出教育技术在企业中的应用；教学设计课中的"需要有分析"要加重份量，如有必要可单独设课；教学设计课要密切结合企业培训实际开展教学；教育技术管理学的教学中应注重管理能力的迁移的训练，增加人力开发、项目管理等内容；鼓励学生辅修企业管理学、组织行为学、市场营销学、心理测量等课程。

必须指出：教育技术从学校走向企业，与提高企业效益的绩效技术会合，仅是学科发展的一个方面。本文通过对企业绩效技术的介绍，提出学科建设与市场经济结合的课题，目的是抛砖引玉，推动"教育技术学科建设面向 21 世纪"的学术讨论向纵深发展。

本文选自《外语电化教学》1995 年第 3 期

技术—教育—人的发展（上）
—— 现代教育技术学的哲学基础初探

桑新民 *

现代教育技术学是近年来世界教育理论与实践领域发展最快的新兴学科之一，而且已成为跨世纪教育改革的一个极其重要的生长点。随着当代信息技术向教育领域的迅速扩展，传统电教插上了现代教育技术的翅膀，并正在从教育的辅助地位上升到教育改革发展的核心，成为推动教育现代化的一个强有力的杠杆！这是对我国电教工作者的严峻挑战，同时也为传统电教向现代教育技术的历史转变和跳跃式发展提供了千载难逢的条件和机遇。我国的教育技术界怎样才能抓住机遇，迎接挑战？要做的事情显然很多，但笔者认为首先必须更新教育技术观念，在教育技术学基础理论建设中取得实质性的突破。本文仅想就教育技术学最深层的理论基础——技术哲学和教育哲学，以及作为二者之内在统一体的教育技术观念对当前我国教育技术学理论与实践发展的指导作用，提出一些不成熟的想法，以求教于教育技术界的专家和朋友们。笔者认为，这正是跨世纪教育技术学理论发展的重要生长点。

一、对技术本质的时代反思

在当前的教育理论与实践中，对教育技术学的理解存在着很大的差异，近几年从西方引入"94新定义"后，表面上似乎众口一词，但实际上对"94新定义"的理解和解释是很不相同的，甚至对本学科究竟应该叫"电化教育学"还是叫"教育技术学"都还存在着严重的分

---
* 桑新民，华南师范大学未来教育研究中心。

歧。究其理论根源，显然在于技术观和教育观中的分歧。

1. 技术哲学是现代教育技术学的重要理论基石

长期以来，我国教育技术学的理论基础主要局限于物理学、无线电电子学、影视技术等自然科学与技术学科，以及传播学、心理学、教育学。近年来，不少教育技术学者开始较多地关注现代心理学、教学设计、系统科学，由此推动了教育技术基础理论研究的深化发展，这是十分可喜的，但教育技术学最深层次的基础理论应该是技术哲学和教育哲学，因为这决定了教育技术理论与实践工作者的技术观和教育观，并由此决定了他们的教育技术观。当前，现代信息技术正在从根本上改变着传统电教的内容、形式、功能、价值，在这样的历史变革面前，置身其中的电教工作者，首先应该更新的正是技术观和教育观，以及作为二者之内在统一体的教育技术观。有了正确的教育技术观指导，才能从千变万化的教育技术景观和五花八门的教育技术理论中，深刻、科学地把握教育技术的本质及其演变发展的趋势和规律！下面，首先让我们从技术哲学的历史和理论视野中探讨一下技术观的演变发展及其对教育技术学理论与实践产生的影响，这是迄今为止中国的电教工作者和目前的教育技术学理论研究中很少谈论的话题和涉猎的领域（笔者只见到1998年第7期《教育研究》上李芒先生的一篇文章是论述此问题的）。

技术哲学是诞生于上个世纪末的一门新的哲学分支学科，它产生的时间虽然不长，但却已深刻地影响了哲学、社会学、科学技术、文学艺术以及人们的价值观、人生观乃至生活方式。但对教育学的影响近年才开始，原因是教育本身的技术含量一直很低，因而对教育技术学理论与实践的哲学反思之深度、广度都不够。随着当代信息技术向教育领域的扩展，教育活动中的高科技含量将会迅速增加，教育行业将在信息化的世界潮流中完成从劳动密集型向资本、技术密集型行业的历史性转变，使教育真正步入现代化。技术哲学的观念和理论将对这场变革产生重要的影响和导向作用，并经过教育技术的中介传递，对未来的教育实践和教育理论产生深刻的影响。

技术哲学中讨论的最重大、最基本的问题是：技术究竟是什么？或曰技术的本质问题。这也就是技术观或技术的定义。人们的技术观首先是由技术发展水平和普及程度决定的，同时也受到对技术及其社会作用之哲学反思的技术哲学发展之影响和制约。

2. 技术概念的历史演变

技术究竟是什么？这个问题看起来似乎很简单，但要真让你给技术下一个明确的定义就没那么容易了。

在我国的《辞海》中，是这样给技术下定义的："根据生产实践经验和自然科学原理而发展成的各种工艺操作方法与技能。广义地讲，还包括相应的生产工具和其他物质设备，以及生产的工艺过程或作业程序和方法。"[1]

我国的《哲学大辞典》中，是这样定义技术的："技术一般指人类为满足自己的物质生产、精神生产以及其他非生产活动的需要，运用自然和社会规律所创造的一切物质手段及方法的总和。西方技术一词源自希腊文 lechne，意为'工艺、技能'。汉语出自《史记·货殖列传》：'医方诸食技术之人'。包括生产工具和其他物质设备，以及生产的工艺过程和作业程序。从本质上说，技术是一种劳动的形态，是人类自身功能的对象化的产物。"[2]

细心的读者会发现，在这两个定义中，对技术的理解是有差异的。

现代技术是在文艺复兴以来西方科学、文化、经济、社会的土壤中形成与发展起来的，因此，要想更深刻地理解和研究现代技术的本质、规律及其理论界定，就必须对西方技术概念的演变发展作简要的历史回顾。

技术是一个历史的范畴。在西方思想史中，技术概念经历了一个不断演变发展的历史过程。

古希腊的亚里士多德是西方思想史上第一个对知识和人类活动进行分类的哲学家，他最早对科学和技术作了区分，把技术称作"制作的智慧"，这代表了西方古代哲人对技术的看法和观念。这里的技术，显然是指同当时农业经济相伴随的手工工具和人们制造、使用这些简单工具的经验和知识等技能，从最初的技术定义中，我们已经可以明确地看到在技术结构中所包含的两大要素：其一，技术是人类的创造性智力活动，这是技术的本质特征；其二，技术存在于人类使用工具改造世界的（制作）活动之中，这是技术存在的外部形态，仅仅停留于头脑之中的智力活动是不能称之为技术活动的，可见技术是人类使用工具创造性地改造世界的客观物质活动。

人类的技术活动加速了人类文明发展的进程，同时也使技术本身的内容和形式变得越来越复杂，18世纪的法国哲学家狄德罗给技术下了这样的定义："技术是为某一目的共同协作组成的各种工具和规划体系。"这是在近代科学诞生和与此相伴随的工场手工业兴起之后人们对技术的看法。目的、协作、规划体系等概念在技术定义中的出现，标志着近代技术的目的性、超前性、复杂性、协作性、系统性等特征已开始被认识和重视。

工业革命是技术发展史中一次质的飞跃，因为在蒸汽机出现以前，技术中的工具系统都属于人类肢体的延伸，而蒸汽机则是人体动力系统的延伸，从而在工具系统中加入了越来越强大的能源系统，并由此使工具系统中的机械部分从结构到功能都发生了质的变化，使人类改造自然的生产能力以前所未有的加速度迅猛发展，创造了近代以来依靠工程技术实现经济腾飞的奇迹。正是这样的时代背景，呼唤人们从理论上总结技术的本质和发展规律及其社会作用，技术哲学由此诞生。德国哲学家 E. 卡普于 1877 年出版的《技术哲学纲要》一书，被公认为技术哲学诞生的标志[3]，他在书中把技术看作是人类创造力的物质体现，把技术活动看作是人类"器官的投影"，这种技术观显然带有十分浓厚的机械论色彩，这是工业文明时代工程师乃至公众技术观念中不可避免的时代烙印，同大多数 19 世纪的学者一样，卡普对技术的潜力十分乐观，把技术视为文化、道德和知识的进步以及人类"自我拯救"的手段，这也代表了工业文明时代的技术价值观和历史观。

在技术哲学的发展史上，德国的两位哲学家做出了重要贡献。

一位是工程师、X 射线专家戴沙沃，他在本世纪二三十年代写出了《技术哲学》、《关于技术的争论》等一系列技术哲学专著。他深刻揭示出，由于现代技术系统的复杂性日益增加，个体在技术发明中的作用越来越依赖于技术群体的共同协作和集体智慧，因此，人类技术发展的模式已经从以往的"开拓性"发明转化为"开发性"发明。后人正是在对这种"开发性"发明中分工与协作之复杂关系的专门研究中，孕育和诞生了工程控制论和系统工程等横向科学或现代方法论学科。戴沙沃特别强调了技术中的创造性改造思想，在列举了许多定义之后，他给技术的本质下了如下定义："技术是通过对自然资源的有目的的造型和处理而从思想中引出的现实。"

另一位就是大名鼎鼎的德国哲学家海德格尔，他以存在主义哲学大师所特有的人文关怀和冷峻目光，开创了对技术和技术社会进行哲学反思与文化批判的思想时代。

3. 当今社会中三种不同层次的技术观

技术一词在当代社会中被广泛使用，但是在当今世界的思想理论舞台上，对技术范畴有着多层次、多方面的理解和解释，对技术发展所持的态度也极不相同，有的颂扬，有的批判，形成多姿多彩的技术观。进入20世纪以来，这些不同的技术观发展成为系统化、理论化的各派技术哲学，并由此引发出当今技术社会中旷日持久的文化纷争。

各种技术观和技术哲学虽然五花八门，但归结起来大体可划分为三个不同层次：

第一层次是从自然科学、工程学和经济学角度对技术的认识，以及在这一立足点上对技术社会作用的理解。这一层次的各种观点把技术看作人类改造自然的工具和物质手段。在工业革命的巨大变革面前，人们看到了技术对社会发展的强大推动作用，因此许多人将手段转化为目的来追求。持这种观点的人普遍认为，技术能够不断创造出新产品，因而技术发展的前景是无限广阔的，他们将技术视为文化、知识、道德进步和人类"自我拯救的手段"，这是技术发展的乐观派。这种观点自工业革命以来一直占统治地位，但近20年来受到越来越严重的冲击和挑战，市场逐渐减小。

第二层次是从社会学和生态学角度对技术和"技术社会"的批判。这是对理、化技术主导下急剧发展起来的西方工业文明及其"社会病"的反思与批判，其思想渊源来自空想社会主义，最激烈的批判是20世纪的两次高潮，一次是20世纪初从人本主义哲学立场对技术社会的批判,斯宾格勒、狄尔泰、海德格尔、雅斯贝尔斯等20世纪西方哲学大师们是这场批判的发起者和主帅;另一次是20世纪六七十年代在世界生态危机、能源危机、水资源危机等一系列技术盲目发展的社会恶果严重地威胁着人类生存的时候,生态学家、社会学家、未来学家和哲学家联合在一起共同发出的呐喊,其前奏是马尔库塞、哈贝马斯、霍克海默等当代哲学家的领唱,高潮则是1972年罗马俱乐部震荡了整个世界的报告《增长的极限》,以及H.格鲁尔《被洗劫的星球》等一部部批判技术社会的力作。20多年过去了,这种技术发展中的悲怆曲调不仅无休无止,而且对社会心理的震撼越来越广泛、强烈。

第三层次是从文化哲学、哲学人类学角度对技术本质的透视。这种观点在本体论上把技术看作人的本质力量之公开展示,在价值论上把技术看作既可造福人类又可危害人类的"双刃剑",在未来观上既反对盲目乐观,又反对一味悲观,而主张用辩证思维指导下的认识论、实践论、历史观把握人与技术之内在矛盾和人类征服自然与服从自然的外在矛盾,在矛盾的不断解决和不断深化中,自信地走向充满更加复杂矛盾运动的技术社会的未来。

这第三种技术观的创始人正是马克思。一百多年以来,这种带有鲜明时代特色的技术观在飞速发展的现代技术和纷繁复杂的技术社会中得到了检验,并从多学科、多层面、多角度获得了丰富和发展。这些极其重要的观念和思维方式,显然应该成为我们研究和驾驭当代信息技术,包括当代教育技术的基本技术哲学立场。

二、教育技术的特点及其教育哲学基础

技术诞生于人类改造自然的物质生产领域,迄今为止,人类运用得最纯熟的还是非生命的理化技术,其机械、主客二分甚至主客对立

的技术哲学背景，使近代技术在工业革命以来一方面取得了不可阻挡的辉煌成就，另一方面也使原始、和谐的自然资源和生态环境遭到了不可容忍的劫掠与破坏！

技术的发展和普及有其自身的规律性，其中一个重要规律就是技术必须适应它所运用的领域和对象之特殊性。近代理化技术之所以首先在近代工业中获得成功，原因在于近代工业的对象基本上都是非生命的自然物。而农业、畜牧业对理化技术的运用要比工业困难得多，也迟缓得多，因为人们不能用理化技术去直接干预、改造有生命的动植物生长发育过程，只有当人们找到农机、化肥、农药、化学除草剂等现代农业技术来改造农作物生长活动的外部条件和外在过程，从而间接地影响和干预其生长发育的内在过程，尤其是直接影响种植和收获这两种植物生命发展处于相对静止的特殊状态时，现代农业技术才在农业生产领域取得了成功，但成功的背后却也留下了众多的败笔和无穷的隐患！

技术在畜牧业中的命运比农业更惨淡，因为其面对的是具有更复杂生命活力的动物界。理化技术的不适当干预，会使动物的发育萎缩甚至死亡，因此，畜牧业中现代技术主要停留在驯养、兽医等间接领域，直到动物生命结束的屠宰、肉类食品加工等过程开始时，理化技术才大显身手。而当现代生物技术和遗传工程出现并逐渐成熟，人类能够利用技术直接干预生命活动的内在过程之后，技术在畜牧业中的辉煌历史才将拉开帷幕，但技术在农业发展中的惨痛教训，使人类对生物技术的应用比过去明智得多，也谨慎得多了。

技术在步入与人的生命活动直接相关的领域时，其步伐要缓慢和谨慎得多。这里值得一提的是医疗界。医疗技术的发展主要置身于对疾病的诊断、监测等外围，最多深入到对生命中已坏死部分的去除等手术活动之中。近现代发展较快的是间接影响人类健康和生命活动的医药技术，但西药对于人类生命活动的过多干预，已造成一些极其严重的消极后果。

当技术步入教育这个极为复杂的人文领域时，遇到了比其他任何领域更为激烈的论争和障碍。

教育不属于物质资料生产活动，而属于人类自身的再生产和再创造[4]，教育的对象不是物而是人，不仅是活生生的、有生命活力的人，而且是有思想、有自我意识、有自主活动能力的人；教育活动更重要的特点在于：作为教育者的教师在教育活动过程中并不直接改变学生的身体（物质）状态，甚至不和学生发生直接的身体（物质）接触，而只是通过语言、文字、表情、神态等来影响学生的思想和情感，改变学生内在的知识结构、认知结构、情感意志结构，并通过这些心理结构促进和影响学生身心结构、社会实践活动结构的发展。因此，最初在教育活动中出现的技术工具不是人类肢体的延伸，而是书本、黑板、粉笔等向学生传递信息的物质手段。近代迅速发展起来的工业技术在物质生产领域里取得了极其辉煌的成就，但对于人类自身生产的教育领域却影响甚微，直到本世纪初发展起来的视听技术在大众传媒中亮相之后，才迅速被引入教学教育过程中来，由此展开了从媒体技术到现代教育技术迅速发展的生动画卷，这一历史事实本身就是令人深思的。它启示人们：教育技术的发展不仅要遵循技术发展的规律，而且要遵循教育发展的规律。当代教育哲学的研究和发展已经大大深化了人们对教育本质和规律的认识，由此推动着教育理论与实践中的观念更新。显然，从事现代教育技术的理论与实践工作者只有不断提高自己的教育哲学修养，树立正确的知识观、学生观、学习观、师生观、课程观、教学观、教育评价观、教育管理观、教研科研观等，才有可能按照先进的教育思想设计符合学生身心发展规律的教育教学模式，充分发挥先进的教育技术对提高教育质量和效益、加速教育现代化进程的杠杆作用。

三、当前我国教育技术观中存在的主要误区

将以上所述技术观和教育观内在地融为一体，才能形成较为先进的现代教育技术观。运用这样的教育技术观考察和反思一下当前我国教育技术观念中存在的主要问题，突出表现在以下方面：

第一，重"电"轻"教"，甚至姓"电"不姓"教"。

我国的电教工作者长期以来始终忽视对学科教育、教学活动过程的深入学习与研究，总认为这是学科教师的事，电教工作者的任务只是维修和保管好电教设备，结果使电教工作者降格为学校中的"设备维修工"和"仓库保管员"，甚至在学校编制上都进不了教师系列，只能算作"教辅人员"。产生这种专业悲剧的外在原因，是我国现代技术落后和由此导致的公众与决策者对技术价值和地位之忽视乃至漠视，内在原因则在于我国电教理论与实践发展的落后，尤其是电教工作者自己没有认准"家门"，选错了"姓"，结果始终没能确立自身在教育实践发展和教育理论体系中应有的地位。这种情况随着社会信息化和教育信息化发展的进程正在开始改变，但要想彻底"改姓"，内外都需要有一个改变和适应的过程，内部需要学习、调整，外界则需要有一个接收和承认的过程。

第二，重硬不重软，见物不见人。

前面我们已经提到，人类社会所特有的技术结构包括两方面：一

方面是外在于人的工具系统；另一方面是人使用工具的技能。这内外两方面相互协调又互相转化的双向发展，推动着人类技术以加速度向前发展，并由此导致了社会现代化和人类自身现代化的双向发展。以往的工具都是人类躯体的延伸，而计算机是人脑的延伸。计算机不同于以往物质生产工具的一个重要特点是工具中出现了"软件"。软件究竟是什么？这是当代信息技术出现以来技术理论与实践面对的一个新问题，迫切需要从技术哲学的高度进行理论概括和哲学反思。软件是知识形态的技术，是人类思维程序的外化，是一种特殊的符号体系，它是可执行的程序。"软件"的出现是人类符号体系之功能发生的一场极其深刻的历史变革！将人类大脑中的智力操作行为符号化、"软件"化，使之成为可以指令机器自动执行的操作程序，这在以往的技术中是从来没有的，其功能在于大大增强了人类对信息的加工能力，减轻了脑力劳动的负担，而且还可以用越来越高水平的软件程序来替代硬件设备的许多技术性能，降低硬件设备的要求。工具中硬件与软件的关系就如同人的生理结构与心理结构之间的关系一样，前者是先天的，较难改变，后者是后天的，容易改变。在当今迅速发展的信息技术中，用软件的发展来替代硬件的功能，这是一个大趋势，这正是知识经济时代的新特点和奥秘之所在！ 当代信息产业发展的一个重要规律是：软件业领导硬件业，而软件业的发展则取决于对软件用户群体所在领域未来行为的研究、预测和实验。遵循这一规律，要想提高学校教育技术投资的效益，就必须从学校教育现代化的目标与功能出发，整体设计，分步实施。这显然需要技术专家与教育专家的有机结合，尤其要研究多媒体和网络环境下学生和教师的未来行为与未来需求。计算机功能的充分发挥，不仅取决于硬件和软件的最佳搭配，而且取决于使用者对软硬件的驾驭能力，显然，在我国教育信息化迅速发展的进程中，纠正重硬件不重软件尤其不重视人的培训的偏颇，正确处理教育技术投资中软件、硬件和师资培训的比例关系，不仅是保障我国教育信息化健康高速发展的一个重大政策问题，而且是需要从教育技术学的理论深层进行探讨的重要学术问题。

第三，重机不重网。

随着当代信息技术向教育领域的扩展，随着多媒体计算机在讲授与学习过程中的应用越来越普遍，校园网络的建设提到了重要的议事日程。从当今世界发达国家教育信息化发展的经验来看，从单机发展到网络，是学校教育信息化发展的必然趋势。因此，在当前我国发达地区教育信息化发展进程中，以校园网络的建设作为学校教育现代化建设的核心与基础，这不仅是实现我国教育跳跃式发展的必由之路，而且也是促使传统电教从教育的辅助地位上升到教育改革发展核心地位的关键性步骤和重要机遇。

（未完待续）

本文选自《电化教育研究》1999年第2期

技术—教育—人的发展（下）
—— 现代教育技术学的哲学基础初探

桑新民[*]

计算机到网络的发展，尤其是国际互联网（信息高速公路）的出现是一次质的飞跃，它不仅使计算机的功能发生了惊人的巨大变化，更主要的是将信息时代的社会细胞（多媒体计算机和掌握多媒体技术的人共同构成信息时代的社会细胞）联为一体，由此创造出全新的网络文化。所谓联网，绝不仅仅是计算机的联网，而是人类智慧的联网！国际互联网的出现究竟意味着什么？这本身就是一个极其深刻的哲学人类学问题。以往我们常说，计算机是思维的工具，是人脑的延伸，然而单个计算机的容量和功能毕竟是有限的，无法和蕴藏着巨大潜能的人脑相比，而国际互联网却通过全球计算机的互联，将古今中外全人类的智慧汇聚到覆盖全球的巨型复杂网络系统之中，这才真正称得上是人脑的延伸，不仅延伸了个体的大脑和思维活动，而且创造了一个外化的、每时每刻都在急剧发展的全人类的大脑。40岁的微软公司总裁比尔·盖茨是当今信息产业领导世界潮流的人物之一，盖茨童年的梦想是："在每张书桌上、在每个人的家里都有一台电脑。"现在，他又在策划着另一个时代："世界各地的人在自己家中就能学习最好的课程、学习任何科目、由世界上最好的老师讲授。"[5]将这样的理想尽快转化为现实，这正是当今教育技术工作者所肩负的重大历史使命。然而，由于我国的电教工作者在网络知识与技能方面的欠缺，尤其是"重机不重网"的误区，致使目前我国高校普遍存在着原来的电教中心

---

[*] 桑新民，华南师范大学未来教育研究中心。

和新建立的网络中心两套体系并行发展的不合理格局,这种情况如不尽快改变,必将造成校园网与学校电教系统乃至教学系统相互分隔,不仅造成设备的重复性投资和资源的浪费,而且还会严重阻碍学校现代教育技术向更高层次的发展。网络仅仅是教育信息化的形式,丰富的教育资源和方便的获取方式才是教育信息化的内容与实质,在这个意义上,教育资源库的建设比校园网本身的建设更重要也更困难。在"94新定义"中,学习资源的设计、开发、利用、管理和评价是现代教育技术定义中新增加的一个重要内容,这是教育技术观念的重大变革,也必将成为教育技术理论与实践变革发展的一个新趋势,这应该引起我国教育技术界足够的重视。

第四,重教不重学。

教与学的关系,是当代教育哲学中一个重大的基本理论问题。回顾20世纪西方教育研究与实验的历程,可以清楚地看到一个极其重要的转向:从教的研究转向学的研究,并且已经在对学生学习规律的研究中取得了一系列突破性的重大成果。尤其重要的是:信息化的社会环境与对学生学习规律的研究成果相结合,正在创造出各种高水平、个性化、高效益的崭新学习模式,如何尽快适应和驾驭这种新的学习环境与学习模式,已成为当今世界舞台上一场最激烈的竞争。正是在这样的教育观念指导下,教育技术的"94新定义"中把教和学统一起来,把现代教育技术的立足点牢牢扎根于学生的学习活动之中,在现代教育技术学概念的定义中没有再出现教这个概念。对此,有必要作一番理论探讨。在当代教育哲学的视野中,教与学是内在联系不可分割的统一整体,其立足点只能是学而不是教,因为教师教学活动的出发点和归宿都是学生的学习与发展。优秀教师之所以教得好,关键在于不仅能让学生学起来、学进去，而且能使学生学出兴趣、学出滋味，学得生动、活泼、主动，这实际上是把教师的教融化在学生的学习活动之中了。总之，教是手段，学是目的。因此需要教学设计。教学设计不能只设计知识结构和讲授结构，而且应该设计学生的学习活动和学习环境。班级授课制尽管主要是由教师来讲授，但绘声绘色、出神入化的讲授过程能把学生引入知识的殿堂，激发学生强烈的求知欲望。显然，成功教学的关键在于通过问题和情景的创设，调动起大多数学生的学习兴趣、热情（最好是激情）、主动性（知识之内在逻辑的魅力以及知识对学生当前和今后发展之价值的吸引力是激发学生学习主动性的最重要的法宝）。

以语言和抽象概念为基础的传统课堂讲授模式，其形式本身显然有很大的局限性，甚至有不可逾越的障碍，最大的障碍就是容易使教师陷入自我表现、表演的误区。而多媒体授课环境最大的优势，正在于找到了超越师生之间言语、概念障碍的成功之路！教师自我中心化的言语和思维方式，是教学失败的最主要陷阱，而在教学设计过程中精心创设的教学环境，能使学生跨越横在师生之间对教学内容、教学对象理解中的鸿沟，这正是多媒体教育环境比以往单纯用语言、概念教学的优越之处，但语言、概念并没有被抛弃，而是起到画龙点睛之妙用。当学生理解之后，及时运用层层深入、步步抽象的语言、概念加以引导（最好是让学生自己找到表达其理解、总结、概括其升华之认识的语言、概念），这才是成功的多媒体组合教学设计之要旨和诀窍。

第五，偏科技轻人文，对现代教育技术发展的前景过于乐观，对可能出现的消极后果和负面影响缺乏较深刻的认识和研究。

现代教育技术从学科性质来看，绝不是单纯的自然科学和技术学科，而是教育、技术、艺术三大领域有机结合的统一整体。如今，现代教育技术正在步入以多媒体和网络为主体的新阶段，不仅科技含量大大提高，而且人文背景迅速扩展，这对现代教育技术工作者的素质是极其严峻的挑战，大多数人看到了前者，却往往看不到后者。因而在人员的选择上，往往只重视考察其技术水平，而忽视其人文修养，这种短视的用人观若不尽快纠正，对教育技术学科今后的发展将会带来极其严重的危害。因为若从社会现代化的广阔视野来看待技术，技术对人类文明进程的影响是"双刃剑"，既可以造福人类也可以危害人类，尤其在以培养人为对象的教育领域，对技术的应用必须慎之又慎，切不可盲目乐观，要充分估计到现代教育技术可能对教育产生的负面影响，并采取切实可行的防范措施。比如，当前市场上流行的许多教育软件，由于教育思想陈旧，结果使计算机教育成为机械灌输知识的工具，成为引导和强迫学生死记硬背应付各种考试的工具，虽然得到一些家长的欢迎，然而却遭到学生的普遍拒斥。如今，教育技术正在从教育手段上升到教育改革的核心，并将领导教育现代化的潮流，置身于这样一个重要领域，如果只懂技术而缺乏人文教养，顶多只能成为工匠，不可能成为教育家，尤其在市场经济的冲击和诱惑面前，缺乏人文教养的工匠很容易成为短视的功利主义者，这显然无法适应现代教育技术工作者所承担的历史使命。

  以上分析充分表明，教育观念的更新对现代教育技术健康发展之重要性。早在二十五年以前，联合国教科文组织在《学会生存》的著名报告中就反复强调，必须从教育改革出发来考虑教育技术的运用："如不检修整个教育大厦，我们就不可能从教育技术中得到好处，问题不仅是从外部使教育现代化，不仅是简单地解决设备问题，为运用这种设备并把它穿插到传统教育活动中去制订出计划,而是要系统地运用一切可能获得的资源,来发挥个人在获得与运用知识的方法方面所应有的科学精神。目的是要把我们现在所使用的教育技术尽可能完善地协调起来,以避免经济上与财政上的浪费。教育技术绝不是强加于传统体系上的一堆仪器,也不是在传统的程序上增添或扩大一些什么东西。只有当教育技术真正统一到整个教育体系中去的时候,只有当教育技术促使我们重新考虑和革新这个教育体系的时候,教育技术才具有价值。为了使技术革新有意义和有效果,我们必须在整个教育体系的联系中去考虑运用技术的涵义。"[6]

四、关于学科名称和机构名称的建议

两千多年前的春秋战国时代,孔夫子倡导"正名",因为"名不正则言不顺",这在社会急剧变革的时代尤其重要。

如今,在信息时代降临之际,社会正发生着前所未有的历史性变革,传统"电教"的内容、形式、功能,在教育教学过程中的地位、价值都发生着一系列极其深刻的变革,因此,如何选择学科的名称和机构的名称就显得十分重要。

"电化教育"这一名称产生于本世纪二三十年代,当时正值以电力为标志的第二次工业革命深刻地影响着人们的社会生活之时。"电化教育"顾名思义,是在教育中运用了以电力为能源的教学工具和手段,从而提高了教学效率,从其内容和形式来看,则主要是指在教学中运用了视听技术以及后来的音像技术。当今教育技术中所运用的计算机乃至多媒体和网络仍然没有离开以电力作为能源,因此有些同志主张完全可以保留"电化教育学"这一学科名称,保留"电教系"、"电教中心"这样的机构名称。但是,我们必须充分认识到:从以往教育中的视听技术、音像技术发展到当今世界飞速发展的多媒体和网络技术，这绝不是简单的量变，而是极其深刻的质变；更重要的问题在于：当今时代的主旋律早已不再是电力革命时代时髦的"电"，而是日新月异的当代信息技术。如果不能随着时代的变革及时改变名称，就难免被公众所误解和忽视，正是在这个意义上，我赞成改名，不过我同时认为，主张不用"教育技术"而保留"电教"这一名称的有些专家的意见也有值得吸取之处，他们认为，"电化教育"强调了学科的立足点是教育而不是技术，是人文而非科技，若改成教育技术，很容易使人们对学科性质和学科的立足点产生误解。这一见解不仅是值得重视的，而且是极其深刻、切中要害的。当前教育技术界存在的一个严重误区正是重技术而轻教育，大有变成一门纯技术学科、一项纯技术工作的危险。不过我认为，走出误区的最有效方法不是保留旧名称，而是更新技术观念，因为技术的实质不是物而是人。在当前"教育技术学"基础理论建设中，重视信息时代学习和教育规律的探索，加强教育技术中的人文色彩不仅势在必行，而且已成为世界各国教育技术学基础理论发展中的共同趋势。至于机构的名称，我建议将"电教中心"改名为"现代教育技术与资源中心"这不仅有助于纠正目前普遍存在的重硬件轻软件的偏向，而且有助于强调教育资源尤其是教育软件和信息资源在现代教育技术发展中的核心地位，有助于在资源中心的新体制和新舞台中，培养出一批既精通现代教育技术又精通学科教育新模式的新一代教师和教学软件与资源开发者，他们是信息时代教育的先行者和希望之所在。离开以上这些资源与人才的技术，只能是设备的堆积，就如同高速公路上有路没车、有车没有司机一样，势必造成设施的闲置和浪费。

将"电化教育"改成"现代教育技术"不仅是名称的改变,而且必然会带来学科研究对象和领域的扩展。比如,近现代教育中发展起来的理化生地实验室,显然属于教育技术中一个极其重要的领域,但却不属于电化教育的研究范围。如今多媒体和网络不仅改造了传统教室,而且改造了传统实验室,以往被分割的这两类不同教育技术领域借助当代信息技术的桥梁合二为一了,这不仅使传统实验室插上了现代教育技术的翅膀而大大扩展了实验室的时空范围和教育教学功能,而且有利于现代教育技术深入到教育教学的每一个环节中去,使现代教育技术这一学科发展的道路越走越宽广。

五、教育技术专业的时代使命

随着21世纪的临近,人类正在经历着从工业文明向信息时代的急剧转变。这场跨越千年史册的历史巨变不仅改变着人们的生产方式和生活方式,而且改变着人们的思维方式和学习方式,由此引发了一场世界范围的跨世纪教育改革和学习革命。

多媒体与"信息高速公路"正是推动人类步入信息时代的两大技术杠杆。

计算机发展到多媒体阶段是一次质的飞跃,它使计算机几乎能同人的所有感官交流、对话,这不仅大大扩展了计算机的应用范围,而且使计算机变得更加简单易学,从而加速了多媒体计算机在社会成员中的普及。总之,多媒体计算机和掌握多媒体技术的人将共同构成信息时代的社会细胞,当一个新时代的社会细胞成熟了,这一时代也就随之降临了。1995年,全世界电子百科全书的销量在历史上第一次超过用纸张印刷的百科全书[7],这对人类学习方式的挑战是令人震惊的!

网络的发展,尤其是国际互联网(信息高速公路)的出现,将信息时代的社会细胞连为一体,这是人类智慧的联网。由此创造出全新的网络文化。1995年美国在国际互联网上发送的电子邮件已经超过邮局发送的邮件数量,1996年全世界大约5 000万人上了国际互联网[8]。到1998年2月,全世界国际互联网的用户已达到1.13亿。其中美国用户最多,达6 200万户,占美国人口总数的30%;占人口总数比例最高的是挪威,1997年11月达140万户,占人口总数的32.5%;加拿大1997年9月用户达600万户,占人口总数的31%;日本1998年1月用户达884万户,占人口总数的6.4%;我国1997年10月底国际互联网用户62万户,占人口总数的0.05%。今天,一根头发丝般细的光纤能在不到1秒的时间里将《大不列颠百科全书》二十九卷的全部内容从波士顿传到巴尔的摩。[9]在这种全新的社会环境中,财富将首先依赖于个体和民族的学习与创新能力:对于那些学习与创新能力较强的个体和民族来说,新时代将充满机遇和希望;而对于那些缺乏学习与创新能力的个体和民族来说,当旧工作消失、旧体制崩溃时,他们将面临失业、贫穷的悲惨前景,甚至会被开除"球籍"。

显而易见,在这样一个历史的转折点上,变革学习比变革技术更重要。

现代教育技术在这场历史性的变革中肩负着极其重要的历史使命,因为只有通过现代教育技术的推广和普及,才能不断增加教育活动中的高科技含量,使教育行业完成从劳动密集型向资本、技术密集型行业的历史性转变,彻底改变千百年来以教师讲授、课堂灌输为基础,劳动强度大、效率低的传统教育教学模式,并使学校教育同家庭教育、社会教育(尤其是大众传播媒介的"隐形教育")融为一体,实现教育中人力、物力资源的多层次开发与合理配置。只有这样,才能从根本上解放教师的"生产力"和师生的创造力,也只有这样,才能真正实现教育的现代化!

参考文献

[1] 辞海[M].上海:上海辞书出版社,1980(缩印本):669.

[2] 哲学大辞典[M].上海:上海辞书出版社,1992:779-780.

[3] F.拉普.技术哲学导论[M].沈阳:辽宁科学技术出版社,1986:4.

[4] 呼唤新世纪的教育哲学——人类自身生产探秘[M].北京:教育科学出版社,1993:118-125,333-339.

[5] 比尔·盖茨.未来之路,转引自戈登.德莱顿等.学习的革命[M].上海:上海三联书店,1997:7-10.

[6] 联合国教科文组织.学会生存教育世界的今天和明天[M].北京:教育科学出版社,1996:166,167.

[7] 尼葛洛庞帝.数字化生存[M].海口:海南出版社,1996:8.

[8] 戈登·德莱顿等.学习的革命[M].上海:上海三联书店,1997:5.

[9] 威尔·希弗利.难于置信的光收缩,转引自戈登.德莱顿等.学习的革命[M].上海:上海三联书店,1997:60.

本文选自《电化教育研究》1999年第3期

教育技术的定位与错位

梅家驹

定位是否准确，关系到学术的方位、工作的效应乃至系统的正常运转，如果定位错误，就不能司其本职，甚至造成整体的紊乱，因此准确定位是进行工作首先要解决的问题，必须认真对待。

教育技术是教育科学的一门分支，而它的定位却在于技术，它涉及解决教育问题的方法，研究和实践"如何做"的问题，并不是一种纯科学的概念，指研究培养人的过程。技术当然脱离不了工具，但决不能把技术仅简单地看成工具，更重要的是系统技术，一种智能性的技术，它有明确的目标，与目标紧密挂钩。那么，教育技术的"技术"又包含哪些方面的内容呢？AECT1994年定义阐述得很明确，根据有关专家对原文的反复推敲，那就是为了促进学习对有关的过程和资源进行设计、开发、利用、管理和评价的理论和实践。促进学习是目的，过程和资源是对象，而设计、开发、利用、管理和评价则是教育技术的范围。我认为，这既是教育技术的任务，也是它的定位的具体表述。定义表述得这样具体是有好处的，特别对人们还不太熟悉的术语来说，它使我们的工作有了规范，不致陷入盲目状态。

然而，在教育技术的定位上目前存在不少误区，出现某些错位的现象。

有的同志热衷于谈论新教育，似乎我们搞的就是新教育。有同志甚至明确提出，教育与技术相结合可能多元化地产生新教育。其实这是一种误解，新教育是一种社会现象，而教育技术属技术的范畴，二者分属不同的种属概念。新教育的产生由许多因素促成，除教育技术之外，还有诸如新的教育思想、教育体制乃至新的教育内容等等都是促成新教育的因素，而这些因素又是相互联系、相互制约的。绝不会由教育技术一个因素就能促成新教育的产生。我们对教育技术的定位不宜抬得过高，范围扩得太大，它决不可擅自抢占别人的位置，越俎代庖地顶替人家的工作，将教育的其他许多组成部分都囊括到自己的范围以内。这实际上是主观超越教育技术定位的一种倾向，我们姑且称之为"越位"。这种倾向对教育技术的发展无益。教育技术的"越位"不可能被人认可。

回顾教育技术的形成与发展，它确实吸取了诸如传播理论、学习理论、系统方法等许多科研成果的营养，但教育技术得以形成，是由于有其自身存在的空间，否则便不会成为一门独立的学科。我们只要描述这个空间，反映它的本质，确定它的范畴，简明扼要地写出定义就行了。其他有关科学的科研成果我们要了解、学习，在实施教育技术中也要加以利用，但却不属于教育技术的范畴，而是有关连的外在条件。有的同志作了进一步的发挥，强调教育技术要在新的教育思想的指导下进行。其实，接受新的教育思想的指导只是我们实施教育技术的良好愿望，并不是教育技术本身的客观规律，教育技术存在了几十年，广义的教育技术更有悠久的历史，其间教育思想则有这样或那样的变化和争论，教育思想的新与旧，对与错都是相对而言的。教育技术与教育思想之间虽有联系和制约的关系，但毕竟属于两个不同的领域。在旧的，甚至不恰当的教育思想支配下，教育技术依然存在，并没有排斥，当然它在不恰当的教育思想的指导下，会起"助纣为虐"的作用。教育技术的正确与错误、好与坏只有从教育技术本身的客观规律去研究，去发现。教育思想只是实施教育技术的外在条件，并不包容在教育技术的定义内涵之中。其实，影响教育技术健康发展的外在条件还有很多，诸如教育体制、教育内容等都是，而它们都同样不能包含在教育技术的范畴之中。

教育技术的另一种错位是偏向计算机，或可称之为"偏位"。计算机大量涌入教育领域，这本是一种可喜的现象，无可非议，但问题是却在我们的观念中造成一个误解，以为计算机是教育技术的主要标志。而从教育技术的视野来看，计算机虽然先进，也只是一种新的媒体，是媒体的发展，并非教育技术的实质所在，只重视计算机技术，而忽视它在教育中的开发、设计、利用、管理和评价，仍然停留在媒体论的观点上，何况计算机不过是媒体的一种，也不能看成为一种所谓"核心媒体"，只讲媒体，而不从更广泛，更高层次的教育技术意义上去理解，去研究和实践，这就跟原先的电化教育如同一辙，到头来，成为历史的重演，仍然会走弯路。电化教育的发展中这种例子和教训已经不少了，如不改变我们的观念，纠正这种偏向，教训势必会更大，这是十分值得警惕的事，堪可忧虑的是这种似新实旧的偏向在我们的领域中颇有市场。

对计算机情有独钟，这是可以理解的，我们正需要花费较多的精力去学习，去开发，但一味只偏爱一种媒体，而将其他也能促进学习的媒体打入冷宫，以为这就是先进，却不是系统的观点。今后信息时代的发展更需要讲求系统，讲求科学去传播信息，单凭主观意志，不讲客观效果，终究会碰得头破血流的。

还有的是不思改进，墨守成规，习惯于老一套，或者随波逐流，缺乏主见，这实际上是一种"恋位"现象。虽然处于这种状态的人不多，但其处境是十分危险的。目前已进入竞争的社会，今后竞争会越演越烈，优胜劣汰不可避免。人家都前进了，而自己仍然原地踏步，很可能会失去自身存在的价值，迟早受到时代的淘汰，这决不是危言耸听的话。

当前，教育技术的定位是明确的，目标也是清楚的，我们不能迷失方向，再不要持观望等待的态度，观望等待没有出路，坐等领导的安排，必将陷入落后、被动的地步，被动便会挨打。现在重要的是发挥主观能动性，加紧学习，转变观念，千方百计打开局面，迎接新时代提出的挑战。

教育技术的定位在技术，具体地说，就是有关对促进学习的过程和资源进行设计、开发、利用、管理和评价几个环节。以此来衡量我们的工作，有的我们做了，有的做得很少，还有的甚至是空白点。不少内容对我们来说确实是生疏的东西，至于上述各个环节究竟还包含哪些具体细节，它们有何种功能，其间又有什么联系，工作进程应当如何操作，我们知之甚少，实践得更少，尤其缺乏学术和经验之间的交流，目前有关这些问题的论述虽有一些，但还不是很多，更没有引起普遍的兴趣和关注，令人遗憾。在这一转折时期，我们需要从头学起，逐渐理解并钻研许多不熟悉的新知识，既然已经在这个领域工作，就别无他路可走。

由于教育技术的定位与教育技术的定义密切相关，这里不得不牵涉教育技术的定义及其有关的一些问题。

现在有一种议论，认为AECT1994年定义定得太高，不符合我国的国情，应该按照我国的国情重新下个定义。殊不知定义乃是揭示概念内涵的逻辑方法，即指出概念中所反映的事物的特有特征，也就是人们对事物的认识与高度概括的表述。事物是客观存在的东西，人们的认识越接近客观事物的本质，便越是正确，对技术方面的术语表述不应该强调国情的差别。教育技术虽说是应用于教育领域的一种技术，仍属技术的范畴，技术是没有国界的，你可以用，我也可以用。对教育技术的理解可能因人而异，但不应该出现国别上的差别。有如物理、化学的概念在全世界基本上都有了一个共识，不会因国情的差异，而产生了美国的物理、化学概念与中国的物理、化学概念根本不同的现象。教育技术定义中表述的内容对我们很不熟悉，我们一时无法做到，那应该是我们今后努力的方向，决不能由此而人为地降低层次，缩小或更换概念的内涵，否则不仅违反科学，还会阻碍我们前进的步伐，结果无法缩短国家的差距。正如企业管理，不能因水平的落后，体制的局限，一时达不到要求，就擅自降低标准，迁就自己。当然可以根据国家乃至地区的特定情况，制订分阶段的实施方案与部署，逐步赶上，但不是更改定义的问题。

我绝不认为，术语的定义是一成不变的，AECT1994年定义并非完美无缺、点滴不漏的金科玉律，已经到了登峰造极的地步。科学是没有止境的，术语的定义不会一直停步不前，随着客观事物的向前发展，人们认识的不断深化，术语的定义表述也会越来越精确完善。教育技术发展成长的过程中，世界各国的科学家已经下了不少定义，AECT在1994年定义前17年中也曾下过三个定义，说不定再过几年还会出现更新的定义，我们又何尝不可通过深入研究与实践写出更为科学，更为精辟的定义来。事实上，近几年来我国的专家学者在这方面也作了不少努力，出现了几个新的定义，可以作为大家进一步研究与探索的参考，研究与讨论的焦点是定义的正确性与全面性。我们对学术问题不能迷信，只相信真理。

有同志认为，AECT1994年定义所包含的内容绝不是教育技术部门单独能做到的，领导不主动，缺乏相应措施，我们便束手无策，无能为力。这一看法实事求是，反映实际情况。推行教育技术是整个教育界乃至社会的事情。实施教育技术的核心是教育的整体改革，只有实现了教育的整体改革，教育技术才有真正的用武之地，否则便会束缚教育技术的手脚，使它得不到健康的发展，发挥不出潜在的作用。实施教育技术的根本目的也在于促进教育的整体改革。所以，更重要的是我们要从战略高度考虑，只有形成高屋建瓴之势，才能全面推广，单从战术考虑，小修小补，成不了气候。这就需要得到整个教育界，乃至全社会的共识与关注。我国教育技术部门的工作人员虽然已经形成了一支力量，但毕竟只占教育界的小部分，而且地位不高，长期以来只扮演教辅的角色，其中存在一定的历史原因，势单力薄是现实情况。将推行教育技术的责任完全落在教育技术部门的身上是不合情理的。

参考文献

[1] 张祖忻."论我国教育技术的定位"《教育传播与技术》1995年第2期.

[2] 尹俊华等."教育技术领域的界定"《教育传播与技术》1998年第4期.

本文选自《中国电化教育》2000年第1期

什么是教育技术学
——关于教育技术学几个基本问题的浅见

尹俊华　庄榕霞[*]

一、关于教育技术学的产生和特点

教育技术是在视听教学方法、个别化教学方法和设计与改进的实验方法的基础上发展起来的。随着科技手段的引入和有关理论（传播理论、系统科学理论、学习理论等）的影响，形成了以对教学过程的设计、评价技术和教学媒体开发与利用技术为基本内容的教育技术。教育技术学是在教育技术的发展过程中不断地完善自己的指导思想和理论框架，并逐步从教学方法范畴中分离出来的一门新兴的教育分支学科。它区别于其他教育分支学科的特点不是表现在这个学科的目的任务上——为了改善和获得有效的学习结果，而是在于它分析、解决教育和教学问题的思想、手段、方法和方法论。正如伊利（D.Ely）在20世纪70年代初期所说："教育技术领域的主要目标是促进和改善人类学习的质量。由于这个目标提出的任务是由教育学科的各个分支所共同负担的，那么它就不能作为某个特殊领域的理论依据而提出了。教育技术学的特点，从而可谓它赖以存在的理由是在于它达到这个目标的哲学方法和实践方法。作为教育技术的特征，其方法已被3个先后发展起来的模式所揭示。在以往50年间，它使这一个领域得到发展。这3个模式是：应用各种各样的学习资源；强调个别化学习；运用系统方法。正是这3个模式被综合成一个促进学习的智慧方法和操作方法时，就形成了教育技术的特点，从而也确立了这个领域的理论

---

[*] 尹俊华，北京师范大学信息科学学院教育技术学系。

依据。"从这段阐述中,我们可以清楚地理解到教育技术学在分析、解决教育与教学问题中的基本思想、操作方法与方法论,以及学科的性质和特点。所以我们认为教育技术学是基于系统科学理论、传播理论和学习理论的思想、原理和方法研究解决教育和教学问题,探讨学习模型的建立与实施的技术过程以及媒体利用的理论和实践。

正如加涅(R.Gagne)所说:"教育技术学领域的一个基本目标就是促进和辅助在教学的设计和传授中应用那些众所周知并得到证实的方法。因此,从理论上讲,教育技术学研究的核心可以认为是有效的学习条件的研究,技术学可以用于改善教学的设计和传授。"但是,由于教育技术的发展只有几十年的历史,是一个新兴的领域和学科。不同背景的学者和实际工作者从不同的角度对教育技术提出了不同的定义和界定,并且都在实践中取得了相应的效果。因此,我们没有必要对它们作出判断,应相互借鉴,允许各自发展。

二、关于教育技术的定义与实质

自1963年以来到1994年,在美国先后出现了6个主要的定义。定义的变化反映了教育技术领域逐步走向成熟的过程。AECT出版的《教学技术领域的定义与范畴》一书中给出了最新的定义:"教学技术是为了促进学习,对有关过程和资源进行设计、开发、利用、管理和评价的理论与实践。"(以下简略为94定义)。这个定义是一个具有纲要性涵义的规定性定义。它较明确地说明了教育技术领域的目的、观点、对象、范畴和主要特点。这个定义的内涵与我国1991年出版的教育大词典中有关教育技术学的学科定义的主要方面(如目的、观点、对象、范畴、特点和研究方法等)是基本一致的。所以94定义虽然是作为领域的定义和范畴来发表,但它基本上是侧重地体现了学科定义的性质。

94定义一书的作者在另一篇文章中亦表达了这种观点。在这6个定义中，1970年的定义是一个规定性定义，说明了教育技术是什么的问题。1977年的定义是一个过程性定义，描述了教育技术的操作过程和各要素间的相互关系。就定义的实质而言，伊利曾经对教育技术的定义作了研究，并指出各种定义均有三方面的主题思想。"它们表达了：一种系统化的方法；一种对手段的研究；一个具有某种目的的领域。"94定义一书中将手段解释为过程和资源，将系统化描述为设计、开发、利用、管理和评价5个范畴。它反映了教育技术从一场教改运动到一个领域和行业（由相应学科专业人员构成的行业）的演变过程，以及这个领域对理论与实践做出的贡献。"所以教育技术其实质是描述解决教和学问题的技术过程和工具的使用。"

三、关于教育技术学的理论基础、技术基础和基本原理

教育技术在发展过程中要从教育学、心理学、传播学、系统科学等有关的研究成果中寻求理论依据，作为自身进一步发展的指导理论。同时，在自己的领域内亦需要从实践中总结出规律并把它上升为理论以指导本领域的实践。由于教育技术学也具有应用性学科的特点，其理论体系中大部分概念与理论依据来自其他相关学科。但教育技术学的理论架构是新的，融学习与教育心理学、传播学、系统科学等学科的概念、原理和方法于一个有机整体之中，创造出一门新的学科体系。正如94定义一书中所指出："教育技术是教育中的媒体、教育心理学和系统方法的融合。"其中教育中的媒体的概念与理论均来自传播学。媒体作为传播过程的基本要素，它是解决信息传播的基本手段。系统方法的基本内涵是系统科学的整体研究思想和科学的操作方法（系统工程方法），它是分析、解决教学过程和教育过程所涉及的因素和各因

素间关系的指导理论，并根据教育心理学中有关学习模型和学习结果类型对教学过程进行总体设计，从而开发出一个有效促进学习的过程并付诸实施。在设计过程中教学媒体的选择或开发是一个重要的环节，而教学媒体的开发与利用是以印刷技术、视听技术、计算机技术和整合技术为基础的。特别是现代通信技术与网络技术的发展，使获得有效学习结果的手段与形式更加丰富，使建构主义学习模型的实现成为可能。所以说教育技术是描述解决教与学问题的技术过程和工具的使用。这里的技术过程指的是对过程的系统化设计，工具的使用指的是教学软件和传播手段的利用。从以上分析可以得出教育技术学的理论基础有两个方面：其一是过程理论，即传播理论和系统科学理论；其二是教育心理学的学习理论，即行为主义学习理论、认知主义学习理论和建构主义学习理论等。而印刷技术、视听技术、计算机技术、通信技术和网络技术等是它的技术基础。

在AECT出版的94定义一书中把教育技术学的理论与实践概括为设计、开发、利用、管理和评价5个方面。亦可以细分为教学设计、评价的理论与技术（包括微观层次的教学设计和中观层次的课程开发）；教学媒体（或资源）开发、利用的理论与技术；过程与资源的组织与管理的理论与技术；教育开发的系统方法与分析、处理技术（或称为教育研究的技术学方法）。教学设计与课程开发理论是教育技术学基本原理的核心部分，亦是教育技术学对教育理论的主要贡献。借助资源和媒体是教育技术学解决教与学问题的基本手段和表现形式，而对过程和资源的科学组织与管理是获得有效学习成果的保证。所以，对过程和资源的设计、开发、利用、管理和评价，是应用教育技术学系统化分析、解决教与学问题的一个有机整体的理论、手段与方法。目前，教学设计和媒体开发的理论与技术较为成熟，而课程开发、过程和资源的组织与管理的理论，以及教育开发的系统方法和分析、处理技术尚不完善，有待进一步的研究。

四、关于教育技术的实践领域

教育技术实践领域是教育实践的一个特定的组成部分，它是应用教育技术学的理论、手段和方法来分析、解决教与学实际问题的一个领域。它是按照系统方法的操作程序来解决教学问题的，即按照鉴定需求、寻找问题解决方案的技术流程，来设计、开发、利用、管理和评价有关的教学过程和教学资源。在这个系统化分析、解决问题的过程中，还需要各种相关理论和分析、处理技术（如需求分析技术、数据处理技术、评价技术、系统管理技术等）的支持。但在实际应用中，整个系统与过程中的部分因素已经确定。因此，在实施的过程中并不一定需要按照系统方法的线性过程来操作，往往是一个非线性化操作过程，起点亦不同。在有些情况下，需求已经确定，甚至传播教育信息的手段亦已经确定。例如远程教学中的网络教学形式和学校教学中的课堂教学形式。在这种情况下，只需根据已知的条件应用教学设计理论来设计、开发解决问题的方案和策略。在长期的教育技术实践和应用中积累了较丰富的经验并形成了较定型的教学模式。如以视听技术为基础的集体教学模式、以计算机技术为基础的个别化教学模式、以过程技术为基础的小组教学模式、以网络技术和通信技术为基础的远程教学模式。但必须指出的是，这些以技术来命名的教学模式的应用，必须以教育技术学理论与方法来设计、开发、利用、管理和评价整个教学过程，从而获得有效的学习。如果离开了教育技术理论的指导和应用，只是一些技术手段的应用，则不能说是教育技术的实践领域。其本质的区别在于是否应用了对过程的教学设计理论，而技术手段的应用是第二位的。因此，在实践中应注意加以区别。例如远程教育，它有其自身的理论与方法，其理论称为远程教育学，它是教育实践的一个领域，但不是教育技术实践领域的一个方面。如果是应用了教育技术理论与方法的远程教学则属于教育技术实践领域的一个方面。当然其中有些交叉，但不能混为一谈。此外还应指出，这4种教学模式无论是学校教育、职业教育或远程教育等各类教育中都是根据教学目标和学习任务有选择地综合使用，或以一种教学模式为主，其他模式配合使用，不能机械地认为学校教育只能使用集体教学模式，远程教育只能使用个别化教学模式。如果这样来理解就有点形而上学了。这4种模式是教育技术在教学模式中应用的概括。教育技术学在实践中应用还有其他方面，如课程开发的应用、教学媒体的开发应用、管理系统的开发应用和教学各环节的计算机技术的应用等各个方面。由于教育技术的指导思想包含了一些现代教育的理念和解决问题方法的技术学特点，因而受到了教育工作者和教师们的欢迎，但它不是高于或替代了其它教育分支学科解决教育、教学问题的理论和方法，而是各有所长。作为教育技术学的应用来说，应从其它教育理论与方法中吸取营养，更好地为教育事业服务。

参考文献

[1] 顾明远主编.《教育大辞典》.上海教育出版社，1990.

[2] 尹俊华，戴正南.《教育技术学导论》.高等教育出版社，1996.

[3] Gagne, R.M. 张杰夫主译. 王吉庆，钱庆元校.《教育技术学基础》.教育科学出版社，1992.

[4] Ely, D.P., Plomp, T., *Classic Writings on Instructional Technology.* 2001.

[5] AECT. *The Definition of Educational Technology.* Washington, D.C. 1977.

[6] Seels, B.B. and Richey, R.C., *Instructional Technology: The Definition and Domains of the Field.* Washington, D.C.1994.

本文选自《中国电化教育》2002 年第 12 期

中国特色教育技术理论的形成与发展

何克抗[*]

一、引言

中国特色的教育技术理论是我国电教工作者在老一辈电教专家长期从事"电化教育"研究并取得丰硕成果的基础上,不断与国外引进的"教育技术"内涵(主要关注对学习过程与学习资源的设计、开发、利用、管理和评价)及其核心内容(强调教育技术理论与应用的核心是"教学系统设计"或"教学设计")加以融合,并结合中国国情进行深入思考与自主创新而逐步形成的。

我国电化教育理论的形成与发展过程本身就是一部创新史。早期"电化教育"这一名称的提出就具有中国特色,并具有创新意义:它既能定位于教育,从而确定大方向,明确"电化教育"姓"教"不姓"电";又能准确反映那个时代"技术在教育中应用"的本质特征——电力驱动的媒体在教学中的应用,而且用语中国化,有民族特色。从今天来看,尽管"电化"这个修饰语因为不能包括"智能形态技术"而使"电化教育"难以取代"教育技术"这一术语,但这并不影响它的历史光辉。从20世纪的30年代初到90年代初,是我国电化教育的形成与发展时期(尤其是1978年实施改革开放以后,是我国电化教育发展的黄金时代)。进入90年代中期以后,随着AECT1994定义(教育技术的学科定义)的引入和与电化教育的原有内涵及核心内容的融合,我国电化教育的发展开始跨入一个崭新的历史阶段——中国特色

---

[*] 何克抗,北京师范大学现代教育技术研究所教授。

教育技术理论逐步形成与发展的阶段。秉承老一辈专家在电化教育研究中坚持"自主创新"的优良传统，我国从事教育技术研究的后来者，在引进、借鉴国外先进理论的过程中，没有迷信与盲从，而是坚持在学习的基础上创新，并在引进过程中努力结合中国国情进行本土化，因而尽管进入这一阶段的时间还不长（20年左右），但已取得了一系列重要的、令人瞩目的进展——包括对教育技术学逻辑起点的深入分析与学科定位的准确把握，中国特色教育技术理论体系的建构，以及中国特色教育技术在多方面的自主创新（其中有的是对教育技术本质认识的深化，更多的是对教育技术研究领域的丰富与拓展），等等。本文将对这些重要进展作扼要的阐述。

二、教育技术学的逻辑起点与中国特色教育技术的学科定位及内涵

每一门学科都有自己特定的理论体系，每一种体系都有自己的逻辑结构，因而必有一个逻辑起点。逻辑起点对于一门学科基本内涵（定义）、研究对象、研究范畴的确定和理论体系的形成有直接的影响，并起制约作用，所以对逻辑起点的确定必须慎之又慎。

（一）关于教育技术学逻辑起点的论证

1. 逻辑起点的质的规定性[1-2]

对逻辑起点的确定一般应依据其质的规定性（即本质特征）。黑格尔在《逻辑学》一书中曾为逻辑起点提出三条质的规定性：

第一，逻辑起点应是一门学科中最简单、最抽象的范畴；

第二，逻辑起点应揭示对象的最本质规定，以此作为整个学科体系赖以建立的基础，而理论体系的全部发展都包含在这个胚芽中；

第三，逻辑起点应与它所反映的研究对象在历史上的起点相符合（即逻辑起点应与历史起点相同）。

黑格尔认为，必须同时满足这三条规定性的范畴才能作为逻辑起点。众所周知，马克思的"资本论"是从商品这个最简单、最抽象的逻辑起点出发，展开关于资本主义经济形态论述的典范——马克思证明资本主义经济的全部多样性都以胚芽的形式存在于商品之中。瞿葆奎等通过考察《资本论》把"商品"作为逻辑起点进行理论建构的过程及经验，提出一个重要建议——关于逻辑起点的质的规定性，除了黑格尔提出的三条以外，还应补充两条[3]：一是逻辑起点应与研究对象保持一致性（即逻辑起点的抽象性应受它所反映的研究对象的限制——既不可抽象不足，也不应抽象过度）；二是逻辑起点应当以"直接存在"形态承担一定的社会关系。

由于这两条补充规定性只是部分学者的观点，尚未成为学术界的普遍共识，因此在实际确定具体学科的逻辑起点时，一般只是依据黑格尔提出的三条规定性，而把上述补充的一条（或两条）仅作为参考。

了解逻辑起点的质的规定性以后，我们就可以进一步来确定某个具体学科的逻辑起点。

2. 对教育学逻辑起点的论证

由于教育技术学是教育学的二级学科，二者之间有紧密的联系，为了确定教育技术学的逻辑起点，应该先看看教育学的逻辑起点是如何确定的。

瞿葆奎等曾撰文（以下简称瞿文）依据逻辑起点的本质规定性对学术界先后提出的二三十种逻辑"起点论"进行过分析与评价[4]，对其中绝大部分起点论的评析都是言之有理、令人信服的。瞿文分析了单一起点论、二重起点论、多重起点论，在单一起点论中又按活动起点、关系起点、要素起点、属性起点四个子类详加剖析。可见，瞿文对目前各种"起点论"的认识是比较全面、深入的。然而，在瞿文就"活动起点"这一子类进行分析时，只是涉及了教育当中的某一种活动（如教学活动、知识授受活动、传播活动等）为逻辑起点的情况。针对这类情况，瞿文指出，以这些活动中的任一种（如教学、知识授受、或传播）作为教育学的逻辑起点均可满足黑格尔的三条规定性，因为"教育本身是一种社会活动，是一种以活动形态表现出来的社会现象，作为教育学的逻辑起点，在历史的开端也是逻辑的开端这一点上，或者它本身应能推导出教育学所有范畴的根据和基础这一点上，也应该是一种活动，否则就无法与教育发展的源头统一，无法类推出教育学的其他范畴来。就此来讲，以活动为起点的这种认识在一定程度上是合理的，是沿正确的方向前进的"。[5] 同时，瞿文又指出，这类逻辑起点并不能满足第一条补充规定性，即这类起点未能与研究对象保持一致性，其具体表现为抽象不足（如以"教学"或"知识授受"为起点的情况），或是抽象过度（如以"传播"为起点的情况），即脱离了研究对象的限制，因而"离逻辑起点的要求还有或长或短的距离"[6]。除此以外，瞿文否定以"教学"作为教育学的逻辑起点还有另外一个理由：教学活动包含教与学两个要素而非单一要素。但是，在黑格尔提出的关于逻辑起点的三条本质规定性中，第一条只强调逻辑起点应是"一门学科的最简单、最抽象的范畴"，并未要求该范畴只能包含一个要素（就拿人们公认的经济学逻辑起点"商品"来说，是指"用于交换的产品"，其中至少也包含"产品"与"交换"这两个要素）。所以在后面有关确定逻辑起点的论述中，我们也不考虑相关范畴是否只含单一要素。

应当说，瞿文对以教育中的某一种活动作为教育学逻辑起点的分析是相当中肯的，引用第一条补充规定性来证明这类活动起点还不能作为教育学的逻辑起点也是有说服力的。若能再前进一步，瞿文本应可以达到真理的彼岸——找到教育学的真正逻辑起点。但令人遗憾的是，他们就此止步了——转向了分析"关系起点"、"要素起点"和"属性起点"。事实上，既然发现了教育中的活动都能符合黑格尔的三条规定性的要求，只是对"逻辑起点与研究对象的一致性"这条补充规定性尚未能满足，而且有些活动（如"教学"和"知识授受"）之所以不能满足这条补充规定性是因为抽象不足，另外一些活动（如"传播"）则是因为抽象过度，那么，只需在教育类活动中继续寻找，并特别关注这类活动的基本属性与教育学研究对象的一致性，就一定可以找出既符合黑格尔的三条规定性又能满足补充规定性的教育类活动来作为教育学的逻辑起点。经过仔细的筛选、分析，并运用黑格尔提出的三条规定性和瞿葆奎提出的两条补充规定性反复比较、对照，最终我们确定应以教育活动作为教育学的逻辑起点。有人可能会感到十分奇怪或惊讶——整个中国教育界探讨、争论了近20年，被罩上重重迷雾，弄得百思不得其解的大难题，怎么一下子变得如此简单。教育活动真的就是教育学的逻辑起点吗？是的，真理本来就是朴素的、简单的。如果不信，每个人都可以拿黑格尔的三条规定性和瞿葆奎的两条补充规定性对这一逻辑起点逐一进行检验。

以上分析表明，教育活动确实能经得起五条逻辑起点的本质规定性的严格检验。应当指出，此前学术界已经提出的二三十种有关教育学的"逻辑起点论"中，还没有一种能通过上述五条规定性的检验。因此我们有理由断定——教育活动就是教育学的真正逻辑起点。

3. 对教育技术学逻辑起点的论证

（1）推导出的教育技术学逻辑起点

教育学的逻辑起点确定以后，教育技术学的逻辑起点也就可以随之确定。教育技术学作为教育学下面的一个二级学科，其逻辑起点必须与教育学的逻辑起点具有共性；但既然是独立的二级学科，教育技术学的逻辑起点又必须具有与教育学的逻辑起点不相同的个性。共性是指教育技术学的逻辑起点也应属于教育活动这一范畴；个性则指除了共性以外，还应具有教育技术学科的自身特点，即要体现教育技术学科的质的规定性——这是教育技术学科区别于教育学其他二级学科的根据所在。这种质的规定性是什么呢？就是运用技术来优化教育、教学过程，以提高教育、教学的效果、效率与效益。这里的"技术"既包括有形的"物化技术"（物化技术又分为硬件技术和软件技术），也包括无形的"智能技术"；既包括现代技术，也包括传统技术。正如美国AECT协会前主席、教育技术学家伊利（Donald P. Ely）所指出的："技术为教育技术这一领域的发展及其向一个学科的演进提供了一个最好的组织概念（best organizing concept）。"[7]

由此可见，为了体现共性与个性的统一，教育技术学的逻辑起点必须包括"教育活动"和"运用技术"这两个核心概念，这样，我们就可以合乎逻辑地将教育技术学的逻辑起点表述为"借助技术的教育活动"。

（2）对教育技术学逻辑起点的验证

为了证明上面通过逻辑推导出的教育技术学逻辑起点确实具有科学性、有效性，还应对其进行严格的检验。检验方法还是运用上面列举的、关于逻辑起点的五个方面的本质规定性。

第一,"借助技术的教育活动"是教育技术学中最简单也最抽象的范畴。它可以用来说明或解释"视听教育"(借助视听技术开展的教育活动)、"多媒体组合教学"(教师借助多种媒体技术并按一定的组织形式开展的教育活动)以及"网络教育评价"(对借助互联网开展的教育活动进行评价)等。而它本身是无需说明的,一旦要对"借助技术的教育活动"进行说明,就要引入比"教育"和"技术"复杂得多的范畴或概念。例如,教育内涵涉及"意识"与"身心发展",技术内涵涉及"物化形态技术"与"智能形态技术",这些都是比"借助技术的教育活动"更为复杂的范畴或概念(这符合黑格尔关于逻辑起点的第一条规定性)。

第二,由"借助技术的教育活动"可以派生出教育技术学的全部范畴与课程。例如由"借助技术的教育活动"的认知属性可以派生出"视觉教育"、"视听教育"、"多媒体教学"、"多媒体组合教学"、"教育软件"、"游戏类教育软件"、"网络教室"、"网络课程"、"数字化教学环境"、"视听教学资源"、"多媒体教学资源"、"网络教学资源"等范畴,以及"多媒体组合教学设计"、"教学媒体的理论与实践"、"视听教育技术"(包括"录音技术"、"摄影技术"、"摄像技术"、"电视编导"、"幻灯投影"等)、"网络教育应用"、"信息技术教育"、"信息技术与课程整合"、"人工智能与教育"、"远程教育"等课程;由"借助技术的教育"的社会属性还可派生出"虚拟学校"、"虚拟教育社区"、"教育信息化"、"网络道德与安全"、"网络教育联盟"、"网络教育改革"等范畴,以及"技术与未来教育"、"虚拟社区与终身教育"、"网络环境与青少年的身心发展"、"教育信息化政策"、"教育信息化工程"、"教育技术的人文性"、"教育技术的艺术性"、"技术哲学"、"教育技术哲学"等课程。可见,

"借助技术的教育活动"确实是整个教育技术学科体系赖以建立的基础，教育技术学理论与实践的全部发展都包含在"借助技术的教育活动"这个胚芽之中（这符合黑格尔关于逻辑起点的第二条规定性）。

第三，如同"教育活动与教育学研究对象在历史上起点相同"一样，借助技术的教育活动和教育技术学研究对象在历史上的起点也必定相同。其理由就是瞿文所指出的："教育本身是一种社会活动，是一种以活动形态表现出来的社会现象。"[8] 所以，若是以"借助技术的教育活动"作为逻辑起点，那么教育技术历史的开端就必定也是教育技术学研究对象的开端——广义和狭义的教育技术学都是如此。所谓广义教育技术学，一般是指在教育活动中使用的技术把物化的与智能的、古老的与现代的各种技术都包括在内；而狭义教育技术学，则对教育活动中使用的技术有所限定。[9] 例如，若智能技术不限，而物化技术限定要由电力驱动，则是"电化教育"；若智能技术不限，而物化技术强调必须包含有多媒体计算机与网络通信技术，则是"现代教育技术"。显然，不论是前一种情况（广义）还是后一种情况（狭义），只需在逻辑起点"借助技术的教育活动"中，对"技术"的含义，事先依据当前讨论的对象相应地作出明确规定，就都能满足逻辑起点与历史起点相同的要求（这符合黑格尔关于逻辑起点的第三条规定性）。

第四，作为逻辑起点的"借助技术的教育活动"与教育技术学研究对象完全一致，所以不可能出现抽象不足或者抽象过度的现象（这符合逻辑起点的第一条补充规定性）。

第五，作为逻辑起点的"借助技术的教育活动"在本质上仍属于教育活动（只是教育的手段有所不同），所以这一逻辑起点应该和一般教育活动一样，仍然以"直接存在"的形式承担着一定的社会关系，这种关系就是教育者与受教育者之间的关系（这符合逻辑起点的第二条补充规定性）。

以上分析表明，"借助技术的教育活动"确实经得起逻辑起点五个方面的本质规定性的严格检验，所以，可以确信，这就是多年来"众里寻她千百度"的教育技术学的逻辑起点。

（二）由教育技术学逻辑起点决定的教育技术的学科定位

在教育技术界探讨教育技术学逻辑起点的过程中，始终存在着激烈的争议：教育技术的定位到底是在"技术"还是在"教育"，即教育技术到底是姓"教"还是姓"技"？实际上，这是多年来电教领域关于"电化教育到底是姓'教'还是姓'电'之争"的延续。在2000年之前，由于教育技术界（或电教界）对教育技术学的逻辑起点（或电化教育学的逻辑起点）尚未进行认真的探讨，所以对这类争议往往"仁者见仁，智者见智"，各持己见，很难取得共识。但近年来情况不同了，自进入21世纪以后，随着我国教育技术界学者们对教育技术学逻辑起点研究兴趣的空前高涨，关于教育技术学逻辑起点的认识也日渐清晰、深入，并最终形成了比较科学的共识，从而为澄清姓"教"还是姓"技"这类争议奠定了坚实基础。

在这场争论中我们还发现一个奇怪的现象：大多数认为教育技术应定位于"技术"的学者，却都认为教育技术所要解决的问题（即研究对象）是教育、教学中的问题[10-12]；有的支持应定位于"技术"的学者甚至还明确指出"教育技术的属性是教育"[13]。这就表明，大多数学者并不清楚"这场争论的实质到底是什么"以及"应当依据什么来对教育技术进行定位"。所以，有必要先来澄清这个问题。

教育技术的定位，顾名思义，就是要确定教育技术（或教育技术学）在整个学科（包括自然学科和社会学科）体系中的位置。这里应当指出，尽管在参与讨论的文章中，一般都只采用"教育技术定位"（而非"教育技术学定位"）的提法，但是，只要审视这些文章的观点和所引用的例子就不难看出，这些文章中所说的教育技术定位，都是指教育技术学或教育技术学科领域的定位。事实上，若不从学科或学科领域角度来讨论，就无所谓定位的问题（例如从来没有人去讨论过"录音技术"、"视听技术"的定位问题）。

既然是学科的定位，那就只能根据学科的研究对象、研究范畴和研究领域来确定（因为每个学科都有各自不同的研究对象、研究范畴和研究领域——这是每个学科区别于其他学科的本质属性所在）。就教育技术学而言，其研究对象（如 AECT1994 定义所界定的）是"学习过程和学习资源"，而与学生的学习有关的过程和资源即教育教学过程和教育教学资源；其研究范畴是有关教育教学过程和教育教学资源的设计、开发、利用、管理和评价等五个方面；其研究领域是有关这五个方面的理论与实践。由于教育技术学的研究对象、研究范畴和研究领域都与教育教学过程和教育教学资源有关，所以教育技术学自然应定位于"教育"而非"技术"。

（三）基于正确的"逻辑起点"与"学科定位"的教育技术学定义

20 世纪 90 年代以来，美国 AECT1994 定义的引进，引起了我国学术界的广泛关注与讨论；特别是 AECT2005 定义在 2004 年的提前披露，更在国内激起新一轮探讨教育技术学科定义的热潮。在众多的讨论意见中，尽管不乏真知灼见，但也存在不少似是而非乃至片面的认识，这对学科建设是很不利的。一个学科的定位与该学科的内涵（即学科的定义）密切相关，而学科的定义又直接决定该学科的理论体系框架及主要研究内容,因为过去学术界对教育技术学的逻辑起点与学科定位缺乏深入研究,所以对这些影响教育技术学科发展的根本问题难以取得共识。现在,我们在对教育技术学的逻辑起点与学科定位已有较全面、清晰认识时,就有可能较好地解决这方面的问题,从而形成比较科学的教育技术学定义。

通过前面对教育技术学逻辑起点的严格论证以及对 AECT2005 定义与 AECT1994 定义所做的对比分析,我国教育技术界普遍认为,能较真实地反映国内外教育技术研究与应用状况、相对比较科学的教育技术学定义应是:"教育技术学是通过设计、开发、利用、管理、评价有合适技术支持的教育过程与教育资源,来促进学习并提高绩效的理论与实践。"其英文表述是:"Educational technology is the theory and practice of facilitating learning and improving performance by designing, developing, utilizing, managing and evaluating the educational processes and resources which are supported by appropriate technology."

三、中国特色教育技术理论体系的建构

多年来,我国教育界一直存在下列争论:教育技术学科与教学论以及教育心理学之间有没有本质上的不同?它们之间到底有什么关系?它们的研究内容是否有重叠、有交叉?教学论与教育心理学能否取代教学设计,乃至取代整个教育技术?[14-15]

这些争论的焦点在于教育技术学科到底有没有自己独特的理论体系和相应的课程体系;如果有,应当如何来建构。

我国教育界之所以长期存在这种争论,是因为迄今为止,国际上的教育技术界始终未能从理论上明确地回答"教育技术学科到底有无自己独特的理论体系"这一核心问题。那么,对这个核心而重大的问

题，能否作出科学的回答？如何才能作出科学的回答？众所周知，若要阐明一个学科理论体系的建构，需要先搞清楚该学科的定义，也就是要先搞清楚它的内涵、实质，然后才有可能在此基础上对该学科的理论体系进行建构。而要搞清楚某个学科的确切定义就必须对该学科的逻辑起点进行认真、深入的探讨。为此，21世纪以来，我国有一批学者对教育技术学的逻辑起点进行了多方面、多维度的研究，取得了较丰硕的成果；在此基础上，中国的教育技术学者关于教育技术学的定义与内涵也就形成了既学习借鉴国外先进经验，又超越国外经验的全新认识。

在对教育技术学的定义、内涵有了比较科学、正确的把握以后，就不难建构出关于教育技术学的理论体系。本文先看任何一个学科的理论体系应当包括哪几个组成部分，再讨论教育技术学科理论体系应当如何来建构。

（一）一个学科理论体系的组成

任何一个学科的理论体系都应该由三个部分组成。

一是关于该学科的意义与作用的认识，要回答的是"为什么"要研究这一学科（即对该学科所持的基本价值观与哲学立场）。

二是关于该学科的基本概念、基本原理，要对该学科研究对象的性质、内在联系及规律作出科学的解释，即要回答"是什么"的问题。

三是关于如何运用该学科的理论、方法去解决实际问题的知识，要回答的是"怎么做"的问题。

（二）教育技术学科理论体系的建构

教育技术学的理论体系也应由类似的三个部分组成。

一是涉及对"教育技术学"意义与作用的认识（即关于教育技术学科的基本价值观与哲学立场），其内容应属于"教育技术哲学"的范畴——它包含教育哲学与技术哲学的内容，但并非二者的简单叠加。由于教育技术学的逻辑起点是"借助技术的教育活动"，学科定位也是教育，所以应当是以教育哲学为基础去吸纳与整合技术哲学的有关内容，才能形成"教育技术哲学"（而不是相反）。

二是涉及"教育技术学"的基本概念、基本原理、基本研究方法等，其内容属于"教育技术学"的基础理论部分。

三是涉及如何运用"教育技术学"的理论和方法去解决教育和教学实际问题的知识，其内容属于"教育技术学"的应用科学部分。

结合上面给出的教育技术学定义，我们可以确定教育技术学的基础理论和应用科学部分应如下面所示。

1. 教育技术学的基础理论部分

（1）有合适技术支持的教育过程的设计、开发、利用、管理和评价的理论。包括教学系统设计理论（含多媒体组合教学设计）、教学系统开发理论、远程教育理论、教育技术学、电化教育学、教学活动与教学模式理论（其中又涉及自主学习、协作学习、研究性学习等理论）、数字传媒理论、信息化教育概论、信息技术与课程整合理论、网络教育与网络文化、人工智能与教育、知识工程与知识管理理论、教育与教学管理理论、教育与教学评价理论、教育技术学研究方法、教育传播研究方法等等。

（2）有合适技术支持的教育资源的设计、开发、利用、管理和评价的理论。包括教学资源的设计与规划理论、教学资源开发的理论与方法、教学资源的利用与管理理论、电视编导、各类电教教材的设计与开发、电教美术、教育与教学资源评价理论等等。

这里应当注意的是，对于学校来说，教育过程即教学过程，教育资源即教学资源。

2. 教育技术学的应用科学部分

（1）有合适技术支持的教育过程的设计、开发、利用、管理和评价等实践活动中所需要的涉及方法、策略与操作层面的各种应用科学知识。包括各种教学设计过程的模式及模板、各种教学系统或网络课程的开发流程与开发策略、基于网络的教育行政管理系统的开发、校园网建设、数字图书馆建设、教育信息化工程、各种教育教学系统的运营与管理模式、新技术（如虚拟现实及云计算等）应用于教育的探索、各种有关教育教学质量测量的方法与工具的开发、有关教育教学质量评价的各种量表的设计及使用等等。

（2）有合适技术支持的教育资源的设计、开发、利用、管理和评价等实践活动中所需要的涉及方法、策略与操作层面的各种应用科学知识。包括多媒体课件（含图形动画类、音视频类、CAI 类）的设计制作方法、录音与录像技术、摄影与构图、真实视频案例、网页制作与学科专题网站建设、教育资源的分类与管理模式、网上搜索工具的使用、网上教育资源的存储与检索、大型分布式教育资源库建设、各种教育资源评价量表的设计与使用等等。

上述教育技术哲学、教育技术学的基础理论部分和教育技术学的应用科学部分三大部分的内容即构成了教育技术学科的完整理论体系；在此基础上，根据各个高校自身的基础与条件以及社会的需求，就可直接导出各高等院校教育技术学的课程体系（关于教育技术学的主干课程，教育部有统一要求，但其他课程则可各具特色）。

3. 建构教育技术学科理论体系给我们的启示

由有关教育技术学科基础理论部分和应用科学部分的各分支学科

来看，显然，除了"教学系统设计理论"和"教育与教学评价理论"这两个分支学科以外，其他分支学科没有一门是和教学论或教育心理学有重叠或是有交叉的。这就表明，教育技术学科确实有其自身的本质特征，并具有和其他学科完全不同的理论体系；这种理论体系的主要部分既没有与其他学科重叠或交叉，更不可能由其他学科替代。可见，所谓教学论与教育心理学能够取代教学设计乃至取代整个教育技术学的论点是站不住脚的。

四、中国特色教育技术的自主创新

进入20世纪90年代中期以后，AECT1994定义的引入及其与电化教育的原有内涵及核心内容的日渐融合，使得我国电化教育的发展跨入一个崭新的历史阶段——中国特色教育技术理论逐步形成与发展的阶段。尽管我们进入这一阶段的时间还不太长（20年左右），但已在教育技术的一系列重要领域取得了创新性的研究成果，其中有的是对教育技术本质认识的深化，更多的是对教育技术研究领域的丰富与拓展。

与对教育技术本质认识的深化有关的创新成果是，我们在AECT1994定义和AECT2005定义基础上对教育技术的学科定义加以完善与发展，与此同时，还结合中国国情与客观需要，制定了便于广大中小学教师和电教工作者实际运用与掌握的教育技术的"应用领域定义"。

与对教育技术研究领域的丰富与拓展有关的创新成果则涉及以下几个领域：对信息化环境下"教与学理论"和"教与学方式"的探索、对信息化教学核心理论——"信息技术与课程深层次整合"理论——的建构、对"教学设计理论与方法"的拓展以及对"远程教育理论与远程教育模式"的创新等。

下面我们就对中国特色教育技术在上述两个方面（对教育技术本质认识的深化、对教育技术研究领域的丰富与拓展）共四个领域的创新探索，作简要论述。

（一）完善教育技术的"学科定义"并自主制定"应用领域定义"

1. 完善与发展教育技术的"学科定义"

由于一门学科的定义涉及该学科的内涵、本质，并直接决定该学科的研究对象、研究范畴及理论体系，所以任何学科的发展都对本学科的内涵如何界定（即学科如何定义）给予高度关注。美国教育传播与技术协会（AECT）早在1972年就发布了第一个关于教育技术的正式定义。以后随着教育技术应用实践和理论研究的不断发展与深入，AECT又在1977年、1994年和2005年相继推出关于教育技术的新定义。其中，AECT1994定义虽然也存在一些缺陷，但比较而言，其内涵相对完整而深入，受到学术界更多的关注。它的具体表述为："教学技术（即教育技术）是关于学习过程与学习资源的设计、开发、利用、管理和评价的理论与实践。"其英文表述是："Instructional technology is the theory and practice of design, development, utilization, management, and evaluation of processes and resources for learning."

这一定义明确地规定，教育技术的研究对象是"学习过程与学习资源"，研究范畴是学习过程与学习资源的"设计、开发、利用、管理和评价"五个方面，研究领域则是这个研究范畴的"理论与实践"。可见，AECT1994定义虽然文字很简练，其内涵却涉及研究对象、研究范畴和研究领域三大部分，而且其研究范畴涵盖学习过程与学习资源的"设计、开发、利用、管理和评价"五个方面，所以应该说，其内涵确实是比较完整而深入的，对教育技术学科的发展、特别是对教育技术学科理论体系的形成起了至关重要的作用，因而在国际上（包括在我们中国）产生了较大的影响。

但是通过认真分析和实践检验，我们发现，AECT1994定义在具有上述突出优点的同时，也存在某些缺陷，甚至是较严重的缺陷；其中一个严重缺陷就是只强调"学"，而忽视"教"（只讲如何"学"，不讲如何"教"），完全是"以学生为中心"；另一个较严重的缺陷是研究对象泛化，对"学习过程与学习资源"未加任何限定，因而未能体现出本学科的特色（例如，"学习过程与学习资源"这样的研究对象对于"课程与教学论"学科显然也是合适的）。

进入21世纪以后，随着混合式学习（Blended Learning，简称B-Learning）这一概念在国际上被重新提出及其新含义被广泛认同，国际教育界的教育思想已逐渐由原来的完全"以学生为中心"转向B-Learning新含义所代表的新型教育思想。这一重大转变，也促使西方教育技术界进行认真的反思，从而发现了AECT1994定义本身存在的问题，并力图加以完善与改进，这就是AECT2005定义的由来。令人遗憾的是，AECT2005定义在纠正AECT1994定义上述缺陷的同时，未能继承和保持AECT1994定义原有的突出优点（比较准确、清晰地界定了涉及"设计、开发、利用、管理和评价"五个方面的研究范畴和包括"理论与实践"的两大研究领域），而是把这些优点连同缺陷一起扔掉了。这就使AECT2005定义尽管花费了较长的酝酿、商讨与研究的时间（2004年开始酝酿形成初稿，2005年提出新定义文本并广泛征求意见，到2008年才正式发表），但其界定的教育技术学科内涵并未能得到广泛认同，其影响力也与AECT1994定义不可同日而语。

为了能科学地建构起教育技术学科的理论体系，并有效地指导中国教育技术理论与实践的发展，必须要有一个更为完善的教育技术学科定义。为此，中国学者在认真总结 AECT1994 定义和 AECT2005 定义的优点与缺点、成功经验与失败教训的基础上，结合多年从事教育技术理论与实践探索的体会，并通过对教育技术学逻辑起点的严格论证（任何一个学科的内涵实质、研究内容、理论体系都是源自其自身的逻辑起点，不能正确地认识该学科的逻辑起点，绝不可能对该学科的内涵作出科学的界定），终于形成了能够比较真实地反映目前阶段国内外教育技术研究与应用状况、相对比较科学的教育技术学定义。如前所述，该定义的表述为："教育技术学是通过设计、开发、利用、管理、评价有合适技术支持的教育过程与教育资源，来促进学习并提高绩效的理论与实践。"

这一新定义针对 AECT1994 定义的缺陷所做的改进与完善，主要表现在三个方面。

第一，把原来的"关于学习"或"为了学习"（for learning）改为"促进学习"（facilitating learning）。"关于学习"或"为了学习"强调的只是"学"；"促进学习"则既强调"学"，也重视"教"（对学习的促进，很大程度上要依赖教，尤其是学校教育中更是如此）。显然，这是受 Blended Learning 思想启发与影响的结果。可见，由"关于学习"或"为了学习"转向"促进学习"是教育思想、观念的转变与提高，和 AECT1994 定义相比，这是最具积极意义的进步体现。

第二，将原来的"学习过程和学习资源"改变为"用来促进学习和提高绩效、并有合适技术支持的教育过程和教育资源"。如上所述，由于"促进学习"有赖于"教"，"绩效的提高"也与"教"（培训）有很大关系，所以这里所说的过程和资源绝非一般的过程和资源，而是指教育过程和教育资源（对于学校来说，就是指教学过程与教学资源）；与AECT1994定义相比，不仅是"学习过程和学习资源"变换为"教育过程与教育资源"，而且这种过程和资源的前面加了修饰语——并非任意的教育过程与教育资源，而是"有合适技术支持的"教育过程与教育资源。这样就较好地克服了AECT1994定义未能体现学科特色（研究对象泛化）的不足。

第三，除了强调相关过程和资源要促进学习之外，还强调要提高绩效。对学习者来说，绩效是指有目的、有计划的行为倾向和结果（即学习者的能力及其在新环境中的迁移能力）；对企业来说，绩效则是指该企业预期的、符合总体目标的业绩。和AECT1994定义相比，增加有关"绩效"的考虑，不仅显得新定义既关注学习过程也关注学习结果，而且还表明通过培训来提高企业绩效也是教育技术学重要的研究与应用领域。

以上三个方面是新定义和AECT1994定义相比有所前进有所发展的突出优点（应该说，在这三方面，新定义完全吸纳了AECT2005定义的长处）。与此同时，从上述新定义还可看到，教育技术学的研究对象仍是"过程与资源"（但不是"学习过程与学习资源"，而是"有合适技术支持的教育过程与教育资源"），教育技术学的研究范畴仍是"设计、开发、利用、管理和评价"五个方面（范畴所属并非"学习过程与学习资源"，而是"有合适技术支持的教育过程与教育资源"），教育技术学的研究领域则仍是五个方面的"理论与实践"。可以说，在关于研究对象、研究范畴、研究领域等核心内涵方面，AECT2005定义是完全抛弃了AECT1994定义的优势，从而成为其最大的败笔；而我们的新定义则一方面完全继承和发扬AECT1994定义和AECT2005定义的优点与长处，另一方面又彻底抛弃 AECT1994 定义和 AECT2005 定义的缺陷与不足，因而具有科学性、实用性，既能比较真实地反映国内外教育技术研究与应用的现状，又能很好地满足科学地建构教育技术学科理论体系并有效地指导中国教育技术理论与实践发展的需求。

2. 自主制定教育技术的"应用领域定义"

由于上面讨论的几个定义（不管是我们的新定义，还是 AECT1994 定义、AECT2005 定义，以及在此之前的 AECT1972 定义、AECT1977 定义）都涉及学科的研究对象、研究范畴和研究领域，所以严格说，它们都应属于教育技术学的学科领域定义（简称学科定义）——用于界定该学科的研究对象、研究范畴和研究内容是属于哪一个学科领域。这样的学科定义显然是至关重要的，因为它对整个教育技术学科理论体系、课程体系的建构，对教育技术学科与专业的发展，对教育技术专门人材（包括本科、硕士、博士）的培养，都有决定性的影响。

但是，光有教育技术学的学科定义还不够，因为教育技术不仅是一个学科，还是一个很大的应用领域，例如各级各类学校（包括中小学），不仅每所学校都设有电教中心、电教组（或教育技术中心、教育技术组），而且随着我国教育信息化的迅猛发展，信息技术与课程整合必将日益深入到中小学各学科的课堂教学，与此同时，信息化环境下的教学设计将成为每一位教师必备的教学技能，可见，我国应用教育技术知识技能的专业人员，在不太长的时间内将有可能达到上千万之众（据教育部在 2008 年年底的统计，中小学教师人数为 1 028 万）。

对如此庞大的教育技术应用队伍来说，由于他们主要是运用教育技术方面的知识技能去解决实际问题（而非对教育技术基本理论进行研究与探索），所以上述教育技术学的学科定义对他们并不合适——这类学科定义所涉及的研究对象、研究范畴和研究领域，并非他们所关注的内容（例如对广大教师来说，他们关注的只是如何运用教育技术去完成一堂课的教学设计和组织好一堂课的教学活动）。为此，需要为这一最庞大且最重要的教育技术应用领域（即各级各类学校的教学应用领域）制定一种新的教育技术定义——能激发起广大教师强烈的学习与应用教育技术意识并易于为他们理解和掌握的教育技术定义，这就是教育技术的应用领域定义（简称领域定义）。

由于领域定义主要面向各级各类学校（特别是中小学）广大教师的教学应用，所以必须通俗易懂；但是作为定义又必须反映事物的本质特征。那么，教育技术的本质特征（即它的质的规定性）到底是什么呢？中国学者经过反复、深入的研究发现，教育技术的质的规定性就是：运用技术来优化教育教学过程，以提高教育教学的效果、效率与效益（"三效"）。这里的"技术"既包括有形的"物化技术"（物化技术又分为硬件技术和软件技术），也包括无形的"智能技术"；既包括现代技术也包括传统的技术。

在教育技术的质的规定性中，之所以强调"三效"是因为：效果的体现是各学科教学质量和学生综合素质的提高，效益的体现是要用较少的资金投入获取更大的产出（对教育来说，"更大的产出"就是要培养出更多的优秀人才），效率的体现是要用较少的时间来达到预期的效果。

由于上述关于教育技术质的规定性的表述，既简洁明白，又能抓住问题的本质，因而为了兼顾"通俗易懂"和"反映教育技术本质特征"这两个方面的要求，不妨就采用教育技术的质的规定性，来作为面向应用领域的教育技术定义。其具体表述为："教育技术是运用技来优化教育教学过程，以提高教育教学的效果、效率与效益的理论与实践。"

由于教育技术是通过多种技术手段的综合运用来达到优化教育、教学过程，以达到提高"三效"的目的，而学校的教育主要是通过教学过程来实现，所以对于广大教师来说，上述教育技术的领域定义也可以用一句话来概括：教育技术就是如何进行有效教学的技术；或者用更简单明确的话来表述：教育技术就是如何"教"的技术。

每个行业的专业人员都具有各自不同的专业技能，这种不同的专业技能是不同行业、不同身份的重要标志。例如，医生之所以是医生，是因为会"治病"（治病就是医生的专业技能）；律师之所以是律师，是因为能帮人"打官司"（打官司就是律师的专业技能）；教师之所以是教师，是因为能"教书育人"（教书育人就是教师的专业技能）。"育人"涉及德育问题，属于另一教育范畴；而"教书"是指教师如何通过教学活动用最短的时间让学生更多更好地学到知识与技能——这正是教育技术领域定义的基本内涵（如何进行有效的教学）。这就表明，若是按照领域定义的内涵来理解（实际上也就是按照教育技术的质的规定性去理解），教育技术能力（即如何进行有效教学的能力或如何"教"的能力）应当是教师专业技能的核心内容之一，是每一位教师（不管是哪一个学科的教师，也不管是哪一种类型学校的教师）都必须具备的重要专业技能；换句话说，不具备教育技术能力，就不具备教师应有的专业技能，就没有资格当教师。

正是基于这种认识，全国教师教育信息化专家委员会在2002年4月向教育部正式提出建议：为我国中小学教师制定统一的教育技术能力标准，以规范中小学教师在这方面的专业技能要求。这一建议很快被教育部领导采纳,在师范教育司的直接领导下,该标准历时一年半制定完成,并于 2004 年 12 月底正式颁布——这也是新中国建国以来,为中小学教师的专业技能颁布的第一个国家标准。为使这一国家标准能够真正贯彻落实,教育部还从 2005 年 4 月开始实施一项重大工程"全国中小学教师教育技术能力建设计划项目"。该项目的内容就是要在全国范围内,对中小学教师大力开展教育技术能力标准的培训、考核与认证。自 2005 年以来,已参与并通过该标准初级培训与考核的中小学教师已达 800 多万(目前该项目还在实施中),这一项目在改变教师的教育思想、教学观念和提高教师教育技术能力等方面发挥了重大作用,尤其在我国基础教育领域产生了巨大影响。

由以上历史背景可见,我国教育技术能力标准的制定及其贯彻实施,是源于对教育技术领域定义基本内涵的认识——把教育技术能力,即如何"教"的能力看作教师专业技能的核心内容。从该标准的贯彻实施所取得的效果及影响看,不仅我们提出的要自主制定教育技术领域定义的想法得到了广大中小学教师的支持,而且我们自主制定的教育技术领域定义的内涵是科学的、正确的,也是切实可行的。

在实际的教师培训过程中,我们还发现,按领域定义的基本内涵去理解和讲授教育技术的内涵和教育技术的能力(而不是完全按照 AECT1994 定义或教育技术的学科定义那样去理解和讲授),不仅能使广大教师感到教育技术不再陌生难懂、与己无关,而是倍感亲切、兴趣盎然;还能增强广大教师对于学习和应用教育技术的意识与自觉性也大为增强。更令人鼓舞的是,在这种全新认识的指引下,过去把电教人员(教育技术人员)只看作教辅人员,把电化教育能力(教育技术能力)只看成一种可有可无能力的现象,开始逐渐改变。特别是有愈来愈多的中小学校的领导和中小学教师，能够用上述新的认识来看待教育技术能力（即如何"教"的能力），从而不再把这种能力看做是可有可无或锦上添花的东西，而是认识到这是每一位教师必须具备的重要专业技能。就我国而言，这种变化在2005年以后非常明显。

（二）对"信息化环境下教与学理论"的探索与建构

1. 对信息化环境下"教与学理论"和"教与学方式"的探索

众所周知，当前国内外在大力推进教育信息化的进程中，正面临一场极为艰巨而严峻的挑战，这场挑战的实质是，要求对"教育信息化能否显著提升学科教学质量与学生的能力素质"这一问题作出明确的回答，并为此找到相应的对策（即有效的解决途径与方法）。而产生这场严峻挑战的根本原因不在于基础设施建设，不在于教学资源开发，也不在于教师培训滞后，而是在于"理论"——缺乏"信息化环境下的教与学理论"。

怎么办？消极等待固然情有可原，但未必可行。例如，是否可以等待"课程与教学论"和"教育心理"学科的专家去建构信息化环境下的教与学理论呢？理由很简单，毕竟"教与学理论"是他们学科的研究对象和研究内容；但遗憾的是，他们并不熟悉信息化的教学环境，更不了解信息技术。看来这种理论最终还是要靠教育技术专业人员自己去构建。毕竟教育技术专业人员才最了解、最熟悉信息化的教学环境及相关的信息技术。

为了对学科开展深入的研究，对每个学科的研究对象、研究范畴作严格划分是必要的。但由于学科之间有许多联系与交叉，国内外教育技术学界又总是鼓励打破专业界限、开展跨学科的交叉研究。

正是秉承教育技术学界的这种优良传统，近年来我国有一批中青年学者大胆地冲破学科的藩篱，对信息化环境下的教与学理论进行了多方面的探索，取得了较显著的成绩。例如，祝智庭关于教育信息生态学的研究和他所提出的协同学习理论，桑新民对网络环境下学习理论与学习模式的研究和他从生产方式高度提出的创新学习方式观，黄荣怀关于移动学习领域的研究和他从有效运用技术来支持全新学习方式的角度所提出的 TEL 五定律，汪琼和郭文革关于网络课程设计与实施的研究和在此基础上形成的、具有北大风格的引领式网络课程，董玉琦关于信息技术教育课程标准及教学内容的研究和在此基础上形成的、颇具中国特色的信息技术教育理论体系以及余胜泉关于教育资源组织、开发与共享的研究和在此基础上提出的学习元理论，等等，都在国内乃至国际上产生了良好的影响。

2. 对信息化教学核心理论——"深层次整合理论"的建构

与此同时，我国还有一批学者对信息化教学的核心理论——信息技术与课程整合理论进行了长期而深入的试验研究与探索，在此基础上逐渐形成了具有中国特色的整合理论——"信息技术与课程深层次整合理论"[16]。该理论能用于指导各级各类学校教师，将信息技术有效地整合于各学科的课堂教学，达到显著提高各学科教学质量与学生能力素质的目的。

自 20 世纪 90 年代中期以来，西方发达国家（尤其是美国）无一不把教育信息化作为各级各类学校教育改革与发展的重大战略举措，并为此投入了巨额的资金，但是收效甚微。其根本原因就在于缺乏真正科学的信息技术与课程整合理论的指导，广大教师不懂得如何运用信息技术来优化教育、教学过程，尽管有了多媒体与网络支持的信息化教学环境，老师们还是主要沿用传统教学环境下的教育思想、教学观念与教学模式。国内外的实践证明，这样做的结果必将使成百上千亿的教育信息化建设资金付诸东流，必将使成百上千万教师在多媒体与网络支持的信息化教学环境下的实践无功而返。可见，在发展中国特色教育技术理论的过程中，对于"信息技术与课程整合理论"的建构给予更多的关注是非常必要的。

具有中国特色的信息技术与课程深层次整合理论与西方国家现有的信息技术与课程整合理论至少存在以下五个方面的区别，或者说在这几方面有所创新与发展：

（1）对信息技术与课程整合的"定义与内涵"的认识更为深化；

（2）对指导信息技术与课程整合的"先进教育理论"的认识有所拓展；

（3）所提出的信息技术与课程整合的"途径与方法"更为有效；

（4）为衡量信息技术与课程整合的实施效果提出了新的准则；

（5）对信息技术与课程整合的教学模式类型作出了新的划分，并对这类教学模式进行了新的探索。

（三）对教学设计理论与方法的拓展

中国特色教育技术理论在教学设计（Instructional Design，简称 ID）领域的自主创新，主要体现在两个方面：一是为信息化教学环境研发出新型的教学设计理论；二是运用"新三论"的系统方法促进教学设计理论与应用的深入发展。

1. 为信息化教学环境研发出新型教学设计理论

目前在国际上流行的教学设计类型主要是 ID2 与 ID3（ID2 在学习理论方面是以加涅的"联结—认知"理论为指导，其认识论基础是客观主义；ID3 在学习理论方面是以建构主义理论为指导，其认识论基础是主观主义；早期以行为主义的"刺激—反应"学习理论为指导的ID1，已日渐式微）。多年来的教学实践证明，ID2与ID3这两种教学设计都难以满足信息化环境下的教学需求。为了能在现有ID2与ID3的基础上，研发出一种新型教学设计理论来适应这种需求，我们有必要先来回顾一下ID2与ID3的本质特征——特别是在认识论方面的本质特征。

由于客观主义认为世界是真实存在的、有结构的，而且这种结构可以被人们认识，因此存在着关于客观世界的可靠认识。人类思维的作用就是反映客观现实及其结构，因此而获得的意义（即知识）是相对稳定的，并且存在判断知识真伪的客观标准。正因为如此，知识才有可能通过教师的"讲授"传递给学生，由于教学过程中教师是知识标准的掌握者而且是知识的传递者，所以客观主义认为教师应处于教学过程的中心地位。可见，客观主义不仅是ID2的认识论基础，也是"以教师为中心"教育思想的认识论基础；由于客观主义强调和突出教师的"教"，所以客观主义教学设计通常也被称为"以教为主"的教学设计。

西方的激进建构主义认为，现实不过是人们的心中之物，是学习者自身建构了现实（或者是按照他自己的经验解释现实），每个人的世界都是由学习者自己建构的，不存在谁比谁的世界更真实的问题；人们的思维只是一种工具，其基本作用是解释事物和事件，而这些解释则构成认知个体各自不同的知识库。换句话说，知识是学习者与环境交互作用过程中依赖个人自主学习、自主建构的，是因人而异的纯主观的东西，它不可能通过教师传授得到，所以在学习过程中学生必须处于中心地位。这正是西方建构主义者把主观主义作为自身认识论基础的根据所在。可见，主观主义不仅是 ID3 的认识论基础，也是"以学生为中心"教育思想的认识论基础；由于主观主义强调和突出学生自主的"学"，所以主观主义教学设计通常也被称为"以学为主"的教学设计。

（1）"以教为主"教学设计的实施

在建构主义开始流行之前（即 20 世纪 90 年代之前），各级各类学校的课堂教学中普遍采用"以教为主"的教学设计理论。这种教学设计主要关注老师的"教"，而忽视学生自主的"学"。这种教学设计的理论基础，在学习理论方面主要采用加涅的"联结—认知"折中主义学习理论；在教学理论方面则比较复杂，综合采纳了包括美国流派、德国流派和前苏联流派在内的多种教学理论。

它通常包含下面几个实施环节：

① 教学目标分析——通过教学目标分析，确定与该目标相关的教学内容及知识点顺序；

② 学习者特征分析——通过学习者特征分析，确定教学起点，以便因材施教；

③ 在教学目标分析和学习者特征分析的基础上，确定教学方法、策略；

④ 在教学目标分析和学习者特征分析的基础上，选择教学媒体；

⑤ 进行施教，并在施教过程中开展形成性评价（在教学过程中的形成性评价可以有多种方式：提问、测验、考试、察言观色等等）；

⑥ 根据形成性评价所得到的反馈对教学内容与教学方法、策略加以适当调整。

（2）"以学为主"的教学设计的实施

随着多媒体和网络技术的日益普及，建构主义被逐步引入教学领域（尤其是中小学的教学领域），并从原来纯粹的学习理论逐渐发展成为既包含学习理论又包含教学理论和教学设计理论、方法的一整套全新的教与学理论。建构主义的教学设计理论（即"以学为主"的教学设计理论），其目的是为了促进学生的自主学习、自主探究与自主发现。这种教学设计的理论基础比较单一，就是西方激进建构主义的教与学理论。它通常包含下列实施环节：

① 情境创设——创设有利于学生自主建构知识意义的情境；

② 信息资源提供——提供与当前学习主题相关的文献资料与信息化学习工具（即学习资源），以促进学生的自主建构；

③ 自主学习策略设计——自主学习策略是诱导学生自觉主动地学习并自主建构知识意义的内在因素，其作用是为了充分调动学生学习的主动性、积极性，以便更好地达到自主建构知识意义的目标；

④ 组织合作学习——通过相互之间的合作交流、思想碰撞、取长补短，以深化学生对知识意义的建构；

⑤ 组织与指导自主探究、自主发现——在初步达到意义建构目标的基础上（即对当前所学知识已有一定理解、掌握的基础上），再通过解决实际问题的探究性学习或发现式学习进一步培养学生的创新精神与实践能力；

⑥ 学习效果评价——包括学习者本人的自我评价和小组对学习者个人的评价；评价内容围绕自主学习能力、对合作学习做出的贡献以及达到意义建构目标的深度等三个方面。

(3)"学教并重"的教学设计的实施

上述"以教为主"和"以学为主"的两种教学设计理论均有其各自的优势与不足：前者主要关注教师的"教"，便于发挥教师的主导作用，便于教师监控整个教学活动进程，便于因材施教，因而有利于对前人知识经验的授受与传承，有利于学生对学科基础知识的系统学习与掌握；但是这种教学设计忽视学生的自主学习，不太注意调动学生的主动性、积极性与创造性，容易造成学生对教师、对权威和对书本的迷信，所以不利于创新意识、创新思维与创新能力的培养。

后者（"以学为主"的教学设计理论）则相反，主要关注学生的"学"，重视学生的自主学习与自主探究，注意充分调动学生的主动性、积极性与创造性，因而有利于学生创新意识、创新思维与创新能力的培养；但是这种理论忽视教师的"教"，不太考虑教师主导作用的发挥，因此不利于学生对学科基础知识的系统学习与掌握。

通过将近20年的信息技术与课程整合实践，中国的教育技术学者逐渐认识到，要想在信息化教学环境下实现课堂教学结构的根本变革，达到较理想的教学效果，最好能将上述两种教学设计有机结合起来，互相取长补短，形成优势互补的"学教并重"的教学设计；这种新型教学设计的理论基础，在学习理论方面是基于新型建构主义的学习理论（而非西方激进建构主义的学习理论；所谓新型建构主义是指经过中国学者改造与发展的建构主义[17]），在教学理论方面则主要基于奥苏贝尔（David P. Ausubel）和加涅（Robert M. Gagnè）的教学理论。在设计的过程和方法上则兼取"以教为主"和"以学为主"的两种教学设计之所长，是原有教学设计的丰富与拓展，因而包括下列实施环节：

① 教学目标分析——通过教学目标分析，确定与该目标相关的教

学内容及知识点顺序；

② 学习者特征分析——通过学习者特征分析，确定教学起点，以便因材施教；

③ 教与学策略的选择与设计（既包括传统教学策略的选择与设计，也包括建构主义的自主学习、合作学习与自主探究等策略的选择与设计）；

④ 学习情境创设（情境创设既可在一节课的开始实施，也可在课中实施）；

⑤ 教学媒体和教学资源（包括与当前学习主题相关的文献资料与信息化学习工具）的选择与设计；

⑥ 在教学过程中做形成性评价，并根据形成性评价所得到的反馈对教学内容与教学策略作适当的调整。

在这种拓展后的教学设计中，环节①至⑥大体上沿用"以教为主"教学设计过程的模式，但其中的环节③已涵盖建构主义的自主学习、合作学习与自主探究等策略的设计；在环节④和环节⑤中包括了情境创设和信息资源提供的要求，因而能够较好地体现优势互补的"学教并重"思想。

尽管这种全新的"学教并重"的教学设计理论基础、设计过程模式与实施的步骤方法都是由中国的教育技术学者提出，尚未被国际上的教育技术界认同与接受，但是大量的教学实践（包括大、中、小学的教学实践）已经证明：在有信息技术支持（特别是有网络技术支持）的教学环境中，若能自觉运用"学教并重"的新型教学设计理论和方法去规划、设计整个教学系统并组织实施相关的教学活动进程，定能较好地达到预期的教学目标，取得较理想的教学效果（不论是人文学科或是数理学科皆是如此)。因而可以预期:这种"学教并重"的教学设计将成为信息化教学中愈来愈多教师的必然选择,换句话说,"学教并重"的教学设计理论是能够有效地实现信息技术与学科教学整合目标的更为完善的教学设计理论。

2. 运用"新三论"系统方法促进教学设计理论与应用深入发展

随着系统科学研究的新进展,以耗散结构理论、协同学、超循环理论为代表的"新三论"在教育领域产生愈来愈大的影响,从而激起教育技术界的一批学者想要将"新三论"的系统方法应用于促进教学设计理论与应用深入发展的强烈愿望。

从国际上看,最早想要把"新三论"的系统方法引入教学设计领域的学者是美国的乔纳森(D. H. Jonassen)。他是当代激进建构主义的代表人物,早在20世纪90年代初,他在发表于《教育技术》(*Educational Technology*)杂志的题为《思维技术:教学设计中的混沌》(*Thinking technology: Chaos in instructional design*)的文章中,指出教学设计过程充满混沌性,主张用混沌理论改造或重构新一代教学设计(即所谓"混沌教学设计")。[18] 混沌及混沌性是协同学的主要研究对象,而协同学又是"新三论"的核心内容之一,可见,混沌及混沌性与系统科学之间应有较密切的关系。正因为如此,学术界往往就把乔纳森的这种主张视为教育技术界力图将"新三论"的系统方法应用于促进教学设计理论与应用深入发展的最早研究与探索。但是,20多年以后,国际上对乔纳森观点的响应寥寥无几;在国内虽有一批学者对此颇有兴趣,但是,所谓的"混沌教学设计"在哪里?我们连它的雏形也未能看到。

众所周知,混沌理论中有三个基本概念:蝴蝶效应、分形与奇异吸引子。蝴蝶效应是说，南美热带雨林中的一只蝴蝶搧动一下翅膀就有可能引起北美得克萨斯州的一场龙卷风，其含义是系统有不确定性与不可预测性——对初始条件非常敏感；分形是用递归、迭代等算法生成的自然形态图形，它在不同标度下具有自相似性质；奇异吸引子（也称混沌吸引子或洛伦兹吸引子），是一种收敛行为很特殊且具有分数维的吸引子（吸引子是系统的收敛表现，能对系统运动范围起控制和限制作用）。主张建构"混沌教学设计"的学者认为混沌理论中的上述基本概念动摇了传统教学设计的理论基础，想运用混沌理论改造传统教学设计或是建构新一代教学设计。这些学者的出发点无疑是好的，想法也有一定道理，但是总给人有些牵强附会的感觉。原因在哪里呢？

问题出在对混沌及混沌性的认识上。主张建构"混沌教学设计"的学者，其本意是想用"新三论"的系统方法来改造传统教学设计或是建构新一代教学设计，这种出发点应该说是值得肯定的；但是这些学者却不恰当地把混沌理论中的概念及解决问题方法和"新三论"的系统方法完全等同起来。不错，混沌理论确实和"新三论"密切相关，因为"混沌"这个概念本身就是来自"新三论"组成部分之一的"协同学"；协同学创始人赫尔曼·哈肯（H. Haken）认为，初等协同学研究从无序到有序的过程，高等协同学研究从有序到混沌的过程，并指出：混沌性是指由决定性力所引起的不规则运动。[19]这表明混沌或混沌性确实与系统科学有密切的关系，而且是协同学的研究对象之一，但却不能说明混沌或混沌性和开放性、非线性、协同性、涨落性一样同属于系统方法的范畴。所以要想将混沌性（或混沌理论中的蝴蝶效应、分形与奇异吸引子等概念）作为一般的系统方法论，用于指导传统教学设计的改造或是新一代教学设计理论的建构，显然并不合适，也不可能。

近20年来，以美国为首的西方国家学者尽管最早产生要将"新三论"的系统方法引入教学设计领域的想法，并率先进行了这方面的探索，但几乎未见成效，其根本原因就在这里。如刚才所述，问题就出在对混沌及混沌性的认识上，错误地把混沌性（或混沌理论中的蝴蝶效应、分形与奇异吸引子）这一协同学中的特定研究对象与特定概念人为地拔高到一般的系统方法范畴，并用于指导传统教学设计的改造或新一代教学设计理论的建构，这就完全偏离了正确的方向，所以只能无功而返。

对于"应将'新三论'的系统方法引入教学设计领域"这一问题，中国学者的认识与觉悟虽然比西方学者要晚，但是中国学者一旦意识到这个问题的重大意义与作用，却能较快地把握住它的正确方向——不是抓住"新三论"中的某个特定研究对象（哪怕是较重要的研究对象，如"混沌"）去硬和教学设计理论扯上关系，而是紧紧把握住"要运用好'新三论'的系统方法"这一大方向；在此大方向的指引下，中国学者首先关注的不是"新三论"的特定研究对象，而是"新三论"的系统方法特征（为此当然要先弄清"老三论"的系统方法特征），与"老三论"的系统方法特征之间的差异，以及这些新系统方法特征与教学设计理论和应用的深入发展之间有何内在联系。沿着这一思路，中国学者很快弄清楚"老三论"的系统方法特征是：在处理、解决问题时特别强调应符合整体性、层次性、动态性和最优化四方面的要求；"新三论"的系统方法特征则是：在处理、解决问题时特别强调应符合开放性、非线性、协同性与涨落性四方面的要求。

剩下的关键问题也是最大的难题，就是要找到"新三论"的系统方法特征（即开放性、非线性、协同性与涨落性）与教学设计理论和应用的深入发展之间存在何种内在联系——这种联系必须是像奥苏贝尔所说的那种"非任意的实质性联系"，而不是那种生拉硬扯的（就像蝴蝶效应与教学设计之间那样的）联系。中国学者正是在这方面下了较大的工夫，从而取得了突破，解决了这个难题[20-22]，使广大教师在教学过程中运用"新三论"的系统方法时，不至于生拉硬扯、盲目实践，并具有较强的可操作性。这表明，在利用"新三论"的系统方法促进教学设计理论与应用的深入发展方面，我国并不落后，而是走在了国外同行的前头。

（四）对远程教育理论与远程教育模式的创新

改革开放以来，我国远程教育事业可以毫不夸张地说，是在突飞猛进——不仅远程教育事业发展的速度与规模在国际上遥遥领先，而且在远程教育基本理论与远程教育模式等领域，也有一大批学者进行了深入的研究与探索，从而逐渐形成自主创新的远程教育理论与模式，并成为具有中国特色教育技术理论的重要组成部分。

1. 关于远程教育的逻辑起点和远程教育主要矛盾的研究

在我国对远程教育基本理论做过认真研究并取得较突出成果的学者应首推丁兴富。他明确提出，构建有中国特色的远程教育理论体系需要进行元分析和元研究，即要探讨如何构建远程教育理论体系的基本问题，而远程教育的逻辑起点和主要矛盾就是与远程教育定义、内涵及其研究领域界定直接相关的两个最基本问题。为此，他发表了《论远程教育的逻辑起点和主要矛盾》一文[23]，对这两个基本问题进行了深入探讨。在该文中，丁教授首先指出马克思特别强调逻辑起点在学科理论体系构建中的重要地位和作用，然后以马克思在其《政治经济学批判》、《资本论》和《剩余价值学说史》研究中做出的研究范式为依据,对远程教育和传统学校的课堂面授教育二者之间,从社会学、心理学、教育学以及交互方式等多方面进行了比较分析。运用这种思路与方法,他得出了自己的科学结论:"师生时空分离的学与教"是远程教育的逻辑起点。在此基础上,他发现:由于师生时空分离的学与教所必然带来的革命性(即解放性)与致命性(即缺失性)之间的矛盾,就是远程教育的主要矛盾。其具体表现为:"远程教育对传统教育在时空障碍与束缚上的突破、解放"和"远程教育在人际集体面授、通信交流方面的致命性缺失"这两种现象同时存在。而为了解决这一主要矛盾,远程教育必须依靠精心的教学设计和教学系统开发,依靠基于信息通信技术的优质课程资源的研发与传送,依靠完善的以双重通信交互为核心的远程学习支助服务,以及规范的管理、评估和质量保证体系的构建来克服这种致命的缺失性;与此同时,还要去开拓和创新适合远程教育自身特点的学与教的结构和交互模式,才有可能取得成功。

2. 关于构建与实施远程教育质量保证体系方面的创新探索

为了解决远程教育中的主要矛盾,在上面提到的诸多举措——精心的教学设计、优质的课程资源、完善的学习支助服务和规范的管理、评估及质量保证体系中,最为关键的是远程教育的质量保证体系;而以张德明为代表的上海电视大学远程教育研究团队,则是我国在远程教育质量保证体系的构建与落实方面敢于自主创新、大力贯彻实施并已取得显著成效的杰出代表。那么,上海电大是如何构建和完善远程教育的质量保证机制及体系的呢?

首先他们从制定网上课堂教学的质量评价标准入手,随后对网上课堂教学的六个重要环节提出明确的质量要求,并努力付诸实施。在此基础上,经过多年的探索,上海电大逐渐形成了一套完整有效的远程教育质量保证体系。这套体系由"原则、方针、评价标准、相关系统"四个部分组成:原则是指系统性、全过程和对关键环节的重点监控;方针是要实施全面的质量管理战略、规范质量的评价标准、实行关键环节的重点监控和严格质量的评估过程;评价标准包括对网上课堂教学作出整体评价的"六个教学质量标准"和对网上课堂教学中六个重要环节作出具体评价的"六个教学质量子标准";相关系统有六个,它们是:理念系统、规范系统、组织系统、实施系统、监控系统、评估与反馈系统。[24]

关于这套远程教育质量保证体系的有效性,可以通过以下事实得到佐证。2008年6月,上海电大顺利通过了国际开放与远程教育理事会(ICDE)的教育质量评审(截至2008年6月,在全球数以千计的开放与远程教育机构中,通过ICDE质量评审的只有两个,而上海电大是其中之一);同年,上海电大的"变数字鸿沟为数字机遇——中国上海电视大学市民数字化终身学习系统建设"项目,又从联合国教科文组织47个成员国申报的67个项目中脱颖而出,荣获联合国教科文组织设立的"哈利法国王奖"。[25]

3. 关于远程学习的教学交互模型和教学交互层次塔的研究

为了解决远程教育中的主要矛盾,除了依靠精心的教学设计、优质的课程资源、完善的学习支助服务和规范的管理、评估及质量保证体系以外,还必须要有适合远程教育自身特点的学与教的结构和交互模式。在国内学者中对后面这一部分内容做过较深入研究并取得重要成果的学者应首推陈丽。在她发表的代表作《远程学习的教学交互模型和教学交互层次塔》中,她先对教学交互的本质、内涵、教学交互的特点以及产生教学交互的重要策略进行深入探讨,并作出明确的界记。她指出:教学交互的本质是学习者为了能对学习内容产生正确的意义建构而与学习环境之间展开的相互交流与相互作用,教学交互的内涵则是指发生在学生和学习环境之间的事件,它包括学生和教师之间、学生和学生之间,也包括学生和各种物化资源之间的相互交流与相互作用。[26]

在此基础上,她以劳瑞拉德(D. Laurillard)于2001年提出的学习过程的会话框架为原型,建立起远程学习的教学交互模型。该交互模型由三个层面组成:学生与媒体之间的操作交互、学生与教学要素之间的信息交互、学生头脑中新旧概念之间的概念交互(新旧概念相互作用的结果,使学习者产生同化与顺应)。这三个层面的教学交互在学习过程中可能同时发生,学习者的学习是在这三个层面教学交互的共同作用下完成。其中信息交互又分三种形式:学生与学习资源的信息交互、学生与教师的信息交互、学生与学生的信息交互。这三种形式的信息交互之间可以相互补充。

为了能更直观、形象而又深刻地理解这种远程学习的教学交互模型,陈丽把远程学习过程中的上述三种不同层面的教学交互方式,按照其抽象的程度、从上到下依次作出安排,这就形成了教学交互层次塔——在层次塔中,三种教学交互按照操作交互→信息交互→概念交互的顺序,从低级到高级、从具体到抽象依次作出安排(这表明操作交互是第一层次的低级交互,信息交互是第二层次的中级交互,概念交互则是第三层次的高级交互);高级的教学交互要以低级的教学交互作为基础,没有操作交互和信息交互,就不可能产生概念交互;级别越高、越抽象的教学交互对产生真正有意义学习的作用就越重要。教学交互层次塔还可以为我们指明促进远程学习的有效途径：通过媒体功能的完善和加强对学生的技术培训，可以提高操作交互的成效；通过精心的教学设计和认知工具支持可以促进信息交互的成效；通过考查学生是否已在新知识、新概念与原有认知结构之间建立起非任意的实质性联系，可以检验并深化概念交互的成效（依据这种成效，还可以评价当前的教学交互活动是否真正促进了学生的有意义学习）。

参考文献

［1］［3］［4］［5］［6］［8］瞿葆奎，郑金洲.教育学逻辑起点：昨天的观点与今天的认识［J］.上海教育科研，1998（3，4）：2-9.

［2］郭元祥.教育学逻辑起点研究的若干问题思考［J］.教育研究，1995（9）：31-35.

［7］Ely，D.P.（1999）.Toward a philosophy of instructional technology: Thirty years on.*British Journal of Educational Technology*，30（4），305-310.

［9］［10］刘美凤.广义教育技术定位的确立［J］.中国电化教育，2003（6）：9-16.

［11］李龙.教育技术学科的定义体系［J］.电化教育研究，2003（9）：3-8.

［12］冯秀琪.教育技术理论研究逻辑起点的思考［J］.电化教育研究，2004（7）：24-26.

［13］梅家驹.教育技术面面观［J］.教育技术理论与实践，2005（1）：1-5.

［14］李秉德."教学设计"与教学论［J］.电化教育研究，2000

（10）：11-13.

[15] 何克抗.也论"教学设计"与教学论——与李秉德先生商榷[J].电化教育研究，2001（4）：3-10.

[16][17] 何克抗.信息技术与课程深层次整合理论[M].北京：北京师范大学出版社，2008：33-68.

[18] Jonassen, D.H.（1990）.Thinking technology; Chaos in instructional design.*Educational Technology*，30（2），32-34.

[19]〔德〕H.哈肯.协同学[M].北京：原子能出版社，1984.

[20] 何克抗.运用"新三论"的系统方法促进教学设计理论与应用的深入发展[J].中国电化教育，2010（1）：7-18.

[21] 朱式庆.以耗散结构理论分析教育技术学的开放性[J].电化教育研究，2004（3）：27-29.

[22] 叶海智，张旭华，宋新鹏.信息对称环境下教师知识体系的耗散结构特征[J].电化教育研究，2005（2）：6-8.

[23] 丁兴富.论远程教育的逻辑起点和主要矛盾——兼论远程教育的若干基本问题[J].开放教育研究，2005（8）：9-18.

[24][25] 张德明.与改革同行：上海电视大学30年实践探索和未来发展[J].中国远程教育，2009（3）：8-12.

[26] 陈丽.远程学习的教学交互模型和教学交互层次塔[J].中国远程教育，2004（3）：24-28.

本文选自《北京大学教育评论》2013年第3期

广义教育技术定位的确立

刘美凤[*]

中国和美国学者都是以"技术"作为基点来定位教育技术的。既然"技术"是教育技术的定位,那么,技术指的是什么?它包含哪些组成部分?技术的本质是什么?这些问题对正确理解教育技术及其学科的定位就显得非常重要了。接下来,就继续我们对技术定位的理论推演,通过深入认识技术的本质,以及分析教育技术定位嬗变的过程,逐步确立科学的教育技术的定位。

一、对技术的认识

技术是一个不断发展的过程。对技术的认识有狭义的和广义的两种,下面我们分别对这两种认识进行介绍。

(一)广义的技术定义

随着人类发展到工业化社会,"技术"一词的使用越来越普遍,但是对技术的理解却多种多样。综合起来,人们对技术的理解有以下五种[1]:

1. 对技术的五种理解

(1)技术是一种能力

即提出技术原理的能力,发明、设计的能力,操作的技能、技巧以及其他的技术实践的能力。与这种理解相关的定义,比如,布罗诺夫斯基定义技术为"人类用以改变环境的各种不同技能的整体"。日本的村田富二郎定义技术为"在生产现场中,直接或间接被充分利用的,

---

[*] 刘美凤. 北京师范大学信息科学学院教育技术系。

只有经过特定训练的人所具备的特定能力"。

（2）技术是物质手段

第二种是把技术理解为实现目的的物质手段的总和。如苏联 C.B.苏赫尔金认为"技术一词应理解为人工制造的人们活动的手段的综合"。这里所说的劳动手段、活动手段是指生产中的工具、机器、设备等有形的技术。

（3）技术是意志（will）

第三种是把技术看作意志。这里所说的意志含有欲望、需要、动机、意图、奋斗等含义。如汤德尔的定义，"技术是人按照自己的需要和意图为了改造世界而在他的活动中置于自身与客观世界之间的东西"。人类的需求和意图是技术的最终目的。

（4）技术是过程或活动

这是把技术当作一个动态的过程，这一动态的过程由人的发明、设计、制作和使用技术产品等活动环节所组成。

（5）技术是知识

第五种理解认为技术是知识，如美国的西蒙（H.A.Simon）认为，"技术不是物体，而是知识"。"技术是关于如何行事，如何实现人类目标的知识。"1977年，邦格在《技术的丰富哲理》中，将技术定义为"为按照某种有价值的实践目的用来控制、改造和产生自然的事物、社会的事物和过程，并受科学方法制约的知识总和"。我国也有类似的观点，如中华书局出版的《辞海》中定义"技术是人类在争取征服自然力量、争取控制自然力量的斗争中，所积累的全部知识与经验"。

如何理解技术知识呢？张斌先生的博士论文专著《技术知识论》[2]对这个问题作了很好、很深入的研究。张斌先生引用毛泽东著名的

《实践论》中的论述，即：实践→感性认识→理性认识→实践→感性认识→理性认识→实践。他提出："从理性认识向实践的'飞跃'（转化）是直接的呢，还是存在一个过渡的中间环节？"作者就此查阅了对马克思主义哲学有重大影响的黑格尔、费尔巴哈的著作以及马克思主义经典作家的著作，还有毛泽东的实践论中的论述，证明这个过渡的中间环节是存在的。从实践，经过感性的认识，再升华形成的理性认识是反映事物、描述事物、解释事物的知识。这种知识在大多数情况下还不能直接用于实践，解决实践当中的问题；再有，从事实践工作的人不一定都具有关于所从事事物的理性知识或认识，或者也不一定都能理解这些理性知识，所以，无论从理论与实践的关系上，还是从实践工作的人员方面，理性知识到实践之间都需要有一个转化的环节。这个环节是理论和实践的桥梁，是从感性或理性认识转化形成的实践观念。

由于不论在感性认识的基础上，还是在理性认识的基础上，都可以形成变革事物的实践观念（当然，前者形成的是经验事实，以前者为基础的实践观念所指导的是较为低级的实践活动；后者形成的是理论事实，以后者为基础的实践观念所指导的是较为高级的实践活动。不过，这两者的区别是相对的，是没有绝对的界限的），因此，张斌先生把毛泽东《实践论》中的相关论述改造成：

$$\text{实践} \rightarrow \begin{array}{c}\text{理性认识}\\\uparrow\\\text{感性认识}\end{array} \rightarrow \text{实践观念} \rightarrow \text{实践} \rightarrow \begin{array}{c}\text{理性认识}\\\uparrow\\\text{感性认识}\end{array} \rightarrow \text{实践观念} \rightarrow \text{实践}$$

如果把认识看作是用语言或文字表达的确切的知识形态的话，那么，可以把反映、解释、说明客观事物的感性认识和理性认识看作是认识事物的知识。把指导实践活动的实践观念看作是关于实践的知识、行动的知识或改造事物、改善过程或活动的知识。认识事物的知识是对客观事物的反映、解释、说明。改造事物、改善过程或活动的知识则是对反映进人脑的客观事物的分解和重新组合，它是以认识事物的知识作基础，在头脑中产生对人所需要的人为物的观念，是关于指导实践活动的知识。所以，技术知识就是对实践观念的展开或具体化，是认识向实践转化的中间环节，是认识向实践转化的特殊认识形式。根据这个思想，那么我们可以进一步对上面的图赋予教育的含义，形成下图：

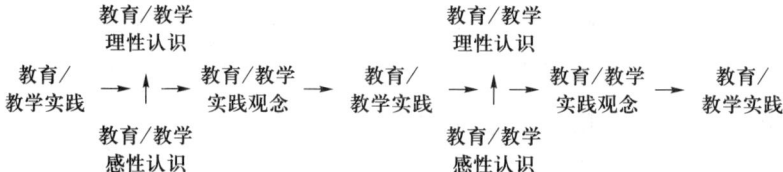

根据"技术知识是对实践观念的展开"的说法，教育技术的知识就是如何理解并有效开展教育/教学的实践观念的展开，是人们对教育的认识向教育实践转化的中间环节或特殊认识方式，是连接教育、教学理论或经验与教育、教学实践的桥梁。教育/教学实践的观念又是从哪里来的呢？教育/教学实践观念是对教学实践中的各种经验事实和理论事实的认识的一种概括，一种抽象。教育技术的知识则就是在一定的情境下，运用系统方法，鉴别需要的特定的实践观念，并对这个实践观念的具体展开。所以，教育技术知识就是教育技术专业人员根据一定的问题情境，创造或发现与教育相关的各种科学知识用于解决实际问题的原则、操作程序、方式或方法，技能或技巧乃至对需要的各种辅助资源（媒体和环境）的要求。那种单纯认为教育技术就是有关知识的应用的观点，显然低估了教育技术知识，也致使这样一个关键的教育技术知识组成部分没有得到应有的发展。正如张斌先生所说：

"技术与科学之间的界限模糊起来了,一是由于技术知识与自然科学的紧密结合,使现代技术知识已作为独立的理论化、系统化的科学形态的知识学科出现;二是现代技术知识(或技术科学)不仅在人类知识中的地位加强了,而且在技术中的地位也加强了。如果说,过去人们往往把技术理解为机器、工具等设备和操作经验的话,那么现在人们把技术主要理解为技术知识或技术科学。"[3]

"技术是知识"这种对技术的理解表明了人类技术的理性发展。一方面技术是以人类揭示的有关科学知识或形成的经验作为技术行动的依据,另一方面技术的发展自身也是一种重要的人类经验,可以提炼形成系统的技术知识,构成相应的技术学,并用以训练专业人员。

2. 关于技术本质的讨论

其实这五种理解,并不是非此即彼,对技术的正确理解应当是这五种理解的综合。所以这五种理解就构成了技术的五个组成部分,综合技术的五个组成部分,可以提炼出技术的本质在于:

(1) 技术是有目的性的　技术在本质上是人类所特有的,如果打个比喻的话,就犹如《圣经》里所讲,人虽然不如狮子壮,也没有老虎的利爪,眼睛也不如鹰的敏锐,但上帝造人时仍让人作为整个世俗世界的主宰和主导。上帝是通过赋予人智慧,通过创造出技术和技术产品来发挥人的主导地位。技术是与人类的意志和目的密切相关的,是人为达到自身创造世界和改造世界的目的的中介。人类的需要并由此导致的技术目的是一切技术产生的最初动力。

(2) 技术是智慧的　在形成实现人类特定目标或解决问题的技术方案的过程中,技术行为不是盲目的。如果说在科学形成过程中和形成之前,技术需要不断地试误,那么在科学日益发展的今天,有效的技术方案一定是建立在相关领域所形成的科学知识或经验的基础之上的。即便仍需要试误，也不再会像斯金纳箱中刚刚放入的猫那样的盲目。体现技术这个特征的有哈维·布鲁克斯（Harrvey Brooks）的定义："技术就是运用科学知识以可以复制的形式来解决问题。"当然这里的"可以复制"带有比较强的自然科学的色彩。还有西蒙的定义，西蒙认为"技术学是为了保证人类掌握物质世界，通过应用科学、可靠的原理（law）而设计的一种理性的学科（discipline）"[4]。当然，技术不仅仅是系统地利用科学知识或经验，而且还需发现或创造性地提出科学知识或经验有效地被用于实践的原则、操作程序或方法等，这是一种创造性的转化或应用，技术体现着人类的智慧。

（3）技术是整体性的　技术是改造实践的过程，是人们解决实际问题的行动。技术在某个领域中的应用，绝不是为了用技术而用技术，它一定是针对解决这个领域中的实际问题的。所以，技术应当是根据具体的问题情境而形成的一个整体的解决问题的方案，这个方案包含技术知识、技能与技巧或方法、工具或手段、技术目的或意志以及相应的技术活动等所有技术的组成部分。狭义的技术，比如工具、手段或先进的媒体，不可能总是问题的解决方案。正如法国技术哲学家埃吕尔所云，技术是"在一切人类活动领导中通过理性得到的（就特定发展状况来说）具有绝对有效性的各种方法的整体"。

以上对技术的广义的理解，对技术本质的把握，是和马克思主义对技术的观点相一致的。马克思主义哲学从辩证唯物主义和历史唯物主义的高度揭示了技术的起源与本质：技术起源于人类对工具的使用和对工具的制造。在生产劳动中，人类将自己智慧经验"倾注"或"外化"在那些可成为工具的自然物质上，制造出各种各样的工具。同时也产生了非物质因素的使用工具的经验、方法和技能。对工具的使用增强了人类的劳动能力，扩大了认识世界的眼界，又进一步促进了人类智慧经验的发展。人类的智慧经验则是工具手段的核心或"灵魂"。从本质上说，技术是人类智慧（精神）因素与自然因素相互作用，相互对象化的产物。"所谓技术就是人类为了满足自己生存发展的需要，利用自己的智慧和自然规律所产生的一切物质手段、经验方法和技能的总和。"[5]

马克思主义关于技术的认识，揭示了技术的本质因素，它们是：满足人类的需要（技术目的）；利用人的智慧与自然规律（理性和智慧）；物质手段、经验方法和技能的总和（技术的整体性）。

（二）狭义的技术定义

那么什么是关于技术的狭义的认识呢？

原则上讲，不同时包含技术的所有本质要素（目的性、理性和智慧的、整体性）的有关对技术的认识，都应当属于狭义的技术认识。比如：

1. 物质性角度定义即指技术是单纯的物质工具，这种观点是所谓的"工具论"。

2. 从主观性角度定义是指人类用以改变环境的各种不同技能的整体。这是只有经过特定训练的人所具备的特定能力。我们可以称之为个人或团体的"技能论"。

3. 从实践性角度定义往往认为技术就是人们在实践（生产性的实践）中对客观规律性的有意识地应用。这个是技术的"科学知识的应用论"。

其实技术不单纯是科学知识的应用，它对科学知识的发现（比如探测宏观或微观世界的设备）或形成正在起到越来越重要的作用；而且科学知识在实践当中的应用需要通过技术创造性地转化成可以操作的形式；再有，技术的来源，不仅仅是科学知识，其实还有实践的经验，以及艺术等方面。

4. 从知识性角度定义，认为技术不是物体，而是知识。技术是关于如何行事，如何实现人类目标的知识。技术知识是一切技术的基础，但是，只停留在知识上，没有技术行为或活动，仍然解决不了任何实际问题。

5. 从主客体关系的角度，如汤德尔的定义，"技术是人按照自己的需要和意图为了改造世界而在他的活动中置于自身与客观世界之间的东西"。这个定义揭示出了技术的"目的性"的一面，即"为了满足人类自己的需要"。

6. 从动态活动角度来定义主要是指从技术是人类的实践活动或过程的角度去认识技术。

"工具论"、"技能论"、"科学知识应用论"、"活动论或过程论"、"技术的目的论"、"技术知识说"等，人们大多只是从技术的某一个侧面对技术进行的描述，它们各自都不能单独阐释技术的本质，都不能揭示技术的全部内涵。只有把这些方面综合起来，才能够形成对技术的正确理解与认识。

综合以上关于技术的广义或狭义定义，我们可以把基本的技术构成分成两个方面，即物质的和非物质的。马克思称之为自然的和智慧（精神）的；瑞格鲁斯称之为硬技术和软技术；张诗亚先生[6]称为物化形态的和智能形态的技术，其实表达的都是一个意思。以下的讨论，为论述方便，我们统一采用"物化形态"和"智能形态"的技术的说法。

二、教育技术定位的嬗变

（一）从狭义到广义教育技术定位的发展

所谓狭义的教育技术定位是指采用狭义技术定义的教育技术的定位。典型的狭义的教育技术定位就是媒体论，或更有甚者，是现代媒体论。在教育技术的发展过程中，教育技术其实也经历过或正在经历着不断从狭义到广义的技术定位的发展。

1. 采用从主观性角度定义技术的教育技术定位

这样的教育技术定位表现为教师的教学技能论或技巧论。部分有经验的老师，他们完全依靠多年的教学经验或教学技巧（这里含有教师自身的教学艺术成分），充分利用自身这个"媒体"，或自己制作的教具以及黑板和粉笔，而不愿意采用或拒绝采用其他先进的技术工具的辅助，或一些教育技术知识或理论的指导。

2. 采用物化形态（或部分物化形态）技术定义的教育技术定位

即指纯的物质工具论，这样的教育技术主要是指"媒体工具说"，即单纯从利用媒体的角度企图达到优化教学效果的目的。更有甚者，把教育技术的物质工具只局限在先进的媒体方面，这是教育技术发展的媒体阶段。应当说从理论上我们已经超越了这个阶段，所以，这种说法似乎并不是在文字材料（教材、著作）上的流行话语，但是这种教育技术定位仍然作为一些学者立论的背后的常用假设。比如，关于当前信息技术在教育当中的应用，似乎认为只要信息技术用到教育当中去，教育就信息化了、现代化了，学生的学习效果就自动好了。甚至有些学校或部门规定要在课堂教学中用一定百分比时间的信息技术手段等。

这种"媒体工具说"的教育技术定位，虽然在落实到文字上的东西中不是显性的"话语"，但是却充斥于大多数教育技术的实践领域。

3. 采用"部分物化形态+部分智能形态"技术定义的教育技术定位

典型的例子为高等教育出版社1998年版的《电化教育学》(南国农、李运林)中关于电化教育的定义：电化教育，就是在现代教育思想、理论的指导下，主要运用现代教育技术进行教育活动，以实现教育过程的最优化。现代教育技术，是把现代教育理论应用于教育教学实践的手段和方法的体系，包括以下几个方面：(1)教育教学中应用的现代化技术手段，即现代教育媒体；(2)运用现代教育媒体进行教育教学活动的方法，即媒传教学法；(3)优化教育教学过程的系统方法，即教学设计。这里，教育技术定位中的部分的物化形态技术指的是现代教育媒体；部分的智能形态的技术指的是媒体教学方法、教育理论或系统方法的指导。

4. 采用"全部物化形态+部分智能形态"技术定义的教育技术定位

这是我国当前最为领先的教育技术定位的观点。

全部物化形态的技术是指所有用于教育的物质工具。部分智能形态的技术是指系统方法或技术，以及相关教育、心理学理论的应用。这种教育技术定位以尹俊华先生的《教育技术学导论》为代表。该书指出：广义的教育技术就是"教育中的技术"，是人类在教育活动中所采用的一切技术手段和方法的总和。它分为有形（物化形态）和无形（智能形态）两大类。物化形态的技术指的是凝固和体现在有形的物体中的科学知识，它包括从黑板、粉笔等传统的教具到电子计算机、卫星通讯等一切可用于教育的器材、设施、设备等及相应的软件；智能形态的技术指的是那些以抽象形式表现出来，以功能形式作用于教育实践的科学知识，如系统方法等。狭义的含义指的是在解决教育、教学问题中所运用的媒体技术和系统技术。"在本书中所涉及的'教育技术'基本上是狭义的涵义。"可见，教育技术的发展，呈现出不断扩大教育技术内涵的趋势：从只是教师的教学技能或技巧和教学艺术，到包含物质工具的辅助；从部分物质层面、部分智能层面的技术，到全部物质层面、增加的智能层面的技术。

这个发展是教育技术不断反思自己的过程，也是教育、教学问题日益复杂、教育策略的选择日益丰富的结果。在实际的教育、教学问题面前，我们面临着多种问题解决途径或策略的选择：丰富的教学内容、各种教学组织形式、多种教学方法、多种可选择的教学媒体或资源、多种教学顺序的可能等。因此，在多种选择面前，就存在"适不适合"的问题，就存在为达到最优效果必须通盘考虑各种技术因素、整体设计各种可选技术方案并最终择优的问题。正因为如此，教育技术的发展也逐渐呈现出整体的、广义的发展趋势。应当指出的是，这个发展过程在理论上应当是一个辩证的扬弃过程，即是对以前的教育技术的继承和发展，但是在具体的实践当中，却有重此轻彼之嫌。

（二）广义教育技术定位的阐述

如果按照以上这种趋势继续推演或发展下去，那么下一步应当就是走向"全部物化形态＋全部智能形态"这种广义的技术定义下的教育技术定位，这种教育技术定位就是我们要确立的广义教育技术定位（见下表）。

对技术的不同理解	不同的教育技术观
部分智能形态	教学技能论
（部分）物化形态	（先进）媒体论或手段说
部分物化形态＋部分智能形态	我国当前的电化教育
全部物化形态＋部分智能形态	我国当前的教育技术
全部物化形态＋全部智能形态	广义的教育技术

我们对"全部的物化形态的技术涵义"已经进行过说明，是指所有可用于教育的工具、手段、设施，即所有的可以利用的媒体（硬件和软件）和环境；那么，全部智能形态的技术指的是什么呢？根据上面的分析，我们知道了技术的组成部分是：（1）技术是物质工具；（2）技术是一种能力；（3）技术是意志；（4）技术是过程或活动；（5）技术是知识。技术这五个组成部分中的每一个方面都离不开技术知识。首先，"物质工具"是技术知识在有形物体中的凝固和体现；"技术能力"是建立在技术知识的基础上的；"技术意志"主要指由人类需求而形成的技术目的及其背后的观念，这也是建立在对技术的认识和技术知识的基础之上的；"技术过程或活动"指"如何做"的程序和操作规则，这本身就是技术知识及其应用。所以，全部的智能形态的技术就体现在技术知识及其有智慧地获得与运用方面。这是广义教育技术定位的比较关键的方面。正因为如此，美国技术哲学家米切姆（Carl Mitcham）认为，"把技术看作知识是一种关于技术的最佳分析方式"。[7]

搞清楚了"全部的物化形态的技术和全部的智能形态的技术"的涵义，我们就可以进一步论证并确立我们的广义教育技术的定位了。

广义技术定义下的教育技术，就是广义的教育技术定位。这个定位反映了技术的本质特点，即这种广义教育技术定位体现着人类的目的或需求，即以促进人类的学习并进而促进人类的发展为目的（主观目的性）；体现着人类的技术理性，即以人类已经揭示或拥有的有关教与学的科学知识和经验（客观因果性）为依据；同时体现着人类的智慧，即发现或创造性地提出把与教和学相关的科学知识和相关经验应用于解决教育、教学实践当中的问题的原则、操作程序、方式或方法、技能或技巧以及对所需资源的要求；最后，也是更为重要的一点，就是广义教育技术定位下的解决问题的技术方案包含全部的技术的组成部分，是整体性的。显然，这种教育技术的定位，彰显了教育技术工作当中的创造性、主动性和专业性；而狭义技术定位下的教育技术则更多体现出教育技术的辅助性（媒体）。

广义教育技术包括以下三个方面的内容：

1. 发现或创造性地提出把与教和学相关的科学知识或经验用于解决教与学实践当中的问题的原则、操作程序、方式或方法、技能或技巧以及对所需要用到的资源（媒体、环境和相应的支持系统）的要求等方面的知识。

这个方面的知识是一个观念模型，是计划层面的知识，是对由实践目的和实践计划组成的实践观念的展开。为阐述方便，我们用教育技术知识Ⅰ来表示。

2. 对过程和资源进行设计、开发、应用、管理和评价等的知识。这里的过程指的是指向特定结果的一系列的操作或活动；资源指所用到的各种媒体、环境以及相应的支持系统。我们用教育技术知识Ⅱ来表示。这个方面的知识和1994定义相近，但又有细微的差别。

教育技术知识Ⅱ是建立在教育技术知识Ⅰ的基础之上，是对实现这个观念模型的过程和所用到的资源进行设计、开发、应用、管理和评价方面的知识，是属于操作层面的知识。

3. 基于行动研究的系统方法和形成性研究方法的指导思想、应用模型、实施程序等知识。

这个方面的知识是教育技术的方法论性质的知识。我们用教育技术知识Ⅲ表示。

系统方法是教育技术解决教育、教学问题的特有的方法，是教育技术及其学科的核心,是前面两个层次知识的灵魂。首先,不同的教育、教学问题的解决需要利用并转化不同的科学知识或经验。这需要我们通过运用系统方法,鉴别问题和问题的性质,从而找到解决问题需要用到的各种科学知识或经验,并转化成指导实践的原则、操作程序、技能与技巧、方式方法以及相应的对所需资源的要求,这样就形成了教育技术的知识Ⅰ。对于实现这个设想的过程和所用到的资源的设计、开发、应用、管理和评价等也是一个系统化的过程,需要考虑涉及的所有要素及其之间的关系。这就会影响到教育技术知识Ⅱ的形成。

形成性研究方法是教育技术知识的形成或获得的方法。它是借鉴对过程进行评价并注重改进的形成性评价的思想,对教育技术知识的"适合性"在实践过程中进行验证,并通过实践,改善教育技术的知识的方法。

由于教育技术知识的对象是教育、教学的实践活动,因此,它是研究行动、为了行动,并在行动中的研究。所以,教育技术的系统方法和获取教育技术知识的形成性方法都是以行动研究作为根本的。

这三方面的知识是相互联系、相互作用的。教育技术知识Ⅲ作为教育技术的方法论方面的知识,是教育技术知识Ⅰ、Ⅱ的指导思想和灵魂;同时,教育技术知识Ⅲ,即系统方法和形成性研究方法的应用模型、操作程序等,也受到来自于教育技术知识Ⅰ、Ⅱ面临的实际的问题和方法论的应用情境的影响,并得到不断的丰富和发展。教育技术知识Ⅰ是实践观念的模型,是对解决问题的整体技术方案的设想和计划,是教育技术知识Ⅱ的基础和根据;教育技术知识Ⅱ是对教育技术知识Ⅰ从计划到实现计划的过程和所需要的资源的设计、开发、应用、管理和评价等方面的知识,会同样对教育技术知识Ⅰ(整体的技术方案）产生反作用。

需要强调的是，广义教育技术定位的本质是认为"智能形态的技术，即技术知识的获得与创造性地应用"是技术的最为核心的部分，而不是技术的"物质工具"部分。"媒体等的设计、开发、应用、管理和评价"处于广义定位下的教育技术的第二个知识层次的一部分，它建立在教育技术知识Ⅰ的基础之上。这样，"媒体"就被整合进解决教育、教学实践问题的整体技术方案中去并成为其中的一个有机组成部分，而不是技术的全部。我们通常所说的，媒体或资源的选择应在一定的观念的指导之下进行，而不是为了使用媒体而使用媒体，其实，教育技术知识Ⅰ就是这样的一个观念的具体展开。而在这种观念指导之下对媒体的设计、制作和运用，正体现着我们目前提倡的所谓"信息技术与教学或课程整合"的思想。同时，这样定位教育技术之后，可以知道，教育技术不是追求最新、最先进的媒体，它的主要目的是要解决教育、教学当中的问题，以促进学生的学习和发展。选用什么媒体，不是看它是否是最新、最先进，而是看它是否适合我们要解决的问题。同时，媒体的"适合性"有理想的和现实的两种状态。在现实情况下，我们在选择媒体时也包括对当地的条件和可能性的考虑。比如，我国还存在广大的贫穷地区，很难拥有昂贵的最先进、最新的媒体，如果他们能够有意识地根据教与学的科学知识创造性地进行教学实践，可以根据要求尽可能选用当地可以得到的、可以实现教学要求或部分要求的媒体（条件差的地区，甚至没有什么媒体）进行教学的话，这就是非常好的教育技术的实践。相反，那些一味地追求最新的、最先进的媒体的，而不顾及科学的教育、教学实践观念的指导的实践，反而不是我们所说的意义上的教育技术。

广义教育技术的定位作为一种观念尽管在教育技术界还没有形成共识，但是在美国、日本等国家有学者一直在从事广义教育技术知识方面的研究，有关这些方面的研究成果我们将另写文章进行介绍。在中国，从一些文章中也可以发现广义教育技术的一些思想的苗头[8]，有学者在一定程度上表达了更为宽泛的教育技术的定位[9]，这里不再赘述。

三、确立广义教育技术定位的原因分析

为什么要确立广义教育技术的定位呢？对这个问题的探讨有助于进一步理解确立广义教育技术及其学科定位的必要性。

（一）狭义教育技术定位导致出现的问题

在中国，典型的狭义的教育技术定位就是把教育媒体，尤其是把先进的教学媒体的设计、开发和应用当作教育技术及其学科的全部的观念。采取狭义的教育技术定位，在研究和实践当中产生了以下几个方面的问题。

1. 导致研究程序上的错误

这个现象出现在电化教育产生的过程中，尤其常见于以"电化教育"为职业的人群。由于他们致力于推广"电化教育"，往往用"电教手段、方法"去找"问题"，似乎电教手段是所有教学问题的解决方案，从而陷入了科学研究的"本末倒置"的境地，而不是正常的"根据问题，从而选择解决问题的方法"的研究程序。这是电化教育不能够深入课堂的一个重要的原因。

2. 在教学中产生"为了用媒体而用媒体"的现象

有的学校或学区作出规定，要在每堂课中用多少百分比的多媒体。于是，有的老师就会"为了用媒体而用媒体"，而不是根据教学目标、

教学内容和学生的特点进行选择。更有甚者,还有的老师在不该使用某些媒体的时候反而使用了,比如需要培养学生想象力的方面,教师却给学生提供了"具体的图像画面"等,违背了教育规律,制造了教育、教学问题,而不是解决教育、教学问题,与教育技术的目标背道而驰。

3. 有"重形式不重实质"的倾向

比如,目前"网络教育学院",其实它的实质是通过远程教育的方式,缓解受教育的需求与我们国家教育资源不足的矛盾,从而逐步实现高等教育的大众化;而网络只不过是满足这个教育需求的传递形式之一,是远程教育的一种新的媒体或传递方式。它的出现,会对远程教育的传递、交互等产生促进作用。从世界远程教育发展的经验来看,远程教育的进行一直是多种资源的相互结合、互相补充。任何一种媒体都不可能完成这样一个相对面对面的教学而言比较有难度的教育任务。因此,网络应当和其他各种资源一起,完成远程教育中促进学生学习的使命。对于我们国家而言,我们应当综合利用已有的资源,比如:中央电大的很多资源,已经具备的卫星电视网络,各高校函授网络及资源等。利用其他资源的优势,并结合网络资源的优势,从而建立"以学生为本,为学生的学习服务"的远程教育体系。

因此,"网络教育"的实质是"远程教育",而不是作为传递形式的"网络"。当前的各种以"网络"命名的教育形式,反映出了我们"重形式,轻实质"的问题。结果是,"网络教育"似乎成为了一种全新的"新生事物"。既然是全新的事物,那么就一切从头开始起步。忽视我们已有的远程教育的多年的经验,不断重复远程教育(电大)发展过程中经历过的错误,而不是站在远程教育经验的基础上,充分利用网络来改进原来远程教育的局限，做原来远程教育做不到或效率低的事情，从而继往开来，更进一步发展远程教育。

这种重视形式的倾向，已经、正在或将要产生很大的经济和学术上的浪费。

4. 机构重设，造成资金、设备、人员的极大浪费

由于采用狭义的教育技术定位，把电化教育所指的媒体局限在幻灯、投影、电视、卫星等方面，不包括计算机和计算机网络等。于是，各个高校在有电教中心的基础上，又纷纷成立计算机中心、网络中心或远程教育与通讯中心，可谓中心林立。而电化教育中心自己认为要研究先进的现代媒体，于是也购置计算机等先进设备，招聘人才，形成机构重置，人员重复。由于我们国家目前大力提倡研究教育技术，提出"现代教育技术是教育改革的制高点"，于是"现代教育技术"这个名字也炙手可热。由于以前电化教育的机构不愿意改用教育技术的名字，所以一些搞计算机的中心等却打起了"现代教育技术中心"的牌子。

5. 研究队伍分散，研究质量打折扣

广义的教育技术定位表明，教育学领域、心理学领域、社会学领域等一切关注把相关的科学知识用到教育、教学实践当中去解决教育、教学实践当中的问题的人们都可能成为我们潜在的同行。由于我们需要发现或创造性地提出与教和学相关的科学应用到教学实践中去的原则、操作程序、方式和方法等，因此，学习并深入理解这些科学知识就显得至关重要。

如果持有狭义的教育媒体的教育技术定位，无论从课程的设置，还是从人员的交流、合作的伙伴等方面都会受到一定的限制，关注并

从事教育技术实践的人员分散，孤立地从各自的视角进行研究。这在一定程度上在研究的合理性、正确性方面打了折扣。当前，就我们教育技术研究和实践领域中的人员来看，他们在教育、心理、哲学等方面的素质和训练的不足，已经成为目前教育技术科学、健康发展的瓶颈。

6. 限制了教育技术研究、发展和理论形成

海涅克[10]曾经说过，美国绝大多数教学技术系都是从教育学院的媒体部门（极少数从教育心理学）发展起来的。在历史上，媒体是用做工具来提高教师的教学能力。所以，这不仅决定了机构的构成方式，而且也奠定了这个领域的学术研究方向。这样反而成了教育技术理论、研究、发展和实践的局限。

教育学院主要是培训教师，媒体专业就是培训教师有效地使用媒体，并培养服务人员帮助教师选择媒体并制作教学材料。这样，这个领域的教职员就把精力主要放到了服务性的课程上，而不是放在建立教学技术自己的基本知识体系方面。从事媒体工作或教学的教职员似乎起到的是行政方面的作用，提供刺激材料，并教给老师如何用，似乎根本与学术研究不发生关系。试想一下，如果一个人在选择职业时，主要是想从事服务性或支持性的工作的话，那么他怎么能够胜任专业变化的要求呢？如何能够胜任理论研究的任务呢？

海涅克所讲的美国的情况其实大部分也适于我国教育技术领域的情况。我们的教育技术学专业诞生于物理学或无线电电子学的背景，只不过，我们的大多数教育技术系或专业并不属于教育学院。从媒体这种狭义的技术定义出发定位教育技术及其学科，确实造成了教育技术理论上的贫穷状态，也致使实践领域出现参差不齐、良莠不一、莫衷一是的局面。

（二）技术的发展与分工的结果

首先，教育技术的定位在技术，而技术的发展是一个历史的过程，进而人类对技术的理解也随着技术的发展而不断地变化。教育技术的定位应当随着技术的发展而不断地变化。

大多数的历史学家认为，技术是指（古老或现代、原始或先进的）制作活动，或制作和使用人工制品的知识，或人工制品本身。加西特（Ortegay Gasset）认为划分技术史各时期的主要原则是当时占统治地位的技术概念。他区分了三个特殊概念：（1）机会技术。在史前人类和当代原始部落，技术的产生只是偶然而无意识的，没有熟练的工匠。（2）工匠的技术。这是在古代和中世纪，各种技术工艺发展到复杂程度，引起了劳动分工，特定过程的知识和实践只限于特定的行业，形成行会制度和基本不变的技术体系。（3）工程科学的技术。现代技术则完全是技师和工程师占主导地位。工具与人相分离，如机器、发动机不再由人直接操作，人只是控制运行过程，不以自己的体力作动力。[11]

前两个技术概念更多地指活动的技能、技巧或手艺，把技术看作针对环境的行动或活动的技巧或技能；后一个技术概念是和大工业和机器时代相关。因为制作技术从手工变成机器，所以人们对技术的理解从关注制作，到更关注使用人工制品。在这种关注下，技术成为"制作和使用"的代名词。这种意义下的技术，也经过了蒸汽机时代、机械化时代、电气化时代、原子能时代、电子计算机时代和信息时代。随着时代的进步，生产力的发展，制作产品的工艺过程不再成为问题，那么制作和使用产品背后的观念、科学知识显得格外的重要。现代技术知识已作为独立的理论化、系统化的科学形态的知识学科出现。如果说，过去人们往往把技术理解为机器、工具等设备和操作经验的话，那么现在人们则把技术主要理解为技术知识或技术科学。

可见,技术的含义随着社会的进步在不断地扩大,从狭义走向广义。那么,教育技术也就应当从狭义的技能论教育技术(教师的手艺)、工具论教育技术(硬件)、工具论＋方法的教育技术,逐渐过渡到技术知识论指导下的广义的教育技术定位,从而更好地实现教育技术的目标。

其次,技术的不断发展,会对社会的分工不断产生影响。如果说,在教育技术发展的初期,制作教学机器、开发教学软件还可能是大学或其他教育技术机构的工作的话,那么在技术不断发展的今天,教学机器、设备的制作早已经归入公司或企业,教学软件的制作在美国也都是50多家教育软件公司的主要任务。(由于在资金和投资体制上,公司更有利于软件的开发;在中国,大学或电教馆仍承担部分的软件开发工作)如果教育技术的研究和实践领域仍坚守制作和使用软件的观点,恐怕今后发展的机会不是很大了。记得1994年当高利明教授刚刚访美归来在北大做的报告中,就曾经呼吁当时以拍摄教育电视节目为主要任务的中国电教中心人员进行思考。她说,在美国,几乎每个家庭都可以拥有便携式摄像机,她意识到操作的简单性致使教师根据自己的需要制作教学电视节目完全可行。那么以此为职业的当时的电教中心该做何感想?他们工作的专业性受到了挑战。同样,当前的计算机技术的发展,从最早的机器语言到现在的操作系统和应用软件,趋势是越来越对用户友好,利用这些应用软件开发一些教学软件的专业性越来越减弱。因此,教育技术中的有关软件的制作和使用,可能越来越不依赖于专业人员的存在。软件的制作,在市场的驱动下,也会不断从学校、大学或电教馆走向教育软件公司。这样,教育技术及其学科需要扩展自己的研究范围，一方面为这些开发教育软件的公司培养教学设计、教育技术的人员，为学校输送更具专业技能的优秀教师或教育技术学研究的高级人才，进一步从事教育技术研究和实践领域的工作，完成教育技术自身的再生产；同时，教育技术学学科也需要"生产和传播"教育技术知识，这是广义教育技术及其学科的重要方面。

（三）教育问题复杂性的要求

以前，我们大多抱着一种还原论的思想看待教育问题，把本来复杂的问题简单化，或者把一个问题分成可以找到相应的答案的几个小的问题。解决了这些小的问题，我们认为由它们组成的大问题就解决了。因此，我们分析、解决教育问题的技术方案也就比较简单、线性。

最近，越来越多的教育研究成果证明，教育领域，不同于自然科学领域。教育领域中的问题涉及的变量非常多，非常复杂。以前，把一个问题分割成几个小问题之后，在一定程度上就不是原来的问题了。因此，小的问题解决了，大的问题仍然存在，甚至又导致产生了新的更大的问题，在教育理论和实践领域造成了很多遗留问题。因此，在教育领域，我们需要采用针对复杂问题的整体性的技术解决方案。孤立地从某技术的组成部分出发就想解决教育问题的想法，不再适合当前的教育发展的趋势了。

所以，广义的教育技术的定位也是教育/教学实践，教育/教学改革的需要或必要。

（四）教育技术研究和实践领域不断发展的要求

技术的目标是"求善"，这与科学"求真"相对。具体而言，教育技术的目标是改善教育、教学的过程或实践，解决教育、教学实践当中的问题，从而促进实现"人的发展"的教育的总目的。教育技术定位从狭义向广义的发展是教育技术不断"求善"的结果。

单纯靠教师的教学技能，不可能有总是奏效的方法，也不能够培养出学习化社会、信息社会所需要的人才来；单纯靠先进的媒体，也不见得适合所有的学生、所有的教学内容和目标；即使是在所有的教学工具中选择最适当的媒体使用，同时，这些资源的设计、开发、应用、管理和评价的过程也都是在正确的理论指导下完成的，但是，工具也不过是教学策略中的一个方面，它自己也不能保证整个教学效果的优化；利用系统方法，鉴别教育、教学问题，设计解决问题的整体方案，试行、评价并修改它，从而推广、利用并最终实现这个方案，似乎更接近教育技术的"本质"；如果这个解决教育/教学问题的方案是依据教育/教学相关的科学知识或经验，并且发现或创造性地提出了利用这些理论知识的技术"中介"（原则、程序、方式、方法等），易于教师的理解、使用和操作，那么教育技术大面积、大范围地改善教学过程的实践、解决教育实践当中的问题的目标就趋向于实现了。

可见，教育技术定位从狭义到广义的发展，也是教育技术自身目标不断驱动的结果。

总之，技术有狭义和广义之分，所以，教育技术的定位也就有狭义和广义之分。教育技术不是为了在教育中使用技术，它意在教育、教学实践当中讲究"技术"，目的是解决教育、教学的问题促进学生的学习和发展。任何单一的技术组成部分都不可能永远是实际的教育、教学问题的解决方案，因此，从广义的技术涵义出发，设计一个整体的解决问题的方案，是教育技术为达到它的目的所必须的。教育技术的发展不断从狭义技术定位向广义技术定位的方向发展是社会、教育、技术、教育技术发展的必然。

参考文献

[1][11]钱学成，乔宽元主编.《技术学手册》.上海科学技术文献出版社，1994年.

[2][3][7]张斌.《技术知识论》.中国人民大学出版社，1989年.

[4] Cass G.Gentry. Educational Technology—A Question of Meaning，Gary J. Anglin（1991），*Instructional Technology-Past，Present，and Future*，Englewood，Colorado：Libraries Unlimited，INC..

[5]转引自李康《论教育技术领域中的哲学观》,《电化教育研究》,2000年第3期;《马克思恩格斯全集》第22卷，第377页，人民出版社1972年.

[6]张诗亚著.《教育的生机——论崛起的教育技术学》.四川教育出版社，1988年.

[8]李康.《论教育技术领域中的哲学观》.《电化教育研究》,2000年第3期.

[9]李芒.《关于教育技术的哲学思考——从技术哲学的角度论教育技术的内涵》.《教育研究》,1998年第7期.

[10] Robert Heinich. The Proper Study of Instructional Technology，Gary J. Anglin（1991），*Instructional Technology—Past，Present，and Future*，Englewood，Colorado：Libraries Unlimited，INC..

本文选自《中国电化教育》2003年第6期

信息化进程中的教育技术学专业建设研究

徐福荫[*]

信息时代我国教育技术学科体系与专业建设的指导思想，是借鉴外国教育技术理论，根据我国国情，开展研究实践、探索信息化进程中的教育技术学专业建设；信息化进程中的教育技术专业建设要符合信息时代要求、适应学科发展的专业培养目标，并构建能体现人文精神、科学素养、创新能力相统一的新课程体系。加强基础，重视能力，突出创新，压缩必修，拓展选修，增加信息技术类课程与实践教学，增设综合课程、双语教学课程与创新实践等。

我国教育技术学专业建设既要跟国际接轨，分析国内外的教学技术定义与教育技术学科专业状况，又要按照我国普通高校本科层次的学业标准，以确保人才培养达到国家规定的基本要求。以信息技术为核心技术的教育技术学专业，作为当今教育教学改革的"突破点"与"制高点"，社会各界对本专业毕业生需求不断增加，导致目前我国已有100多所不同类型的高校（师范院校、工科院校、理科院校、医科院校、军队院校等）开设了教育技术本科专业。然而，各院校按照自己对本专业的理解和当地对本专业毕业生的需求情况各行其是，而不考虑自己的学校是否有开办本专业的实力（师资力量、实验条件、教学环境、学习资源等），导致目前本专业培养出来的毕业生良莠不齐，社会各界对此颇有微言。为此，全国高等学校教育技术学专业教学指导委员会根据教育部高教司的指示，组织不同类型院校的教育技术学专业的负责人，研讨与制定教育技术学本科专业规范，以指导各高校

---

[*] 徐福荫，华南师范大学教育信息技术学院。

的教育技术学专业的建设；特别是教育技术本科专业师范生，除开设原全国师范院校教育技术学专业指导委员会规定的教育技术学专业面向21世纪的八门主干课程："教育技术学"、"教学系统设计"、"教育技术学研究方法"、"远程教育学"、"教育信息处理"、"信息技术与教育"、"网络教育应用"、"教学媒体的理论与实践"外，还要根据高中信息技术新课程标准的要求，开设与之相应的必修课与选修课："信息技术基础"、"算法与程序设计"、"多媒体技术应用"、"网络技术应用"、"数据管理技术"、"人工智能概论"等。这样，教育技术本科专业师范生毕业后才能胜任高中信息技术新课程的教学工作。

综上所述，以教育创新、素质教育、终身教育、"三面向"教育、信息化教育等教育理念为指导，根据华南师范大学教育信息技术学院的实际情况，设计教育技术学本科专业师范生的培养方案，以供各院校参考与批评指正。

一、教育学技术与教育学技术学科专业

美国教育传播与技术协会（AECT）一直从事试图将教育技术（教学技术）作为一种理论、一个领域和一个行业来下定义，于1963年产生了该领域的第一个正式定义AECT 1963年的定义。随着社会的进步和科学技术的发展，AECT对以前的定义进行更新，每一次修改定义都为这个领域提供了新的方向。AECT 1994年的定义：教育技术（教学技术）是为了促进学习，对有关过程和资源的设计、开发、利用、管理和评价的理论与实践[1]。

AECT 94年的定义的主要参与者和执笔人巴巴拉·西尔斯教授和丽塔·里齐教授1999年在为AFCT 94定义中文版一书作序时指出："（教学技术）实践也在发生着显著的变化，其焦点在于面向绩效的提高,而不是传统的教学设计。(教学技术领域)今后将会发生什么变化呢?从历史上看,教学技术领域的重点几经迁移:从强调资源,到强调教学,然后强调学习。很可能下一个定义会指向绩效(结果),而不是学习。"这一观点反映了当前学校和企业培训环境中对培训转移的强调,学校的改善与提高、从学校到工作的过渡、组织上的改变、用户的影响等所有这些概念都与受教育的民众的学习结果有关;新的对绩效而不是对学习的强调,也可能影响教学技术领域的功能和角色定位。教学技术专家应该为学习者提供便利,我们会逐渐形成一种新的角色,可以称之为"学习支持专家"。[2]

佛罗里达州立大学教学系统系的 Rober A. Reiser 教授于 2001 年对教学技术提出了新的定义与解释:教学设计与技术的领域包括:对学习和绩效问题的分析,对教学与非教学过程和资源的设计、开发、实施、评价和管理,意在改进各种环境中的学习和绩效,特别是教育机构和工作场所。教学设计与技术领域的专业人员经常使用系统化的教学设计程序,并应用各种教学媒体达到他们的目的。此外,近年来,他们日益重视应用非教学性质方法来解决某些绩效问题。以上各方面有关研究与理论也是本领域一个重要组成部分。(张祖忻译)[3]

目前,我国没有统一的教育技术定义,但是从各种定义可以分析得出:

1. 教育技术是为了支持和促进学习,以实现(学校与远程)教育、教学和(企业与远程)培训的最优化(绩效、结果)。

2. 教育技术中对有关(教学与非教学)过程和资源的设计、开发、实施、评价和管理的理论与实践,是教育技术学科研究的基本内容。其中,教学(培训)系统设计是教育技术学的核心理论,是教育技术学区别其他教育学科的基本理论。

3. 教育技术学是研究教育技术的理论、规律、方法的学科。教育技术学的主要任务是在系统科学方法论指导下，运用现代教育科学理论和先进的技术手段与方法，对教育、教学、培训中存在的问题进行分析，提出解决问题的策略、方法，进行实施并给予评价和修正，以提高教育、教学、培训的绩效。

4. 教育技术学是教育学和技术学的相互交叉与相互作用而形成的学科。教育技术学的教育基础理论主要有教育学、心理学、传播学、系统科学、信息科学等；技术基础理论，不仅源于科学，还源于艺术等。技术既包括物化型的技术，如电子技术、信息技术、仿真技术等，又包括智能形态的技术（方法），如传媒技术、教学设计技术、绩效技术等。其中，信息技术是教育技术学的核心技术。

5. 教育技术学专业要培养出既懂教育、又懂技术的复合型人才。

国家颁发的《中华人民共和国高等教育法》对普通高校本科层次高等教育的学业标准做出了明确的要求：本科教育应当使学生比较系统地掌握本学科、专业必需的基础理论、基础知识，掌握本专业所需的基本技能、方法和相关的知识；具有从事本专业实际工作和研究工作的初步能力。为此，必须按照这个学业标准来确定教育技术专业本科人才培养规格、课程设置以及安排教学环节、调整教学内容等。例如，课程设置可分为公共必修课、学科基础课、专业必修课、专业限选课、专业任选课、公共选修课、实践及毕业论文等。[4]

二、国内外教育技术学专业的现状

（一）国外教育技术学专业现状

分析美国高校教育技术学专业的课程培养计划，特别是教育技学专业较好的犹他大学、印第安纳大学、佛罗里达州立大学等，其培养目标与国内相同，也是从学生应具备哪些能力和毕业后从事的工作两个角度出发。但国外没有教育技术学专业本科层次，只有硕士和博士学位，其培养目标定位更高，而毕业生所从事的工作则偏重于在企业、政府机构中进行咨询、培训和开发高级专业型人才。课程计划不像国内分为公共必修课、专业必修课和专业选修课那么清楚，一般只分核心课程和选修课程。课程简介除介绍该课程要点外，都有对学习该课程的预选要求和选课建议。考核办法基本上采用论文、实践和考核相结合的形式。其课程培养计划有如下特点：强调原先具备的能力，核心课程内容比较宽，重视专题研讨课程与实验/实践课程开设，强调跨专业选课，向综合课程方向发展。[5]

（二）国内教育技术学专业现状

我国从 1983 年起开始创办教育技术学（电化教育）本科专业，初期是以幻灯、投影、电影、广播、录音、录像、电视等电教媒体及其相应的软件在教学中的应用研究为主，以提高教学质量、增进教学效率、扩大教学规模、促进教学改革为其专业开设目的。从事教育技术专业的人员以电子技术、视听技术及其数理基础为学科背景。我国教育技术学专业的发展，从对媒体研究的角度来看可分为三个发展阶段：20 世纪 80 年代前，以幻灯、投影等传统电教媒体为研究阶段；20 世纪 80 年代至 90 年代初，以电视、录像研究阶段；20 世纪 80 年代中期以来，随着计算机多媒体技术、网络技术、远程通讯技术、Internet 网络的逐渐成熟并被引入教育中来，教育理论、学习理论特别是教学设计理论、建构主义理论对教育技术学理论的影响，尤其是美国教育传播与技术协会 AECT 1994 年的教学技术定义，对我国教育技术（电化教育）的理论与实践造成了极大影响。随着信息技术在教育领域的不断普及，导致教育正逐渐向着教材多媒化、资源全球化、教学个性化、学习自主化、管理自动化、环境虚拟化的方向发展。社会对教育技术学本科专业人才需求的不断增多和素质要求的不断提高，加速了教育技术学科研究正经历着第三次裂变，即：正由硬件建设、软件制作向对教学过程和教学资源的研究方向发展，由注重"教"到注重"学"的方向发展，由以行为主义学习理论为指导向以认知主义和建构主义学习理论为指导的方向发展，由单媒体向多媒体、智能化、集成化、网络化的方向发展，由简单教学模式向多样化教学模式的方向发展，由电化教育向教育技术的方向发展。这些变化将从根本上改变教育技术学长久以来形成的教学理念、教学思想和学科体系。随着教育现代化、教育信息化呼声的不断提高，特别是随着国家对各行业信息化要求的不断提升，我国教育技术学学科受到社会和各级各类学校越来越多的关注，目前我国有100多所高校（师范院校、工科院校、理科院校、医学院校、军队院校等）开设了教育技术学本科专业，社会对教育技术学本科专业人才的需求也日益多样化，导致教育技术学本科专业原有的人才培养总体目标、培养类型、培养方向、课程设置、教学模式及不同培养方向的评估标准等方面必须作相应的调整和修改。为此，必须制定全国普通高等院校教育技术学本科专业规范，以适应社会形势的发展对教育技术学专业的新要求。[6]

三、全国普通高等院校教育技术学本科专业规范[7]

由教育部教育技术学专业教学指导委员会委托北京师范大学和华南师范大学策划筹办的"全国普通高等院校教育技术学本科专业规范研讨会"于2003年11月10日～11日在华南师范大学召开。参加会议的有教育技术学专业教学指导委员会副主任李克东教授、教学指导委员会委员黄荣怀教授、桑新民教授、李维教授和全国各类院校（师范院校、军事院校、职业技术院校、理工科院校和综合性大学）教育技术学学科建设的主要负责人。会议主要交流了各院校的办学特色和教学计划，教育技术学专业本科生的培养方向和能力结构，以及教育技术本科专业核心课程、专业基础课和专业特色课等问题。

会议按照教育技术学专业本科生的社会需求、不同类型学校的培养方向、培养目标和不同培养方向的核心课程、专业基础课、专业特色课三个主题进行研讨，并达成以下共识：

（一）教育技术学专业本科生的培养定位

教育技术学专业本科生的培养应定位于厚基础、宽口径、高素质、强特色，必须要具有其他专业的不可替代性。要求学生掌握教育技术的基本理论和知识，具有较强的分析教育现象的能力，具有运用媒体解决教育、教学问题的能力，具有主动学习的能力和较强的实践能力。

（二）教育技术学专业本科生的培养方向

1. 教育技术学（名称待定）

主要侧重于教育技术学基本理论，满足本专业学生的继续深造的需要，培养本专业的师资。

2. 信息技术教育

主要为社会培养中小学信息技术师资、信息技术与课程整合研究人员，为企业培训人员。

3. 数字媒体技术（名称待定）

主要沿袭传统的广播电视体系的知识框架，结合现代数字化视音频技术，为社会培养教育传媒人才。

4. 教育软件工程

主要为社会各个领域培养教育软件、教育资源、教育平台和教育游戏软件的设计、开发和管理人才。

5. 现代远程教育

主要为社会教育、终身教育、西部地区的教育服务等领域培养人才。

（三）教育技术学专业的国家核心课程和专业方向基础课的模块

课程体系的设置按照国家核心课程、专业方向基础课、专业特色课程三个层次，构建学校的专业课程体系。

1. 国家核心课程

教育技术学导论、教学系统设计、远程教育、学与教的原理、媒体理论与实践。

2. 专业方向基础课模块

设计若干模块及其课程，然后根据不同培养方向的需求，自行选择与组合。

（1）大学公共课程模块

与各学校公共课程平台接轨，主要处理好大学数学和大学物理课程的学校差异问题。

（2）计算机类课程模块

核心基础课程设置为离散数学、数据结构、C语言。

（3）设计制作课程模块

主要涉及与多媒体开发、动画制作、网页设计与制作等相关的课程。

（4）数字媒体类课程模块

主要包括三类：模拟电路，数字电路，电路分析，电视原理，摄、录、编制作课程，摄影，美术，音乐等艺术课程。

（5）教育技术理论类课程模块

主要包括教育心理学、课程论、教育技术研究方法等课程。

（6）远程教育类课程模块

主要包括教学论、心理学、项目管理、远程学习支持系统的相关课程。

专业方向课程的设置要与社会需要相结合，例如，教育技术学专业信息技术教育方向，要与中小学新课程标准和中小学教师教育技术标准相结合，完善课程体系结构；教学系统设计应该作为本专业不可替代的专业核心课程，并且要加强本土化问题的研究和本科生元认知能力的训练。

四、高中信息技术新课程改革[8]

（一）开设高中信息技术新课程的背景

1. 宏观背景——席卷全球的信息化浪潮

21世纪人类已经步入信息时代。不懂信息技术，缺乏信息素养的人，将是信息时代的新"文盲"。在中小学开展信息技术教育已经成为世界各国政府的共识。我国在中小学实施信息技术教育，是迎接21世纪国际竞争的需要，是国内经济和社会发展的需要，更是学生全面发展的需要。信息技术教育的核心是培养学生的信息素养，而培养学生信息素养的重要途径之一是开设信息技术课程。

2. 中观背景——基础教育课程改革的东风

当前，基础教育课程改革从教育思想、教育理念至具体的教学方法，都给人耳目一新的感觉，譬如是以分科课程为主强调开设选修课等，其中，高中一个显著不同就是增加了"技术领域"，并把"信息技术"从义务教育阶段的"综合实践活动"中独立出来，作为"技术领域"的一个科目，独立制定课程标准。

3. 微观背景——信息技术教育的现状

我国中小学信息技术教育已经经历了三个阶段，实际的状况是正在由"计算机教育时代"向"信息技术教育时代"转型。我国以往的计算机教育更多的是关注认知与技能方面，对过程与方法、情感态度价值观方面的教育不够重视，随着本次基础教育改革的进行，尤其是信息技术教育理念的变化，三个方面犹如三足牢固地支撑起信息技术教育之鼎，更加深入地发掘信息技术教育的基础性文化教育的意义，使学生的各方面得以均衡发展。

（二）高中信息技术新课程的理念

高中信息技术新课程的理念：提升信息素养，培养信息时代的合格公民；营造良好的信息环境，打造终身学习的平台；关照全体学生，建设有特色的信息技术课程；强调问题解决，倡导运用信息技术进行创新实践；注重交流与合作，共同建构健康的信息文化。实质上这是对高中信息技术课程价值的多视角的描述和概括。

（三）高中信息技术新课程的课程结构形式

高中课程区别于义务教育课程的重要特征之一，就是课程结构由学习领域、科目、模块三个层次构成，其中，每个学习领域由课程价值接近的若干科目组成，每个科目由若干个必修与选修模块组成。设置学习领域旗帜鲜明的反对学科本位思想，反映了现代科学综合化的趋势，利于学生的全面发展和综合素养的培养。在这种课程结构下，信息技术课程作为一个科目，与通用技术共同归属技术领域，这种划分说明信息技术课程具有技术领域课程的共性；将其单独列出，又说明，其具有不同于一般通用技术的特殊性。

高中信息技术新课程包括必修与选修两个部分，共六个模块，每个模块2学分。必修部分只有"信息技术基础"一个模块。它与九年义务教育阶段相衔接，是信息素养培养的基础，是学习后续选修模块的前提。该模块以信息处理与交流、信息技术与社会实践为主线，强调让学生掌握信息的获取、加工、管理、表达与交流的基本方法，在应用信息技术解决日常学习、生活中的实际问题的基础上，通过亲身体验与理性建构相结合的过程，感受并认识当前社会信息文化的形态及其内涵，理解信息技术对社会发展的影响，构建与社会发展相适应的价值观和责任感；选修部分包括"算法与程序设计"模块，"多媒体技术应用"模块，"网络技术应用"模块，"数据管理技术"模块，"人工智能初步"模块。选修部分强调在必修模块的基础上关注技术能力与人文素养的双重建构，是信息素养培养的继续，是支持个性发展的平台。

五、教育技术学本科专业（师范生）培养方案

（一）培养目标

本专业主要培养德智体美全面发展，具备扎实的教育技术基本理论和技术，能够在信息技术与教育应用领域从事教学系统和教学资源的设计、开发、运用、管理和评价的教育技术学科高级专门人才，包括各级各类学校、政府职能部门、企业单位和其他教育相关行业的教育技术人员及中小学校信息技术课程教师。

（二）培养规格

1. 掌握马列主义、毛泽东思想和邓小平理论的基本原理以及"三个代表"的重要思想，树立辩证唯物主义和历史唯物主义的世界观、正确的人生观和价值观，热爱教育事业，恪守职业道德，教书育人，为人师表；

2. 具有较强的实践应用能力、创新意识和协作精神，体魄健康，心理素质良好；

3. 系统掌握教育技术学的基本理论和研究方法，熟悉国内、外教育技术学发展的现状与趋势，具备从事相关课题研究的能力；

4. 熟悉掌握现代教育信息技术的基础知识和基本技能，具备教学系统与教学资源的设计、开发能力以及教学资源的应用、管理和评价能力；

5. 具有良好的信息素养，胜任中小学校信息技术课程的教学工作；

6. 掌握一门外语，达到国家规定的四级或四级以上外语水平。

（三）计划学制、最低毕业学分、授予学位

计划学制：本专业实行学分制，学制一般为四年，允许提前或推迟毕业，具体按学校有关学分制管理条例执行。鼓励学生攻读双专业、双学位和辅修专业。

最低毕业学分：160学分。

授予学位：理学学士。

（四）课程修读要求

1. 全校公共必修课为全体学生必须修读之课程，计40学分，其中体育、军事理论和计算机基础（第一阶段）试行通过性考试。

2. 学生须从学校提供的公共选修课程中按人文社科类、自然科学类、艺术类和教育科学类分别选修4 2 4 2个学分，共修读12学分；就业指导课以讲座形式进行，开设4～6个讲座，计1个公选课学分。

3. 学科基础课为必修课程，共设6门计16学分，前2门为学科大类基础课，后4门为学科专业基础课。

4. 专业必修课程共设10门计23学分，其中带☆号课程为综合课程。

5. "学科前沿导引"为学科导论课程，以讲座形式分散安排在各个学期。

6. 本专业设置4门双语教学课程（计划表中带＊号者），不再单独设置专业英语课程。

7. 专业选修课程分为限选课和任选课，学生须按如下规定至少修读47个学分：

（1）限选课修读27个学分：主选组为全体学生必修之限选课程，计15个学分，另外再从"信息技术教育"、"教学资源开发与管理"两个方向模块课程中，选择其中一个模块修读12个学分；

（2）任选课修读20个学分：学生可从本专业课程计划表中三个任选课模块、限选课中自己未选择的方向模块、本院其他专业提供的选修课程、学校公选课程以及外院（系）校提供的选修课程中修满此项学分。

8. 实践环节与毕业论文（设计）为全体学生之必修课程：

（1）专业实践为6学分，设教学资源设计与开发、教育电视节目制作、网络教学应用三个实践项目，每个学生只能选择其中一项；

(2)教育实习 8 学分;

(3)毕业论文 6 学分,允许并鼓励学生自定选题,毕业论文实行答辩制度;

(4)另设研究与创新实践 2 学分,不给学时,分散安排在第 5~8 学期进行,研究与创新学分由院教学指导委员会根据有关条例组织认定。

9. 实行"教师职业技能合格证"制度,没有取得合格证的学生不能参加教育实习。

(五)课程结构比例表

课程类别		学时数	占总学时的比例	学分数	占总学分的比例
全校公共课	公共必修课	928	35.1%	40	25%
	公共选修课	204	7.7%	12	7.5%
学科基础课		314	11.9%	16	10.0%
专业必修课		396	15.0%	23	14.3%
专业选修课		799	30.3%	47	29.4%
实践教学、毕业论文(设计)		20 周		22	13.8%
总计		2 641/20w	100%	160	100%

(六)课程方案表

1. 全校公共课

(1)必修课:大学英语、马克思主义中国化概论、马克思主义哲学、马克思主义政治经济学、思想品德修养、法律基础、大学体育、计算机基础、军事理论。

（2）选修课：人文社会科学类、自然科学类、艺术类、教育科学类、就业指导课。

2. 学科基础课

高等数学、普通物理、*教育技术学导论、*现代教育基础、心理学、美学概论。

3. 专业必修课

学习科学与学习技术、☆媒体与传播、☆教学系统设计、☆教育技术学研究方法、电子线路基础、现代远程教育、教育电视节目编导与制作、学科前沿导引、德育理论与班主任工作、中小学信息技术课程教学法。

4. 专业选修课（限选课）

（1）主选组：微机原理、数据结构与算法描述、数据库原理与应用、数字电路、电视原理与系统。

（2）方向1 信息技术教育：计算机网络基础、多媒体技术、信息技术与教育、高级语言程序设计、网络教育应用、教育信息处理、人工智能概论、教育信息化环境建设。

（3）方向2 教学资源开发与管理：离散数学、软件工程、多媒体教学软件设计与制作、网站设计与开发、面向对象程序设计、电脑平面设计、动画设计、数字影音技术、教学资源管理技术。

5. 专业选修课（任选课）

（1）综合性任选课：线形代数、概率论、艺术基础、摄影技术、数字电视、数字摄录技术、音响工程、电视采访、电视新闻采编、电视纪实作品创作、电视音乐影响、操作系统原理、计算机接口技术、计算机图形学、网络工程与系统互连、虚拟现实技术基础、计算机新技术、学习环境设计、知识管理概论、教育管理与绩效技术、学习指导的理论与实践。

（2）考研模块：根据当年考研需要，开设系列考研辅导课程。

（3）院设特色课程：根据不同时期的不同实际情况，开设2～3门适合本院学生专业特点的素质教育课程。

6. 实践及毕业论文（设计）

专业实践、教育实习、研究与创新实践、毕业论文（设计）。

参考文献

［1］［2］［美］巴巴拉·西尔斯，丽塔·里齐著，乌美娜，刘雍潜等译，尹俊华，张祖忻等校.教学技术：领域的定义和范畴［M］.中央广播电视大学出版社，1999.

［3］Rober A. Reiser. *A History of Instructional Design and Technology*：*Part 1*：*A History of Instructional Design*［Z］. ETR&D，2001.

［4］中华人民共和国高等教育法［Z］.1998.

［5］北京师范大学.教育技术学专业培养目标及培养方案的国内外调研报告［R］.2000.

［6］教育技术学专业（本科）分类发展专业规范（草稿）［Z］.2003.

［7］全国普通高等院校教育技术学本科专业规范研讨会会议纪要.2003.

［8］信息技术标准解读［M］.人民教育出版社，2003.

本文选自《电化教育研究》2003年第12期

教育技术学科建设：中国道路

南国农*

一、艰辛的历程

（一）80年代的辉煌

在我国，"教育技术"这个术语是上世纪80年代自美国引进的，而普遍得到使用则是在90年代以后，在此之前，它的名字叫"电化教育"。

我国的电化教育诞生于上世纪30年代，作为一项事业，已有70多年的历史；作为一门学科，则出现得比较晚。电化教育学科体系是进入80年代后逐步形成的，部分高等师范院校开设电化教育课程以及多种电化教育教材和专著的出版，是它形成的标志；1983年，国家教育部发布《高师本科专业目录》，将"电化教育"列入其中，是它正式确立的标志。

80年代是我国电化教育学科建设的美好年代，它的两个主要部分的建设（学科理论建设和学科专业建设），都得到了重大发展。

理论建设方面，对电教理论和实践中的一些较为重大且带有根本性的问题，进行了较深入的探索与讨论，有了一定的认识。以下是几点基本认识：

1. 电化教育姓"教"，不是姓"电"。因为，电化教育的对象是人，不是物；它所关注的，主要不是电光、电声、电控等现代技术本身，而是各种现代技术在教学、教育中的应用；它所追求的，不是教育的机械化，而是教育的最优化。

---

* 南国农，西北师范大学教育技术与传播学院。

2. 电化教育是属于现代教育范畴的一种新的教育方式。它不只是一种新的教育工具，不只是一种新的教育方法，不只是一种新的教育内容传递形态，不只是一种新的教育形式，而是所有这些的综合，是一种新的教育方式。

3. 电化教育是以现代教育媒体的研究和应用为核心的，它的理论体系由"七论"（本质论、功能论、发展论、媒体论、过程论、方法论、管理论）构成。这是不同于美国教育技术最明显的地方。

4. 电化教育是一门学科，一项事业，也是一种产业。

5. 电化教育的服务对象是各种教育：幼儿教育、普通教育、高等教育、职业教育、成人教育、特殊教育、继续教育等。它的施教对象是各个年龄阶段的人。

6. 电化教育系统是一个大系统，由四个子系统组成：普通学校电教系统、高等学校电教系统、成人教育电教系统、现代远程教育系统。

7. 电教工作者的角色定位：电教工作者不应是单纯的媒体服务员，而应是教育革新者。他们的使命，不仅是支持教学，而且是发展教学。

以上是理论建设方面所取得的几点基本认识。

专业建设方面，80年代已初步建立我国特有的电化教育学科专业体系。我国的电教专业是多层次、多方向、多性质的。

多层次。包括专科、本科、研究生三个层次，研究生层次包括硕士学位研究生和博士学位研究生，形成了比较完整的教育技术人员培养体系，这在其他国家和地区都是少有的。

多方向。目前我国教育技术学专业设置的方向主要有：教育技术基础理论，教育电视，计算机、多媒体、网络技术教育应用，教育软件工程，现代远程教育等。有的学校还在专科层次设置了现代广告、电脑美术、电脑音乐等方向。

多性质。多数是师范性质的，也有非师范性的和半师范性的。

在这个系统中，除了博士研究生层次、多媒体和网络技术教育应用方向是90年代以后发展起来的之外，其他的都是在80年代就已经具有的。

以上是我国电化教育学科建设发展的基本情况。

（二）90年代的困惑

90年代是我国教育（电化教育）学科建设的大发展年代，也是大困惑年代。

随着美国AECT教育技术定义，特别是AECT94定义的引入，以及采用美国的"教育技术"名称，我国的电教界，特别是理论研究领域发生了很大的变化。主要变化是：

1. 名称改了。学科名称，由"电化教育"改为"教育技术"。

2. 定位变了。学科定位，由一般定位于"教育"变为一般定位于"技术"。

3. 研究领域"泛化"了。学科研究领域，由主要是借助现代技术媒体的教学，变为所有学习资源和学习过程，变得"泛化"了。

4. 培养目标模糊了。学科专业培养目标，由主要培养三种人（电教课教师和研究人员、电教技术人员、电教管理人员）变为不知究竟培养什么人，变得模糊了。

5. 努力方向没有了。学科研究的努力方向，由为建设有中国特色的电化教育而努力，变为基本上没有了这个努力方向。进入90年代，我国教育技术界出现了这样一种观点："教育技术就是教育中的技术"，而"技术是没有国界的"，美国的教育技术拿到中国来也完全适应，建设有中国特色的教育技术也就没有什么意义了。在这种观点的影响下，这个努力方向也就基本没有了。

面对上述种种变化，人们心里在想：这到底是为了什么？这样变好吗？人们对此深感困惑。

（三）新世纪的希望

进入新世纪，我国教育技术学科建设的理论研究中出现了一个新情况，开始重视了批判反思。其中一项尤为令人注目的是：对引进美国AECT94定义及改名为"教育技术"的反思。AECT94定义到底给了我们什么？将"电化教育"改名为"教育技术"真的是有必要吗？它给我国教育技术学科建设和事业发展带来了怎样的影响？人们对这样的有人认为"不是问题的问题"，也开始反思了。

反思是一个自我总结的过程，是一个查行为、清思路、找问题、寻出路的过程。目前，反思仅仅是开始了，也找出了一些问题。主要问题大致有以下一些：

1. 教育技术学的定位和逻辑起点到底应该是什么？

2. 我们究竟要研究什么？

3. 我们究竟要培养什么人？

4. 为什么人们对美国AECT教育技术定义（特别是94定义）的研究是如此热衷，而对本国90年代的五大教育技术实验及其他实践经验的研究如此淡漠？

5. 我国教育技术界是否存在着西方"教育依附理论"的影响？

什么是"教育依附理论"？在前年（2004年）8月底举办的"高等

教育北京论坛"上,潘懋元教授对这个问题作了较深入的论述。

教育依附理论是上世纪 70 到 80 年代在国外兴起的。它的基本观点是:发展中国家对发达国家在教育和学术领域存在着不可避免的依附甚至依赖,这样一种文化和学术领域的"国际格局"短时内不可逆转(美国学者 Philip G. Altbach)。

在这种理论的影响下,我国高教理论研究领域出现了这样一些观点和现象:

出现的主要观点是:中国高等教育是依附于西方高等教育而发展的。

出现的主要现象是:

现象一:一些高等教育研究者自觉不自觉地认可学科的"西方中心主义"。认为,如果与西方理论、方法有差异,这些研究就是"非科学的"、"不成熟的"。

现象二:"一些高等教育研究者,呈现一定的主体性的迷失,盲目地追求理论和方法的国际'时尚'和'潮流',忽略对其理论与方法的深度反思与改造以切合己用"。

我国教育技术理论研究中有没有存在"依附"现象?"依附理论"虽未直接介入教育技术学科领域,人们或许都不知道这个术语概念,但是,由此理论引发的一些现象,是不是也有不少出现在我们的周围?值得思索、讨论。

批判反思是一项满怀希望的活动,它正在帮助人们走出困惑,给人们带来了希望。它使人们复苏了建立具有中国特色的教育技术的愿望,有了构筑一条"中国道路"的追求。

二、中国道路的基本内涵

（一）什么是中国道路

中国道路是一条摆脱依附、自主创新之路。它是在不断总结电教理论研究和实践经验的基础上修建起来的。信息化教育也就是电化教育，是电化教育发展的新阶段。我们的电化教育自上世纪 70 年代末重新起步以来，大致经历了两个发展阶段：70 年代后期到 90 年代初期，是视听教育阶段；90 年代中期以后，进入信息化教育阶段。信息化教育也就是信息时代的电化教育。我赞成采用"信息化教育"这个名称，用"信息化教育"来代替（不是取代）"电化教育"。采用这个名称，既可保持中国的特色，又可凸显时代的特征。新时代的核心特征是信息化，这已是人们的共识。

（二）中国道路的实质

信息化教育中国道路的实质是：以科学发展观为指导，实现现代教育思想理论与现代信息技术的融合。

以科学发展观为指导。什么是科学发展观？科学发展观的精髓是以人为本，强调三个发展：社会全面的发展、协调的发展、持续的发展。以科学发展观指导信息化教育学科建设，就是说我们从事本学科理论研究和专业建设，要以学生发展为本，以实现全体学生个性的全面发展、协调发展、持续发展为总目标。

实现现代教育思想理论与现代信息技术的融合。就是说，从事信息化教育学科建设，无论做什么事，都要想到并依赖这两个方面。要牢记并实践这个公式：

这个公式告诉我们,在信息化教育建设中,现代教育思想理论与现代信息技术的关系是,是"相乘"的关系,而不是"相加"的关系。相加的关系,这两个方面,只要一个方面做好了,得了 100 分,另一个方面,即使是零分,其结果也可以是 100 分;而相乘的关系是,只有一方面做好了,得了 100 分,但另一个方面做得不好,得了零分,其结果还会是零分。必须实现二者的融合,同时做好两个方面的工作,才能取得成功的信息化教育。要想让信息化教育办得成功,让它腾飞,必须给它同时插上这两只"翅膀",一只翅膀飞不起来,两只才能腾飞。

(三)中国道路的构成

信息化教育中国道路由五大支柱、三大实践领域构成。

五大支柱是:

1. 基本理论研究。基本理论研究的任务主要有两个:(1)建立和完善信息化教育的基本理论体系;(2)解决现实中的有关认识问题。

2. 硬件环境建设。当前,硬件环境建设的重点是:校园网和多媒体网络教室的建设。

3. 软件资源开发。当前的重点是:网上课程、数字化教材、教学信息资源库的开发。

4. 新型模式建立。当前的重点是:建立适应素质教育要求的网络环境下的新型教学模式。

5. 有效管理探索。其主要任务是探索和制定与信息化教育管理相关的规章制度。管理的主要内容是人、财、物,核心是人的管理。

三大实践领域是：

1. 学校信息化教育领域。

2. 现代远程教育领域。

3. 教育管理和信息化教育队伍培训领域。

上述五大支柱和三大实践领域，是构成信息化教育中国道路的两个基本要素，是信息化教育的基本内涵。

三、逐渐完善，稳步前进

（一）立足本国实际，追踪现实问题

立足本国实际。我们教育技术学科建设的实际状况是怎样的？是否可以用这样一句话来概括：我国教育技术学科建设还处在初期阶段，学科理论大厦的建设，外部结构初具规模，内部安装远未完善。我们已初步建立的本学科的理论体系框架，大体上有两套：一套是主要以美国 AECT 教育技术 94 定义为依据建立的；一套是主要在不断总结本国实践经验的基础上建立的。两套理论框架的建设，都是处于初期阶段，都是外部结构初具规模，内部安装远未完善。这大概就是我国教育技术学科建设的实际。

追踪现实问题。教育技术学科理论建设中的现实问题是什么？我想，前面谈到的五个问题，也就是当前理论建设中的主要现实问题。其中这样两个问题，更值得关注：1.教育技术的姓氏问题，究竟姓什么？姓"教"？还是姓"技"？这是一个关乎本学科发展的最根本性的问题。这个问题看似简单，却一直是悬而未决。2.教育技术学的基本理论究竟是什么？这也是当前教育技术学理论建设中的一个非常重要的现实问题。

教育技术学科建设要从本国国情出发，着重研究本国实际，总结本国经验，解决本国问题。首先是要研究解决自己的问题（本学科理

论研究和实践应用中的问题），他人（他国、他学科）的问题也要研究，研究他人的问题是为了更好地解决自己的问题。不能是对美国教育技术学的发展历史还算清楚，而对本国教育技术学的发展历史却不明白；对建构主义学习理论是什么尚能回答，对教育技术学的基本理论是什么却说不出来。

（二）既要借鉴，更要超越

教育技术学科建设，要学习、借鉴他国的优良经验，积极吸收人类的一切先进文明成果。"他山之石，可以攻玉。"对于外国的一切好的东西，可以采取拿来主义，把它"拿来"。但是，不能止于"拿来"，而应在"拿来"的基础上有所创新，使它变成"拿去"，既要借鉴，更要超越。教育技术学科建设的发展，只有通过创新、超越，才能实现。在理论研究界常常可以听到这样一种说法：中国的问题只能由中国人用自己的理论来解决，让外国人来解决中国的问题，是行不通的。马克思主义如果不中国化，能解决中国的问题吗？不能。如果没有马克思主义的普遍真理与中国革命和建设的实际相结合而形成毛泽东思想、邓小平理论，马克思主义同样不能解决中国的问题。这个说法，很有道理。照搬外国的理论来解决中国的问题，是行不通的。为什么我们原封不动地引进美国的AECT94定义以及建构主义学习理论等，想用此来解决理论建设和课程教学实践中的问题，会遇到困难与困惑，会感受到"水土不服"的尴尬？主要原因是：中国的"水土"和美国的"水土"并不是完全一样的。中国的"水土"中蕴含的是重基础、重知识技能学习、重训练的教育传统，AECT94定义、建构主义学习理论中蕴含的是重智力开发、重个性、重自主性的教育传统。外国的东西要在中国生存、发展，必须本土化。

立足本国实际，追踪现实问题；既要借鉴，更要超越。这是教育技术学科建设中国道路的两个基本特征。

教育技术学科建设的发展是渐变过程，并非一夜之间能够实现，要逐步完善，稳步前进。

本文选自《电化教育研究》2006年第1期

设计研究：促进教育技术研究的方法论

张倩苇[*]

设计研究（design research, or design-based research, or development research）是近年国际教育研究领域一种新兴的研究方法论。它把教育看成是"设计科学"，致力于产品改进和知识培育，强调其问题取向和跨学科取向，是一种将研究与开发结合起来的方法论。设计研究致力于减少决策制定的不确定性，为干预提供建议，检验设计的一般原则，并促进教育干预开发中研究者和一线教师等专业工作者的专业发展。美国、澳大利亚、荷兰、坦桑尼亚等国的教育研究项目表明，设计研究具有广阔的前景。

一、设计研究的兴起及原因

近年来，越来越多的期刊文章、会议论文、博士论文报告设计研究，使人们对设计研究的兴趣不断增长。Educational Researcher 2003 年第 1 期，*Journal of the Learning Sciences* 2004 年第 1 期，*Educational Psychologist* 2004 第 4 期，*Journal of Computing in Higher Education* 2005 年第 2 期以及 *Educational Technology* 2005 第 1 期都陆续用整期刊登了设计研究的论文。另外，如 Richey、Klein & Nelson（2004）以及 Akker、Branch、Gustafson、Nieveen & Plomp（1999）也发表了相关文章。可以看出，设计研究的理论逐渐深入，实例也越来越丰富。

设计研究的产生主要有以下几个方面的原因：

1. 促进教育研究与实践的关联。这是设计研究产生的根本原因。长期以来，教育研究受到关于教育研究与实践的关联微弱的批评。由

---

[*] 张倩苇，华南师范大学教育信息技术学院。

于"传统的"研究方法（如实验、测量、相关分析）关注描述性知识，很少为教育领域的各种设计和开发问题提供有用的解决问题的处方，实践者和政策制定者抱怨教育研究缺乏实用性，研究者本人也有同感。而专业设计者面临的最大挑战是如何应对动态背景下复杂任务的多种不确定性。如果他们寻求研究的支持来减少不确定性，又会遭遇一些挫折：答案太狭隘而没有意义，太肤浅而没有作用，太人为而不相关。除此之外，常常是太迟而没有任何用处。为此，需要将教育研究与教育实践中的问题联系起来以产生有用的知识［National Research Council（NRC），2002；Lagemann，2002；Kelly，2003］。由于设计研究采用干预的方法寻求解决实际问题，设计研究非常适合将教育研究与实践联系起来，设计者重视用更合适的信息来为他们的选择创造更坚实的依据，为改善他们的作品提供及时反馈。而且，作为整体的专业开发者群体需要得到成长的知识主体的理论支撑和以经验为主的试验过的设计原则和方法的帮助。

2. 教育政策改善的需要。许多国家的教育改革政策非常生机勃勃，然而却也极其复杂。这些影响许多系统成分的改革努力往往是多层次的，包括大规模的政策和小规模的实现，而且所包含的因素和所涉及的人非常广泛。这些根本性的"革命"，即使有前景的话，也不可能实现。各种需求的范围很大，所提出的问题往往未清楚说明，建议干预的效果大多事先未知，最后的成功极大地依赖于大范围的实施过程。因而，这样的改革努力会从发展的（交互式的、循环的、螺旋的）方法中获益并整合研究活动来馈送过程。这样的方法会为逐渐接近理想和更策略性的学习提供更多的机会。特别是那些旨在探索和利用信息与通信技术在教育中应用的潜力的研究，更需要这样的研究来克服其内在的复杂性。而政策制定者极少委托这样的研究，至少与投资于开发本身相比是这样。通过在目标情境中仔细研究理想的干预的不断接近，研究者与实践者建构切实可行和有效的干预，用改进的明确表达的原则来支撑其影响（Collins，Joseph & Bielaczyc，2004；van den Akker，1999）。如果成功得出的研究结果被广泛认为相关、适用的话，也就增进了改善政策的机会。

3. 理论发展的需要。除了直接的实际应用和政策意义外，设计研究致力于通过把学习过程和支持过程的手段结合起来的研究来发展以经验为基础的理论。很多争论关注如何证明这些理论是以设计研究为基础的问题。为更好地理解情境脉络中的学习和教学，研究必须从模拟的或非常有利的情境走向更自然发生的试验台，即从实验室走向课堂，Kafai（2005）把课堂描述为"活生生的实验室"。而且，与实践更直接的交互会加深他们的理论见解，改变他们在设计原则上的描述性知识。

4. 设计实践发展的要求。许多教育研究者积极地开展建构解决新出现的教育问题的革新方案，但他们的理解时常停留在做出决定和因之发生的设计上的盲从。从这点来看，需要提取更清楚的促进今后的设计努力的学问，促进设计实践的强大。

二、设计研究的定义、特征与目的

（一）设计研究的定义

设计研究在英文中一般表述为"design research"，有的学者采用"design studies"或"design-based research"，有的采用"development/developmental research"（开发研究），也有的采用"formative research"或"formative evaluation"（形成性研究或评价），还有的采用"engineering research"（工程研究）。

设计研究最早由 Ann Brown 和 Alan Collins 于 1992 年提出，他们当时采用的是"design experiment"这个术语。Brown 关注"从事的设计实验意在将课堂从学术工厂转变为鼓励学生、教师和研究者之间开展反思性实践的学习环境"。

Barab 和 Squire 给设计研究下了一个包括大多数教育设计研究类属的广义定义："在自然情境中，旨在产生解释潜在影响学习与教学的新的理论、产品和实践的一系列方法。"从这个定义中可以看出，设计研究发生在自然情境而不是人为情境中，研究的是和教与学有关的理论、产品和实践，所采用的是一系列方法而不是单个方法。

为了进一步说明设计研究的本质，可以用它不是什么来说明。设计研究最突出的一点是它不强调孤立的变量。尽管设计研究关注特定情境中的特定对象和过程，但它试图研究那些作为一个整体的有意义的现象。由于设计研究关注特定的情境，它并不致力于得出不受情境约束的普遍化的结论。

设计研究的现实表现是，研究者提出在某种情境中有改善学习潜力的创新设计，然后对这个情境（如课堂）进行干预，在这个情境中进行观察、记录，并根据群体与设计的交互情况改进最初的设计。理论的发展会以通过记录设计变化导致改善的方式，或者假设被怀疑或通过与设计的交互得到证实的方式产生。

（二）设计研究的主要特征

综合国外学者的工作（Cobb, Confrey, Disessa, Lehrer, & Schauble, 2003; Kelly, 2003; Design-based Research Collective, 2003; Reeves, Herrington, & Oliver, 2005; van den Akker, 1999），设计研究具有以下特征：

1. 干预:"干预"作为普通的名称指产品、项目、材料、程序、过程等。设计研究旨在设计对现实世界的干预,通过设计和修改现实世界情境来检验理论和教学作品。

2. 重复:设计研究把分析、设计、评价、修正和再设计并入循环过程,改善干预的质量。例如,最初提出一个原型(即设计的干预),请专家进行评价,然后根据专家提出的修改意见,对原型进行修改。接着在小范围内实施原型,通过对实施过程的详细记录以及实施结果的分析,提出修改意见。在此基础上扩大实施范围并进行修正。通过这些紧密连接的循环过程,促进学习活动或产品的改进。

3. 真实的情境:研究必须解释设计怎样在真实情境中起作用。在真实的情境脉络中,如课堂,而不是实验室中阐述和解决复杂问题。研究者与实践工作者共同确认真实的教与学的问题,依据已有的设计原则创作原型的解决方法,测试、提炼原型的解决方法和设计原则,直至达到满意的结果。

4. 合作:设计不是个别研究者进行的孤立于实践的活动,而是要解决教师和学生面临的实际问题,要求研究者和实际工作者长时间紧密的合作。如果没有实践工作者的参与,是不可能清楚地了解实施的潜在问题以及产生解决这些问题的措施。像 Barab 的 Quest Atlantis,Dede 等人的 River City Project 是研究者与实际工作者紧密合作的典型。以往教育技术研究往往是一个单位中的一个或少数几个人参与。设计研究要求不同学科的教师以及教育研究、教学设计、认知科学、心理学、多媒体制作、编程专家等不同专业背景的人参与研究,进行合作并促进专业发展。

在寻求教育问题的创新性"解决方案"时,与教师、政策制定者、开发者等实践工作者的交互是根本。其最终目的不是测试当理论应用于实践时，它是不是一个好的事件的预测器。理论与实践的相互关系更复杂和动态，能否为现实世界现有的问题或预期的变化创设一个实用的和有效的干预？创新性挑战往往十分真实，否则也不会产生研究。与实践工作者交互需要逐渐阐明关键问题和其潜在的解决方案的特征。"理想的"干预的"逐步接近"或"演变性原型"的重复过程是令人向往的。有的人可能会认为"建构主义"开发方法更可取：研究者、实践工作者合作建构可行的干预并明确表述支持这些干预效果的原则。

5. 理论建构与问题解决：设计研究源于教育工作者改善教学的实际愿望，不是纯粹的功能意义。设计在一定程度上以理论主张为依据，实地测试设计有利于理论的建构。设计研究以教学者的现实为依据，从确认有意义的教育问题，到提出解决方案的循环过程。实施过程中所开发的理论是谦卑的，它们不仅仅关心特定领域的学习过程，还可解释设计活动。如 Cobb、Confrey、diSessa、Lehrer、Shauble（2003）等人指出："理论必须做实际工作"，理论给实践提供有价值的信息是方法的核心。设计原则和准则的产生使研究结果能转化为教育实践。与大多数研究方法不同的是，由于设计研究因工具性效果而慢慢传开，而且设计研究解决实际工作者在实践中遇到的问题，设计研究的理论产品具有快速回收投资的潜力。

（三）目的

设计研究目的有三个：一是形成与教育相关的理论或原则。设计研究可以发展理论，而不仅仅是凭经验知道"什么起作用"。有的是通过系统研究学习形式和支持它们的途径来发展特定领域的理论，产生关于教与学的有用的、可概括的理论,如 Vanderbilt（1992）认知与技术小组的工作,产生了抛锚学习理论;哈佛大学 Dede 等人的 River City 项目产生了情境学习理论。有的是以设计原则的形式产生,为设计和评价干预形成方法论方向。二是产生具有问题解决功能的适用于特定情境的知识。这对学校和教育团体有价值,有助于改进本地的教育。这是对社会的贡献。三是设计活动对参与者专业发展的贡献,这与学习有关。如,采用访谈、讨论、观察和日志等数据收集的方法可刺激参与者间的对话、反思或参与。

在设计研究法中,科学贡献（知识增长）与实践贡献（产品改善、参与者的专业发展）同等重要。这些思想在一些博士论文研究中得到例证。

三、设计研究的设计原则与实施步骤

（一）设计研究中的设计原则

设计研究所获得的主要知识是以在任务中支持设计者的真实的和方法的"设计原则"出现的。这些原则常常以启发式的形式陈述:

如果你要设计干预（如课程）X（在 Z 背景下,为目的或功能 Y）,那么建议你最好给出干预的特征 C_1、C_2、……C_n 然后,通过程序 P_1、P_2、……P_n 实施,因为理论论据 T_1、T_2、……T_n,和经验论据 E_1、E_2、……E_n。

当然,这些原则并不能保证成功,但它们试图为特定的设计和开发任务挑选和应用最合适的真实的和程序性的知识。

形成性研究中,关于干预的基本特征真实知识这类知识可部分从产生的原型本身得出。这是搜寻和仔细分析已有的合适的干预来为新的设计任务（当干预是一个具体的产品而不是一个过程取向的方案时

更容易）生成想法的一个有利的原因。然而，当理论争论被证明正确，在指明方向上联结得很好，有令人信服的经验证据支持这些原则的影响时，将极大地促进知识的价值。而且，如果它们成功地设计出更多背景中的更多干预，这些启发式原则会更有力。

（二）设计研究的实施步骤

1. 初步研究

对任务、问题、情境脉络的深入和系统调研，包括对文献中最新知识的分析来收集更准确、清晰的连接。典型的活动包括：文献综述，专家咨询，相关目的的有前景的实例分析，对当前实践个案的研究进行详细说明以更好地理解预期用户情境脉络下的需求和问题。文献综述研究的目的是为研究建立概念基础。

应当注意的是，由于设计研究往往是针对特定的情境，一定要注意特定研究实施的局限性或独特的条件。这种局限性会影响到研究结论归纳的范围。结果可能仅适用于研究情境或有类似特征的情境，而不是适用于更广泛的教学情境。

2. 理论嵌入

努力运用大量系统的最新知识来明确表达设计选择的理论基础。而且，经过对干预质量的经验测试，得出对干预（实体的设计原则）的基本特征的设计原理的明确反馈，清楚表达理论能促进理念的"透明度"和"可信性"。由于它们关注特定的领域，这些理论性理念常常被称为"小型的"或"本土的"理论，尽管有时可与更广泛的"中间范围"的理论建立联系。

3. 经验测试

提交清楚的在真实用户情境中对预期目标群体干预的实用性和有

效性的经验测试证据。鉴于干预和情境的变化广，应考虑各种"成功"的指标（直接的和间接的，中间的和最终的）。

4. 提供证据、分析并反思过程和结果

特别关注对整个设计、开发、评价和实施过程及其结果的系统记录、分析和反思，以便为设计和开发的方法论的扩充和详细说明作贡献。

在现实中，各类设计研究的侧重点有所不同。形成性研究是设计研究中最广泛的类型，包含上面提到的所有成分，但关注理论嵌入和经验测试。探索性的设计研究适当强调初步调研，而重建研究关注记录、分析和反思。

设计研究采用的方法并非不同于其他的研究方法。尽管不同类型和不同阶段的设计研究所采用的方法有所不同，但主要包括文献综述、个案研究、深度访谈、实地观察、文件分析、评价、实验、调查、德尔菲法等。它运用多种方法和工具，将人种学中的定性方法和实验研究中的定量方法有机地结合起来。此外，设计研究所使用的方法还有如下特征：建立原型时深入细致的形成性评价，优先考虑信息的丰富性和效率，三角测量（triangulation），质量标准的替换（效度、实用性和有效性），有限的（分析性）概括（Akker & McKenney，2004）。

四、设计研究在教育技术领域的应用

《交互式多媒体环境中的真实性学习》是 Jan Herrington 在澳大利亚 Edith Cown 大学的博士论文，由 Ron Oliver 教授指导。她是 1999 年 AECT 青年研究者的获奖者。Herrington 采用了一系列创新研究策略，包括对用多媒体学习的成对的学生间的对话进行视频分析。首先，她与教师教育工作者一起开发情境学习关键特征的模式。其次，她将这

些特征在创新的多媒体学习环境中实例化，开发交互式学习环境。随后，她与合作者在多种情境（包括职前教师教育课程和 K-12 学校）下测试。这一系列的研究在相近的情境中实施有价值，还得出了可用于许多其他情境的归纳性设计原则。Herrington 的研究还在进一步发展中，她最近关注基于 Web 的学习环境的真实活动的设计。

荷兰 Twente 大学以采用设计研究进行博士论文研究而知名。如 Voogt（1993）和 Keursten（1994）对不同学校学科课件的开发；Kessels（1993）关注团体教育中的设计标准；Van den Berg（1996）和 Roes（1997）强调教师在职教育中的方案；Nieveen（1997）探索了计算机对课程开发者支持的潜力，通过开发一个计算机支持系统来帮助课程开发者优化形成性课程评价努力的效果；Visser（1998）对远距离教育中的通讯支持工具的研究；Thijs（1999）对发展中国家教师发展的研究。De Vries（2004）在小学开展了四个设计实验来解决如下问题："怎样将反思嵌入学习过程来改善个人对一个领域和学习任务的理解？"McKenney（2001）采用设计研究法，提出的研究问题是："在为南非中学阶段科学教育和数学教育创作范例课程材料的过程中，有效的、实用的支持工具的特征是什么？"van den Akker 教授在指导这些博士论文研究中起着重要作用。这些范例非常有用，因为它们清楚地表明，有恰当的支持，博士研究生可以在教育技术领域从事设计研究。

五、设计研究面临的困境与挑战

设计研究越来越多地运用于学习、课程、教育技术等领域来改善教育，但它也受到常规方法未曾面临的挑战。

1. 研究术语的统一。如前所述，设计研究的术语五花八门，而且未对定义形成统一的意见。尽管不可能用单个术语描述这一现象,但是有必要对设计研究术语进行分类。

2. 设计者的角色分配。由于方法(情境中的原型)的本质,设计研究者常常发现他们处于提倡者和批评者的角色冲突中(Design-based Research Collective,2003)。多重角色在形成性评价中非常有用。当设计者参与形成性评价活动,他们有更深、更敏锐地了解设计的优势和弱势的机会。这样可以缩短开发团队之间的交流以及修改版本所需的时间。然而,尽管努力刺激了批评,但设计者和评价者可能是同一人的事实,增加了评价者效果的(Patton,1990)机会。参加者的反应会因设计者在形成性评价中出现而不同;而设计者可能(无意地)不接受批评。当设计者开展评价活动时,"我们必须注意考虑我们的角色对研究现象的形成和影响,宁愿试图成为客观的观察者。当个体承担研究者、教师、教师的教师等多重角色时,这个问题变得很明显"(Putman & Borko,2000)。当设计者又是项目的评价者时,很难进行可靠的评价。

3. 过多的研究数据。Dede(2004)发现设计研究中数据收集过多,导致"所有发生在15步内的研究现象被重复访谈、录像、观察等。这种笨拙的努力对教育知识的贡献产生的是鼠目寸光的见识"。过多的数据引起要分析哪些数据,而放弃哪些数据的问题。Kelly(2004)问道:"没有交待有多长的录像带没有观看,有多少学生的'作品'未看?"数据收集是劳动密集型活动,耗费大量的人力、物力和时间,却很难确定是否会获得新知识。因此,不能受多就是好的误解的驱使,应仔细选择和运用数据收集方法获得有价值的研究数据。

4. 研究成果的传播。由于设计研究是一种新的教育探究方法,许多期刊的编辑和评论家对它不熟悉。因而,研究者应创造性地传播设计研究努力的结果。Reeves(2005)提出了发表设计研究成果的四步骤:设计研究者应定期在国际会议和特定学科会议上汇报设计研究的进展;应在项目的网站上保持一系列中期研究结果报告;定期向印刷或网络期刊提交会议论文的综合报告以及中期报告;结题时,设计研究者应出版一本书,总结整个项目的研究方法、结果、设计原则和相应的网站资源。发表成果的过程非常重要,它帮助压缩重复过程的研究结果,并形成一个整体,而且以框架或指导原则的形式供他人应用,对教育团体做出实质性贡献。

此外,设计研究还面临着取样的偏见、反应的偏见、研究者的偏见等问题。设计研究面临的挑战涉及到原型方法、评价设计研究效果的方法论以及新的技术是否会对设计研究的方法与结果带来改变等,这些都有待进一步研究。设计研究需产生好的实例,让他人了解设计研究的好处。

六、结语

如果设计研究激增,它将无处不在,它将克服大多数定性研究内容贫乏的缺点,媒体比较研究最终变得无用。如果设计研究成为教育技术研究的首选模式的话,它将提高该领域的质量和有效性(Reeves,2005)。

衡量设计研究的价值要看其改善教育实践的能力。由于设计研究在理论研究与教育实践之间架起桥梁,强调研究者、教师等的多方紧密的合作,贡献教育知识,可以预计在不久的将来,设计研究将在教育研究以及教育技术研究领域有广泛的应用前景。

参考文献

[1] Barab S., & Squire K. Design-based Research: Putting a Stake in the Ground [J]. *Journal of the Learning Sciences*, 2004. (13/1): 01～14.

[2] Brown A. L. Design experiments: Theoretical and Methodological Challenges in Creating Complex Interventions in Classroom Settings [J]. *Journal of the Learning Sciences*.1992, (2): 141～178.

[3] Burkhardt H. & Schoenfeld A. Improving Educational Research: Toward a More Useful More Influential and Better-funded Enterprise [J]. *Educational Researcher*.2003, (32/9): 3～14.

[4] Collins A. Toward a Design Science of Education. In E. Scanlon & T. O'Shea (Eds.), *New Directions in Educational Technology* [M]. New York: Springer-Verlag, 1992.

[5] Collins A., Joseph D. & Bielaczyc K. Design research: Theoretical and Methodological Issues [J]. *Journal of the Learning Sciences*. 2004, (13/1): 15～42.

[6] Cobb P., Confrey J., diSessa A., Lehrer & Schauble L. Design Experiments in Educational Research [J]. *Educational Researcher*. 2004, (32/1): 9～13.

[7] Design-Based Research Collective. Design-based research: An Emerging Paradigm for Educational Inquiry [J]. *Educational Researcher*. 2003, (32/1): 5～8.

[8] Gorard S., Roberts K. & Taylor C. What Kind of Creature is a Design Experiment? [J]. *British Educational Research Journal*. 2004, (30/4):

577～590.

[9] Kafai Y. B. The Classroom as "Living Laboratory": Design- based Research for Understanding, Comparing, and Evaluating Learning Science Through Design [J]. *Educational Technology.* 2005, (1): 28～33.

[10] Kelly A. Research as Design [J]. *Educational Researcher.* 2003, (32/1): 3～4.

[11] Kessels J.W.M., *Towards Design Standards for Curriculum Consitency in Corporate Education* [M]. Doctoral Dissertation. Enschede: University of Twente.1993.

[12] Keursten P. *Courseware-ontwikkeling met het oog op implementatie: De docent centraal* [Courseware Development From an Implementation Perspective: A Central Role for the Teacher] [M]. Doctoral dissertation. Enschede: University of Twente.1994.

[13] Lagemann, E. C. *Usable Knowledge in Education: A Memorandum for the Spencer Foundation Board of Directors* [Memorandum]. Chicago: Spencer [DB/OL] Foundation. Retrieved from http://www.spencer.org/publications/annual_reports/ar_2002.pdf.

[14] McKenney S. *Computer-based Support for Science Education Materials Developers in Africa: Exploring Potentials* [M]. Doctoral dissertation. Enschede: University of Twente.2001.

[15] National Research Council.*Scientific Research in Education.* R.K. Shavelson & L. Towne (Eds.), Committee on Scientific Principles for Education Research [M]. Washington, DC: National Academy Press.2002.

[16] Nieveen N. M. *Computer Support for Curriculum Developers:*

A Study on the Potential of Computer Support in the Domain of Formative Curriculum Evaluation [M].Doctoral dissertation. Enschede: University of Twente.1997.

[17] Patton, M. *Qualitative Evaluation and Research Methods* [M]. Newbury Park, CA: Sage.1990.

[18] Putnam R. & Borko H. What Do New Views of Knowledge Say and Thinking Have to Say About Research on Teacher Learning? [J].*Educational Researcher*.2002, (29/1): 4~15.

[19] Reeves T., Herrington J. & Oliver R. Design Research: A Socially Responsible Approach to Instructional Technology Research in Higher Education [J]. *Journal of Computing in Higher Education*.2005, (16/2): 97~116.

[20] Richey R., Klein J. & Nelson W. Developmental Research: Studies of Instructional Design and Development. In D. Jonassen (Ed.), *Handbook of Research for Educational Communications and Technology* (2nd Ed.) [M].Bloomington, IN: Association for Educational Communications & Technology.2004: 1099~1130.

[21] Roes M. *Nascholing op basis van lesvoorbeelden in de context van curriculum- vernieuwing* [English summary](Inservice Education Through Exemplary Lesson Materials in the Context of Curriculum Innovation)[M]. Doctoral dissertation. Enschede: University of Twente.1997.

[22] Thijs A. M. *Supporting Science Curriculum Reform in Botswana: The Potential of Peer Coaching* [M]. Enschede: University of Twente.1999.

[23] van den Akker J. Principles and Methods of Development Research. In J. van den Akker, R. Branch, K. Gustafson, N.Nieveen, & T. Plomp

(Eds.), *Design Approaches and Tools in Education and Training* [M]. Dordrecht: Kluwer Academic Publishers.1999: 1-14.

[24] van den Akker J. & McKenney S. *How Can Developmental Research Improve Science Curriculum Policies and Practices?* [C].Poster Session Handout Created for the Annual NARST Meeting April 1-3, 2004, Vancouver, BC.2004.

[25] van den Berg E. *Effects of In-service Education on Implementation of Elementary Science* [M]. Doctoral dissertation. Enschede: University of Twente.1996.

[26] Voogt J. M. *Courseware for an Inquiry-based Science Curriculum: An Implementation Perspective* [M]. Doctoral dissertation., Enschede: University of Twente.1993.

本文选自《电化教育研究》2007年第4期

对教育技术"工具理性"的批判

李 芒[*]

在教育技术领域中存在的唯工具论、盲目乱用、人与技术的关系不和谐等现象,是西方工业文明本身的弊端,是"工具理性"或"技术理性"过分扩张的结果。[1]基础教育现代化是在现代信息化平台上进行的,以信息技术为基础的现代教育技术的开发,导致了教学活动的时间和空间的变化,需要特别关注如何克服"技术工具论"的影响,在观念层面上实现从技术工具到主体发展的认识转变,在"工具理性"和"价值理性"之间掌握合理的"度",把握信息网络的文化性。[2]由此看来,认识信息技术在教学中的应用,应该以人的理性观为基础进行深入的思考。在人的本质问题上,传统理性主义者认为,人具有一种先于其存在的本质,这种本质就是理性,或者是理性的认识能力。柏拉图认为,理性这一高级的认识能力是对事物本质和规律的一种认识能力。理性是人所独有的重要特性,这种能力能够能动地反映和改造客观世界,还可以运用认识成果指导和规范自己的行为。人的大脑具有思维功能,可以通过对感官获得的材料的分析和思考,达到对事物本质和事物相互联系的认识,还能够按照客观规律,结合主体需要,形成实施方案,从而指导实践活动。[3]人类理性实际上可以归于人类认识能力的范畴,是人类认识事物的特质。关于理性的分类和表现形式,根据不同的理论有不同的说法。不同的理性,对运用技术的指导有所不同,产生的效果也就不同。教育工作者采取何种理性认识和分析教学问题,则直接影响到教学效果的优劣。

[*] 李芒,北京师范大学教育技术学院副院长、教授、博士生导师。

一、"工具理性"及其危害

目前，很多人对信息技术用于教学的认识基本上停留在"工具理性"的层面，而且在基础教育领域，"工具理性"还日渐流行，人们往往肤浅地、模糊地理解信息技术，使人类理性退化为一种工具的效能。这样，对信息化教学中的技术要素的理解就会出现偏差。那么，什么是"工具理性"，它的危害何在？法兰克福学派的创始人霍克海默在《理性之蚀》一书中清楚地写道，"工具理性"主要关心为实现那些被认为是理所当然的或自明的目的之手段的适用性，却不去关心目的本身是否合理的问题。"工具理性"强调手段及其与目的的可能的协调，它是一种只限于对工具而非目的领域的理性。它只追求工具的效率，它的价值由对人和自然的操纵与控制的效率来衡量，而对目的的合理性并不在意。显然，"工具理性"只关心怎么做，而不关心是否应该去做。它关心的是实用目的，价值是视其有用性而定，认为使用信息技术"应该"具有好效果，排除思维的否定性和批判性，因此是单向度的思维方式。"工具理性"还将技术视为实体性的手段和工具，认为技术可以解决一切问题。这种技术即工具的"技术工具论"，将复杂问题简单化。在回答"网络技术是如何影响教育教学的"这一问题时，往往简单化地将网络作为一种实体工具，只承认网络是在发挥实体工具作用。这种答案的不足在于它假定个体存在某种不变的本性，人与技术处于一种"目的—手段"的关系之中。在信息时代，这种"目的—手段"说已经无法有效解释人与技术的关系。

首先，技术不等同于实体工具，技术是人的活动方式，主要解决怎么做的策略、方法问题，人在各种活动中具有使用实体工具的可能性，仅此而已。人可以使用实体工具，也可以不使用实体工具，如果将用不用实体工具作为关键问题看待,就会误解技术和工具的涵义,就会认为必须使用实体工具才可称为技术。其实,技术本身应该包括实体技术和非实体技术,人们在使用技术或工具概念时,往往在无意识的情况下将技术或工具归结为实体技术,而忽略技术和工具的非实体涵义。实体技术与实体工具有一些相同之处,它们都是有形、看得见、摸得着的,存在于主体之外的客观存在物,实体技术比实体工具多了一个主体应用实体工具的涵义。如果将信息技术作为实体工具看待,讨论在教学中用不用信息技术已经毫无意义,这是一个典型的假问题。而真问题是"怎样使用",这是一个真正的教育技术问题。

其次,信息技术不但会对社会生活产生影响,而且会影响人的观念,所以信息技术最关键的意义并不在于提高传递信息的"效率",而是文化方面更广泛而全面的影响。现有关于新兴技术的讨论恰恰错过了这一关键层面的分析,往往把技术当做已经形成的个体用来强化其优势或劣势的手段。[4]技术工具论将主客体分离,认为技术是受人支配的,作为主体的人不会因为使用了不同的技术而有所改变。而实际上,信息技术已经改变了人的方方面面。德国学者莱德尔迈(Leidlmair)认为,我们的心智结构被我们使用的不同媒体所改变,不同媒体对心智结构有不同的影响,书写技术就对古希腊人的认知结构产生了某种影响。[5]许多人文主义学者认为,不能将人与技术的关系简单地归结为"目的—手段"这一范畴。技术不只是一种简单的手段或操作工具,它反过来会对人的思维感知、社会文化产生巨大影响。海德格尔就曾指出,技术并非一种中性的手段,它负载着这样或者那样的"偏见",人们在不知不觉中受到技术的"统治"和束缚,人本身依赖技术体系,人与其说是利用技术,不如说是为技术所用,人本身成为技术体系的职员、附属、辅助,甚至是它的手段。[6]人类自己创造了技术的庞大体系,这个体系一旦建立和运行,就立刻显现出不可驾驭的"狂野"性格,就马上对人产生了制约作用。人类已经无法真正控制自己所创造出来的"工具",相反,人类却被创造物所"统治",有时甚至变成了它们的奴隶。不仅是人使用工具,而且工具也会支使人,人不能随心所欲地使用它们。

二、对技术的理论分析

海德格尔的技术观对我们理解"技术不纯粹是工具和手段"具有积极的启发意义。起初,他认为技术是一种存在物,是工具,并将工具分为三个层次:工具使用的目的、工具的构成以及工具的使用者。[7]显然他是将技术作为实体事物了。后来,他丰富了自己的观点,指出技术又是一种揭示事物的形式。让-伊夫·戈菲认为,海德格尔强烈地反对技术的实用观念,不赞成技术是为了达到某种目的的一种手段的说法,而认为技术的本质丝毫没有技术的成分:技术不是为了达到某种目的的一种手段、一种工具,技术是一种揭示事物的形式。[8]笔者认为,这种评价和认识有一定道理,但总的来说有些绝对化了。

海德格尔认为,已有的关于解释技术的论断可以归纳为以下两种基本观点:技术是合目的的手段;技术是人的行为。[9]他把这两种技术规定称之为工具性的和人类学的技术规定。他认为这两种规定都有其道理,但是,正确与真实是有区别的,正确只是表述了一种不错的判断,但这种不错的判断并不一定触及真实的东西。这两种规定还没有向我们显明技术的本质。因为按照这两种观点,古代技术和现代技术并无本质的不同,只是在速度和效率上存在差异罢了,正如麦克卢汉将技术界定为人的延伸,有的是对人肢体的延伸,有的是对人大脑的延伸。[10]海德格尔认为,从工具的层面上根本无法把握现代技术的本质,它只关注具体的技术内容,而没有看到技术中存在的并活着的东西。如果不能真正触及技术的本质,就不可能真正理解技术与人、与世界的本质关系,也就不可能摆脱单纯工具性的技术观。实际上,任何重要的媒体技术都会深刻地影响到人的空间、时间要素,重构新的生存空间和生活经验。因此,技术在此不仅仅是实体工具,它已经对人类社会造成了实质性的影响。互联网作为一种媒体技术,早已不只是简单的工具,而是参与了现实社会生活的构建,为人们塑造了一个新的生存空间。技术为人提供了一个与外界各要素发生关系的平台,任何手段都不是单纯的、孤立的手段,它总是要求我们与事物产生联系。

在海德格尔看来,技术所到之处,无不构造着人与自然、人与人的某种新的关系。[11]在"关系"这一点上,其与马克思的认识十分相似。马克思认为,技术的本质不是某些抽象的物,它体现的是一种关系,一方面体现着人与自然界之间的一种客观的物质、能量和信息的交换过程;另一方面也反映着技术形态中人与人及人与社会的关系。[12]海德格尔还明确指出,"工具性的东西被看做技术的本质特征,倘我们逐步地追问被看做手段的技术根本上是什么,我们就达到了解蔽(Das Entbergen)那里。如是看来,技术就不仅是手段,技术乃是一种解蔽方式。倘我们注意到这一点,那么就会有一个完全不同的适合于技术之本质的领域向我们开启出来。此乃解蔽之领域,亦即真理之领域。"[13]他认为,技术不仅仅是工具和手段,它在本质上是一种解蔽方式。解蔽,即去除遮蔽,还现实事物以本来面目之意。海德格尔用于解释技术的另一个重要术语是"座架"(Ge-stell),按照通常的意义来看,座架一词指某种用具,例如一个书架,它也有骨架的意思。"座架意味着那种解蔽方式，此种解蔽方式在现代技术之本质中起着支配作用"。[14]

面对一系列有些陌生的概念，我们可以作这样的理解，技术是一种解蔽，"技术之本质居于座架之中"，即解蔽的过程是在座架之中完成的。技术作为座架，为我们的生存和理解设置了框架，我们所有的理解和生存方式，都发生在这一框架的背景之中，无法逃脱框架或站在框架之外。我们生活在这一世界之中，就只能在这一框架中解蔽世界，根据技术的秩序理解世界，座架的支配作用归于命运，技术是我们时代的命运，命运意味着某个无可更改的事件的不可回避。[15]按照这个逻辑思考，以计算机网络为核心的信息技术正是体现了现代人的命运。信息技术作为座架，使我们只能以信息化的方式解蔽世界，从而生存在一个不同于工业时代的全新的社会活动环境或场域之中。

海德格尔的观点可以引导我们进行转换角度思考问题，如果技术不只是工具和手段，它应该是什么？现代技术的本质是什么？站在这个角度上看技术，就可以得出不同以往的新认识。作为座架，技术是一种生存空间或生存环境，必定会影响到学生的生存，使得学生的行为方式、实践方式、思维方式发生适应时代发展的变化。将技术的本质定位在解蔽上，技术是一种从遮蔽到解蔽的过程，技术的本质应该是高于工具和手段的东西。同理，教育技术的本质也就应该高于工具和手段。海德格尔选择了解蔽这个概念作为技术的本质属性，在学习活动中，解蔽就是解决问题，就是求得新知，就是明白事理。因此，以信息技术为基础的现代教育技术就是解决问题的方式，是一个从不知到知的过程，学生和教师面对的不是一个一个的独立工具，而是一个座架，一个生存环境或称为生态环境。从技术的本质上看，信息技术就是信息化解蔽，为学生提供一个信息化座架。信息技术对学习的意义是信息技术的解蔽,与学生的学习与发展以及理解不知之物具有同一性,信息技术与学生的发展恰如其分地重叠在一起,信息技术必定会影响学习过程的三要素——学习主体、学习媒体和学习对象,必定会影响学生主体性的发挥。它可以指引我们从教育技术是"软的"还是"硬的",是"教育加技术",还是"教育中的技术"或是"技术中的教育"等思维范式中解脱出来,从更广阔更高远的视野上,从解蔽和座架的新视角看待和分析教育技术问题。

笔者将技术最后归结为"四个一",即"一个过程,一个方式,一个环境和一个命运"。由此可见,如果只从"目的—手段"的层面观察信息技术与人的关系,那么就会限制我们的思维,我们就不会产生新的发现,新的思路,也就不能真正把握人与技术的关系。

三、教育技术领域要大力倡导"目的理性"

对技术工具论反思的意义绝对不是为了拒斥现代工具的有效合理的使用。从整体上看,在学习实践中,技术的应用还远远没有达到"过多"的地步,使用技术本身这件事是无可非议的,而且有许多教师根本就缺乏对信息技术的关注。我们需要深刻反省的是"唯工具主义"、极端片面的"工具理性主义",而不是"工具的使用"。同时,对技术工具论的反思也不是为了逃避信息技术的座架,而是试图建立一个人与技术和谐相处的新世界,人的主体性能够得到最大限度的张扬,而技术也能够发挥出最大的作用。

当今时代,否定实体技术的人几乎看不见,而对技术抱有过高期望、存有"幻想"的却大有人在,简单化理解技术的人也为数不少。而实际上,信息技术不能解决所有的现代学习问题,技术的作用是有限的。"现代信息技术的应用,应当看做是一种教育生产力的革命,它所引起的是整个教育组织形式、教育中人与人之间的关系、教与学的各种行为等社会的、文化的、心理层面的变化。网络教学所引发的是一种整体性的教学模式的转换。"[16]这里提出了一个衡量信息技术有效性的价值尺度。信息技术对学习的影响应该是整体性的、全面的，而不仅仅是微观的、具体的。信息技术改变了学生的座架，改变了其思维和行为。至于使用了信息技术就能提高学生的考试成绩，就能多识几个单词等，并不是无条件的必然结果。也就是说，使用信息技术不是唯一达到学习目标的条件，即使能够做到，那也只是信息技术作为工具手段的外在意义，信息技术的内在意义则一定是改变了学生的生存方式。

"一个社会制度仅仅具备技术的合理性的条件是不够的。"[17]那么，我们的基本观点应该归结到何处？在信息化学习方式范畴内，乃至泛化到整个教育技术领域，以及"在这个技术宰制一切的时代中"[18]，应该大张旗鼓地宣扬"目的理性"。"目的理性"活动是指人们在从事某一活动时，其指导原则不决定于情感或传统，而决定于理性。[19]"目的理性"的活动代表了主动的适应形式，应该研究如何使周围环境在文化上适应我们自身的需要，而不仅仅是使我们自身同外界自然相适应。借用哈贝马斯的解释，"目的理性"就是为了生活，我们想要什么，而不是根据可能获得的潜力得出我们能够怎样生活，我们想怎样生活。[20]德索尔指出，任何一种技术客体的创造都必定包含人类的目的。[21]拉普也指出，任何技术的产生都必须以合规律性和合目的性的统一为前提。[22]"技术不是某种其他活动之外的活动，而是每一项活动都拥有其技术，技术可以为多种不同活动所共有。技术存在于每一项活动之中，技术与活动是同时存在的，二者的共存是无穷尽的。令投身一项活动的人感兴趣的是这项活动的成果,而手段对他们来说只是第二位的。"[23]可见,人们在与技术打交道时,必定有一个"具有合理性的目的"在起作用,这个目的是合理的,不是任何目的都适合一定条件下的技术,技术不仅与目的有联系,而且与什么样的目的有关,技术与目的具有内在逻辑关系。

与"目的理性"相似的一个概念是"价值理性",所谓"价值理性"是指基于主体的内在需求,通过对社会历史发展的普遍必然性的认识,确定和追求人生的目标,道德的境界和社会的理想。"价值理性"以求善为目的。[24]研究"目的理性"和"价值理性"的关系可以看到,目的之中渗透着价值。因为作为人们要达到的目的,一定会有某种价值,一旦目的得以实现,价值也会得到充分的体现。因此,目的和价值具有同一性,它们都是人类追求的内容。目的的价值反映了目的的本质。价值侧重于主体的需要,"价值理性"主要是一种对人类自身行为的规范性要求。在此使用"目的理性"的目的则是强调人所特有的目的而不是手段,"目的理性"的活动可以使目的在既定的条件下得到实现,这应该是信息化学习方式最值得关注的。

四、技术问题不可能只依靠技术手段来解决

哈贝马斯是崇尚技术"目的理性"的,他与马尔库塞一样,也看到了现代技术给人类带来的消极影响,但他却不赞同马尔库塞的悲观认识。哈贝马斯认为,确实存在称为"技术统治论的隐形意识形态",这种意识形态认为社会系统的发展似乎由科技进步的逻辑来决定,在"目的理性"的活动以及相应的行为范畴下,人的自我物化代替了人对社会生活世界所作的文化上既定的自我理解。技术统治的意识同以往的一切意识形态相比较,"意识形态性较少"。技术统治意识的意识形态核心，是实践和技术差别的消失。但是，这种技术统治的愿望，今天还没有在任何地方变为现实，甚至连基本理论也还没有。[25]

为了克服这种"技术统治论的隐形意识形态"，哈贝马斯一针见血地指出，"问题不是我们是否充分使用一种可以占有的，或者可以得到发展的潜力，而是我们是否选择我们愿意和能够用来满足我们的生存目的的那种潜力。"[26] 每一个人不是在两种技术之间进行选择，而是在技术途径和其他途径之间进行选择，换句话说，拒绝技术是可能的。[27] 人们发现了一种技术选择的自动性，这意味着人们将不仅仅在两种技术之间选择最为有效的，而是更为彻底，人们将在所有解决方案中选择解决方案。技术统治意识并不可怕，可怕的是人们不会按照既定目的去选择合适的技术，不会分析所定目的是否合理，不会根据目的在使用技术与否之中做出科学决策。

教学中教师和学生经常需要做出何时使用技术，怎么使用技术的决定。使用了信息技术不一定会产生好结果，即使技术达到了一定的水平和规模。18世纪的启蒙思想家和19世纪的青年黑格尔分子所说的那种社会解放，也不一定就会自动地随技术所拥有的物质条件和社会条件而一同出现。因为技术不能再按照工具模式来说明。也就是说，似乎技术是为未加讨论而假设的目的或者为在交往中得到了说明的目的而被组织起来的合适手段。技术向人类提出的挑战是不可能仅仅用技术来对付的。确切地讲，必须进行一种政治上有效的、能够把社会在技术知识和技术能力上所拥有的潜能同我们的实践知识和意愿合理地联系起来的讨论。[28] 在教学领域所发生的技术问题，技术对学习和教授产生的影响问题，也同样不能仅仅用技术来解决，更不能用技术化的思维方式来看待教育教学现象。跳出技术工具的狭隘空间，站在技术工具之上，利用技术之外的各种要素，有效地解决学习之中的技术问题，是一条可行之路。

总之，将教育的振兴和发展希望寄托在纯物质因素基础之上的倾向是十分危险的。海德格尔和马尔库塞属于技术悲观论者，哈贝马斯可以算作技术乐观论者，笔者自认为是一个"有限的乐观论者"。神化论和灾难论都是片面的，我们应该大张旗鼓地拒斥"冷若冰霜的工具理性"，而将技术注入人所特有的"激情"。我们拒斥"工具理性"，但并不拒斥理性。在我国，理性的光辉依然是十分暗淡的，尤其是"教学理性"还远远不够。我们拒斥"工具理性"，但并不拒斥工具。在教学中合理有效地使用工具，不是多了而是少了。"现代化，是人的现代化。教育现代化的终极价值判断是人的发展，是人的解放和主体性的跃升。"[29]

说到底，学习是人的活动，是人的行为组合序列，应该关注学生的行为活动，而不能过于关注实体技术。现实中却是需要人去适应技术，或是使人对这些技术所带来的不便麻木不仁，人们往往会愉快地接受奴役。"社会现代化首先是人的现代化，物的现代化并不一定意味着人的现代化，人的现代化则一定是物的现代化和社会现代化的前提和结果。"[30]实体技术的单路冒进无助于教学问题的解决。人的思想、经验、意志、道德等因素是决定教学效果的主要因素，没有人的现代化，所有的努力都是徒劳的。

参考文献

[1] 张曙光.生存哲学[M].昆明：云南人民出版社，2001.14.

[2] 裴娣娜.我国基础教育现代化发展的根本转化[J].北京大学教

育评论，2004，（4）；裴娣娜.论我国基础教育课程研究的新视域［J］.课程·教材·教法，2005，(1).

［3］［24］陈志尚.人学原理［M］.北京：北京出版社，2005.263-267、268.

［4］马克·波斯特.第二媒介时代［M］.南京：南京大学出版社，2000.34-35.

［5］Karl Leidlmair.From the philosophy of technology to a theory of media［J］.*Society for Philosophy and Technology*，1999，（3）.

［6］斯蒂格勒.技术与时间：爱比米修斯的过失［M］.南京：译林出版社，2000.30.

［7］［8］［23］［27］让-伊夫·戈菲.技术哲学［M］.北京：商务印书馆，2000.79-80、129-131、22、121.

［9］［13］［14］［15］海德格尔选集（下）［M］.上海：上海三联书店，1996.925、931、938、943-944.

［10］M.麦克卢汉.理解媒介：论人的延伸［M］.北京：商务印书馆，2000.21.

［11］冈特·绍伊博尔德.海德格尔分析新时代的技术［M］.北京：中国社会科学出版社，1993.84.

［12］［21］许良.技术哲学［M］.上海：复旦大学出版社，2005.54、128.

［16］鲁洁.网络社会·人·教育［J］.江苏高教，2000，(1).

［17］［19］［20］［25］［26］［28］哈贝马斯.作为"意识形态"的技术与科学［M］.上海：学林出版社，1999.95、38、78、62-76、77、93-95.

［18］冯建军.生命与教育［M］.北京：教育科学出版社.2004，扉页.

［22］拉普.技术哲学导论［M］.沈阳：辽宁科技出版社，1986.50.

［29］裴娣娜.我国基础教育现代化发展的根本转化［J］.北京大学教育评论，2004，（4）.

［30］黄宇智.现代教育改革论［M］.汕头：汕头大学出版社，1994.243.

本文选自《教育研究》2008年第5期

教育的"技术"发展史

郭文革*

一、背景

在传统的教育史叙事中，技术并非一个显在的要素。主要原因是教育技术的整体发展缓慢。历史上传播媒介技术的明显变化只有几次，在一定的历史时期内，往往很难观察到它的影响。以15世纪中叶至20世纪为例，支持人类教育发展的主要媒介技术就是印刷技术，而可观察的教育变革主要来自于教育理念、教育内容、教学方法和学校组织等方面的变革，因此，也很难在教育史中占据更多的空间。

20世纪电子媒介的快速发展，引起了学术界对人类交流和传播手段的研究热情，传播学、教育技术学等研究领域纷纷出现。20世纪60年代，加拿大学者麦克卢汉（Marshall McLuhan）、哈佛大学埃里克·哈夫洛克（Eric Havelock）、剑桥大学杰克·古迪（Jack Goody）和法国结构主义大师列文·斯特劳斯（Levi Strauss）等人对媒介、口传与书写的研究相继出版，引起了"口承与书写（orality and literacy）问题的讨论，在西方知识界引发了贯穿整个20世纪下半叶、几乎波及所有人文学科的大论战"[1]。20世纪后期出版的书籍史[2][3]、阅读史[4]、知识社会史[5]、知识分子研究[6]等著作中，都包含有对印刷技术、造纸术等因素的大量分析。世纪之交，影响中国网络教育政策议程的西方观点，也受到这次大论战的影响，需要放在这场大争议的

---

* 郭文革，北京大学教育学院副教授，博士。

背景下来解读。

这些关注传播媒介技术的研究，实际的旨趣却存有微妙的差异，正如media这个词的含义。Media是一个多义词，在media的名义下，有些研究关注"媒体"，即报纸、杂志、电视等行业的发展变化；有的研究关注"媒介"，即纸张、印刷机、CD、计算机等技术手段和工具的研究。媒介史[7]往往是两种视角的混合，即罗列媒介技术也讨论"媒体"的相关话题。在20世纪中叶兴起的这些传播技术研究中，有两个领域的学者比较关注"媒介"技术对社会发展、人类表达的影响。这两个研究领域是媒介分析学派和对口头传统的研究。

研究"媒介"对社会发展影响的学术传统始自加拿大经济学家哈罗德·伊尼斯[8][9]，麦克卢汉自认为是他的学生，并在伊尼斯研究的基础上提出了"媒介即是讯息"[10]的著名论断。媒介分析学者关注人类社会几次主要的媒介技术变革前后的一系列变化，例如公元前5～4世纪古希腊文明从口传到书写的变化，15世纪中叶印刷机出现前后书的外观、内容组织方式的变化等。媒介分析学者把这些"间断"的巨变以及其间发生的重大变革联系在一起，在大的历史时间跨度上，勾勒出一幅媒介技术影响社会变化的整体画卷。这种大时间跨度的宏观分析的优点是可以浓缩地观察媒介技术影响社会变革的大趋势，缺点是失掉了对具体某一"项"新媒介技术所引起的变革过程的细微观察。因此，西方学界批评媒介分析学派对社会变革的分析过于简化，是一种"技术决定论"。[11]互联网出现以后，当人类面临媒介技术的又一次巨大变化时，媒介分析学派的观点得到越来越多的关注，媒介分析学派的著作^①被翻译成各种文字，对传播学、教育学、情报研究、知识工程、人工智能等领域的研究，产生了广泛的影响。

研究口头传统的学者包括埃里克·哈夫洛克、杰克·古迪和瓦尔特·翁。他们对古希腊口传到书写那段历史的分析，他们提出的口传的思维和表述特点[12]，口头表达中的经验储存、记忆、复制[13][14]等，对于我们认识"媒介"在人类表达、知识储存、汇集和知识加工、分享、利用中的作用，提供了难得的洞见。

媒介分析学派和口头传统研究的成果，对于我们认识互联网带来的教育变革，理解"信息技术对教育发展具有革命性影响"[15]，预测网络影响下的教育发展，提供了独特的视角和丰富的历史材料。然而，由于传播技术的影响范围太广，与政治、经济、文化、教育等几乎所有的人类事务都有关系，所以这些著作引述的史料庞杂，叙述线索繁多，读者难以捕捉到清晰的逻辑线索。^②从这些叙述中梳理出媒介技术与教育的相关线索，是教育技术研究的一项基础性工作。

笔者对"媒介"的关注始于 2000 年第一次互联网泡沫破灭，聚焦

---

① 2000 年以来，媒介分析学派的一系列著作也被翻译成中文出版。主要包括：哈罗德·伊尼斯的《帝国与传播》和《传播的偏向》，马歇尔·麦克卢汉的《理解媒介——论人的延伸》和《机器新娘——工业人的民俗》，尼尔·波斯曼的《童年的消逝》、《娱乐至死》和《技术垄断 文化向技术投降》，约书亚·梅罗维茨的《消失的地域：电子媒介对社会行为的影响》，保罗·莱文森的《软边缘：信息革命的历史与未来》、《思想无羁》和《手机——挡不住的呼唤》，瓦尔特·翁的《口语文化与书面文化》，林文刚的《媒介环境学》和伊丽莎白·爱森斯坦的《作为变革动因的印刷机：早期近代欧洲的传播与文化变革》等。

② 媒介分析学派的著作是北大教育学院研究生必修课《教育技术学基础》的参考资料，也是网络读书活动的备选书目。学生在阅读过程中往往不得要领，似乎处处有真知灼见，但又很难把这些洞见组织成系统的解释。本文提出的媒介技术定义、教育的技术发展史的框架，也是在历年教学中经过反复尝试形成的。从与学生和同行的交流来看，定义和框架能够比较清晰、系统地解释媒介技术带来的变化。

于这项研究则是在 2005 年承担了全国教育科学"十五"规划教育部重点课题"高校现代远程教育试点政策变迁及未来对策研究"之后。在研究网络教育定位、分析网络教育政策变迁的过程中,笔者越来越感到缺乏从历史角度对"技术"与"教育"的分析,已经影响了对网络教育层次、定位的总体判断。从人类教育发展历史的宏观视角,来考察媒介"技术"与"教育"的相互关系,观察历史发展的规律,对于教育信息化的"顶层设计",对于明确网络教育定位,对于全社会形成关于"新媒介、新教育"发展共识,都具有重大意义。

  本文首先从西方媒介分析和口头传统研究的资料中,挑选出与学术研究和教育教学相关的资料;其次,提出一个媒介"技术"定义,认为可以从符号、载体、复制和传播特征等四个维度来界定一种新媒介技术,这个定义是我们分析媒介技术与教育发展的一个基本观察单位(变量);第三,以媒介技术定义为基础,解释了媒介技术发展的五个历史阶段,并重点分析了每一种"新媒介"是在哪一个维度上的创新;最后,在分析、分类和整理的基础上,提出了一个五阶段的教育的"技术"发展史的分析框架,试图从历史视角解读"媒介"与"教育"的相互关系。在历史发展的脉络中,寻找技术影响教育发展的规律。

二、本文的"技术"定义

  "技术"这个词有着多种多样的涵义,从单纯的硬件到解决问题的具体方法,都可以称为技术。美国经济学家加尔布雷思(Galbraith)认为,技术就是"在实践活动中,系统地运用科学或其他有组织的知识的过程"。然而,很多人听到"技术"这个词时,他们头脑中出现的还是计算机、CD 播放器和航天飞机这样的技术产品。[16] 由此可见,"技术"可能指一种"产品",也可能指一个"过程"。

广义地看,一切"技术"都在影响着人类教育的发展,但是,教育技术学所关注的"技术"并非泛指所有的"技术"。简单地说,教育技术学研究领域主要关注一类"技术",那就是传播媒介技术。无论印刷技术,还是广播电视,都可以归入传播技术的大范畴。信息技术本质上也是一种传播媒介技术。

在人类历史上,支持人类表达、交流与沟通的传播媒介技术还包括口头语言、象形文字、字母文字、图表、甲骨、竹简、莎草纸、人造纸、羊皮纸、活字印刷机、摩尔斯电码、电报、电话、模拟电信号、电影、电视、录音带、录像带、CD、二进制数、计算机、DVD和互联网等等。这类技术是波普尔(Karl Popper)的"三个世界"理论中"世界3"的容身之处。可以说,人类的科学探究、教育教学、社会组织制度等,都是在这"类"技术的支持下产生和发展起来的。

这类"技术"作为一个"显著"的影响因素(变量)进入教育研究者的视野不足百年时间,"教育技术学"的出现就是一个标志。这一百年正好是电子远距离通信技术飞速发展的一百年。因此,在教育技术学研究领域中,"技术"概念一直随着电子通信技术的发展而不断变化,没有形成一个稳定的分析变量和观察单位。

学术研究的基础是其核心概念体系。以什么样的"单位"作为核心变量,来观察和分析事物之间的联系,关系到一个学科的健康发展。核心概念界定得不好,就可能在学术研究中引起很多的"无效"争论。例如,多媒体、交互性究竟是两个相互独立的变量,还是一种"媒介技术"的两个不同属性?这个问题就在教育技术研究领域引起了大量的争议。教育技术研究领域关于"媒体论"与"学习论"的争论、关于"物化技术"与"智能技术"的讨论;从"媒体"到"交互"的研究偏好转移等,都源于没有厘清技术、多媒体、交互性这三个概念之间的关系。

因此,提供一个清晰的"技术"定义是从历史视角分析"媒介技术"与"教育"之间关系的出发点。囿于篇幅,本文不再渍墨引述教育技术学上一系列的"技术"定义,而是直接将讨论聚焦到媒介技术,构建本文的媒介技术定义。

1. 媒介技术

值得关注的是,当人们提到一项"媒介技术"时,通常指的是"几项"技术的组合,而非某一项单独的技术。例如,当我们谈起"印刷技术"的时候,通常暗示着表达符号是文字,书写载体是纸张,用印刷机复制书写的内容,依赖火车/飞机等交通工具运输图书。当说到"信息技术"的时候,意味着"表意符号"是文字、声音和视频等,而"存储和传播符号"是二进制的数字信号。"载体"是计算机,通过拷贝、粘贴、发送等操作来传输内容,信息以电荷流动的方式来传播等。同样,当我们谈到口头传唱、手工抄写、电视的时候,也分别对应着一组符号、载体、复制手段以及由此产生的一系列传播特征。由此可见,在定义媒介技术时候,必须要考虑符号、载体、复制方式和传播特征等属性。

另外,本文的"媒介技术"要对教育的技术发展史的研究提供支持,因此必须能够有效地解释历史上几次大的教育发展。目前,分析技术对教育变革的理论主要有阿什比的"四次智力革命"[17]学说、尼尔·波兹曼提出的媒介变革引起的西方教育"三次危机"[18]以及南国农提出的教育传播技术演进的四个阶段[19]理论。经过分析发现，在阿什比的理论中，后面三次革命是由媒介技术引起的，并且这三种媒介技术与尼尔·波兹曼的"三次危机"说雷同，都是口传到文字、印刷术和电子传播媒介。由于时代的制约，这两位学者未对互联网（数字媒介）和电视进行区别分析。南国农区分了互联网与电视机，但忽视了印刷机的变革，他把印刷机出现前后的两个时代合称为"文字书写"阶段，这显然不能解释印刷机所带来的巨大变革。综合分析，本文将媒介技术史划分为口传、手工书写、印刷、电子媒介（以电视为代表）和数字媒介五个主要的阶段，这也符合传播学的主流观点。

本文的媒介定义还参考了 Robert Kozma 提出的 Media Technology 定义和媒介环境学派①对"媒介"的研究。Kozma 将 Media Technology 定义为：媒介②可以通过技术、符号系统、处理能力等三个方面来定义。[20] Kozma 指出，一种媒介最显著的特征是技术，然而对于教学效果的影响主要来自媒介的另外两个特征——它支持什么样的符号系统、它具有什么样的处理能力。媒介环境学派认为，新传播媒介技术的出现将渐次地引起符号表达、人机交互、社会交流结构的变化，进而系统地改变一个社会的传播生态环境和社会制度环境。

结合以上分析，本文提出如下定义。这个媒介技术可以解释媒介技术发展史上几次重大的变革，为教育的技术发展史的分析提供了良

---

① 媒介环境学派是由媒介分析学派发展出来的。麦克卢汉去世后，媒介分析研究的大本营从多伦多转移到纽约。纽约大学教授尼尔·波兹曼和他的学生梅洛维茨、保罗·莱文森、林文刚是这个学派的学术骨干。2000年，由北京大学出版社出版、林文刚编写的《媒介环境学》描述了学术流派的发展，以及他们的主要学术观点。

② 为避免与教学媒体的相关争议相混淆，本文采纳媒介环境学派的观点，将 media 译为"媒介"。

好的基础。

媒介技术是一类支持人类表达、交流与沟通的技术，它包含表达符号、载体种类、复制方式，以及传播特征等四个子属性。

其中：（1）表达符号指口头语言、字母文字、画面、视听语言、电脉冲信号和01二进制信号等符号系统。符号是人类表达的基本单元，它决定了一种媒介技术所支持的表达方式。（2）载体是指书写、存储、传播和显示内容的物质。莎草纸、羊皮纸、人造纸、磁带、CD、电视、计算机、光盘、硬盘、闪盘、互联网等，都属于载体的范畴。（3）内容复制方式包括口传、手工抄写、机器印刷、电视播送、上传/下载等。内容复制方式，对于传播的准确性和传播速度，有着决定性的影响。（4）传播特征指由于符号、载体和复制方式的不同，所导致的人机交互、人际交互的差异。传播特征决定了一个社会的传播生态环境，并对政治、经济贸易和教育教学方式，产生了深刻的影响。单向传播/双向传播、同步/异步、互动等是人们常用的描述媒介传播特征的术语。

这个包含四个维度的"媒介技术"定义是本文的基础。下文将以此为核心变量，分析媒介技术对人类科学探索和教育传播的影响。

2. 媒介技术发展史

从媒介技术定义出发，笔者在借鉴了媒介环境学理论的基础上，从符号、载体、复制和传播特征等四个维度出发，重新梳理了人类媒介技术发展史，形成了表1所示的五阶段媒介技术发展史分析框架。

表1 媒介技术发展史

年代	符号	载体	复制	传播特征
口传：公元前4世纪中以前	口头语言	人	口传/记忆 人行走	人：同步、双向传播 社会传播中介：吟诵诗人
手抄文字：公元前4世纪中到1450年代	字母文字	莎草纸、羊皮纸和人造纸	手工抄写 人行/马走	纸：异步、单向传播 社会传播中介：抄书匠
印刷时代：1450年代至今	字母文字	人造纸	印刷机 交通工具	纸：异步、双向传播 社会传播中介：图书出版、报纸、杂志、印刷、造纸等行业
电子传播：1830年代至今	表意符号；存储和传输符号	磁带/录像带 CD、唱片、电视等	电台、电视台；视频转录等	广播/电视：单向传播 社会传播中介：电视采/编/播/编/导/演等
数字传播：1990年代至今	表意符号；存储和传输符号	硬盘、光盘、显示器、喇叭等	拷贝/粘贴；上传/下载	网络：异步/同步、双向传播 社会传播中介：你

从口传、手抄文字、印刷、电子传播到数字传播的历史发展过程中，媒介技术的变革具体表现为"符号、载体、复制和传播特征"这四个属性其中一个或者几个的变化，结果营造出了全新的社会传播生态环境，并引起社会政治、经济、文化和教育的变革。

（1）口传时代

口传媒介技术的主要特征是：表达符号是由人的喉咙发出的不同音节组成的口头语言。人既是内容的创作者，也是载体。由于不能依靠外在的记录载体，对人类经验和智慧的"记录"就完全依靠人的记忆。

为了便于记忆，口头修辞主要依靠富有韵律的诗歌、谚语等手法来表述人对外界自然现象和历史事件的观察，记录曾经发生的事情。口传时代专门从事"记录"和"复制"的职业是吟诵诗人，荷马就是其中的杰出代表。

尽管如此，口传内容还是经常会被遗忘，或者在传唱过程中被吟诵诗人有意无意地改编。久而久之，对事实的"记录"逐渐变成了故事、后来又变成了传说和神话。因此，很少有人把《荷马史诗》当成一部严肃的历史著作。直到19世纪德国考古学家施里曼按照《荷马史诗》提供的线索发掘出古代特洛伊城的时候，人们才意识到这是记录人类早期活动的一部"口传历史"[21]，只是囿于口传的缺陷，这些曾经真实的"记录"已经演变成了神话传说。

口传时代，人与人的交流和协作主要靠"喊"。声音所能到达的范围，基本上就是人类相互合作、交易的范畴。这也决定了有组织的人类合作的规模。口传时代的人类主要是以部落为单位，自给自足地生活。

（2）手抄文字时代

与口传相比，手工抄写有两项创新：第一，希腊人创造出一种新的表达符号——字母文字；第二，记录的载体从人变成了外在的物质——莎草纸、羊皮纸。

书写载体的引入，开启了人类文明的新篇章。"一个事物存在的符号并不等于那个事物本身，符号可以在那个事物不在场的情况下被使用。"[22]内容与表达者的分离，给人类社会的组织规模和组织方式带来了革命性的变革。

莎草纸使有组织的人类协作超越了"喊"的范围，社会组织的规模迅速扩大，在政治制度和学术探究方面，产生了一系列创新。莎草纸公文是希腊城邦政治运转的工具基础。借助于莎草纸的支持，亚里士多德开展了人类历史上第一次有组织的学术研究活动。亚历山大图书馆积累了50万卷（纸草卷）[23]，是人类最早的知识圣殿。

在这一时期，内容"复制"完全依靠"抄书匠"手工抄写。手工抄写速度慢，容易抄错，而且莎草纸、羊皮纸的数量稀少、价格昂贵。中世纪羊皮纸主要控制在教会手里。这些微小的障碍汇聚在一起的结果是，希腊文明在知识方面的丰硕成果，对其周围的政治或人民的生活和思想只有很少的或几乎没有影响。虽然在雅典和亚历山大城的书摊上，能以合理的价格买到各种不同质量的抄本，但若要将教育扩展到稍大的范围，便会立即引起埃及莎草纸的短缺。[24]在手工抄写时代，"读"与"写"是少数精英参与的活动，普通大众仍然依靠口头语言来获取信息、相互交流和协作。对于普通人来说，"读"与"写"还不是一项必需的技能。

（3）印刷时代

与手工抄写相比，印刷技术在"载体"和"复制"两个维度上带来了新的变化：第一，用人造纸取代了羊皮纸；第二，用印刷机替代了抄书匠。这两项技术革新，彻底改变了西方中世纪的沉闷气氛，西方社会走上了现代化的进程。

人造纸数量充足，印刷机复制准确、高效。这两项技术革新导致的结果是：任何人只要想"读"，就能获得充足的阅读物；只要想"写"，就能得到足够的人造纸张。印刷技术营造出一种全新的社会媒介生态环境。这个依靠"文字符号"、建立在"纸"上、支持双向表达和交流的传播生态环境，为欧洲文艺复兴、地理大发现、科学革命、工业革命等提供了良好的土壤；以中国为代表的东方社会的衰落和欧洲的崛起这一历史逆转的时间点，也可以追溯到古登堡印刷机的发明。

印刷机出现一百年以后，"读"与"写"逐渐成为每一个人必须具备的技能,图书出版、周刊、新闻日报等行业快速发展。人类教育制度的一项重要的创新——现代学校制度,也开始出现并在全世界普及开来。

(4)电子传播

与前述的几种媒介技术相比,电子传播的最大创新是引入了一种新的表达符号——电脉冲信号。一个完整的电子传播过程需要两种符号:表意符号和存储传送符号。表意符号包括文字、声音和动态视屏画面等。在存储和传送过程中,表意符号被转换成电脉冲信号,进行保存和传输;到达接收端时,再将电脉冲信号转变成表意符号。

表意符号和存储传送符号的分离,产生了两项结果:第一,信息以电脉冲的速度飞跑,一条信息在一天之内可以在世界各地"跑"好几个来回,人类协作和对话的范围扩大了,世界迅速地变成了一个"地球村";第二,表意符号到电信号的相互转换,文字、声音和视频等多种符号的混合表达,让人类"写作"由文字时代进入影像时代。人们开始用摄像机镜头观察这个世界、记录发生的事情。口传已经是遥远的过去,文字在记录的过程中可能丢失了很多细节。用"影像"记载不仅适合不同文化程度的人"阅读",而且保留了远比文字丰富的场景、服饰、体态等"语言"信息。人类的记录和表达方式进入了一个新的历史阶段。

互联网出现以前的电子传播实际上是一个封闭的信息传输网络。与手工抄写时代类似,电台和电视台数量稀少,无线传输频道资源稀缺,"胶片"写作昂贵又复杂,这些障碍因素汇聚在一起的结果是:"影像书写"的权利属于一群专业工匠。普通大众"收看"的视频节目通常是由采编播、编导演等专业人员完成的,一旦普通人想要利用电视等载体表达自己的观点，电视表达机会的局限性就会立刻显现出来。因此，电视是政治宣传和商业广告的有效宣传工具，但其"单向传播"特性制约了它在教育教学中的作用。

（5）数字传播

与电子传播媒介相比，以互联网为代表的数字传播媒介也在"符号"和"载体"两个维度上带来了两项创新：第一，用01数字信号取代了模拟电讯号；第二，用开放的互联网代替了封闭的电视网络。

互联网对电视的革新有点类似于印刷机对手工抄写的革新。首先，互联网是一个书写载体，它就像一张覆盖在地球表面的"大纸"，每个能访问互联网的人，都可以在这张"纸"上写文章、贴照片、播放视频、发布歌曲。其次，互联网是一个开放的出版平台，它取代了封闭的电视传播网络，使"出版"简化成了拷贝/粘贴、上传/下载，为个人化的表达和出版提供了前所未有的机会。

在互联网这个新的书写和表达平台上，已经"酿造"出一系列新的表达修辞，最典型的就是网络游戏。网络游戏这一新修辞既可以呈现静态内容，也可以通过角色代入让"读者"亲历历史，还可以通过情境和规则设计让分散在各地的"读者"在网上相互协作，训练战略意识、熟悉战术技能、完成攻关任务等。与以往的"阅读"相比，网络游戏为读者提供了从未有过的"置身其中"的"阅读"体验。香港有一款教育游戏把若干年的经济统计数据作为游戏的背景，学生可以在游戏中体验经济周期性波动对决策的影响。在游戏"阅读"情境下，经济统计数据不再是一本本枯燥的年鉴了。

互联网仿佛集中了所有媒介技术的优点，五百年来在教育传播领域占统治地位的印刷技术碰到了真正的挑战，学术研究和教育事业也走进一个新的阶段。

3. 媒介技术与社会发展：解答李约瑟难题

15世纪中叶，中国人和欧洲人都掌握了人造纸和活字印刷技术。但是，"为什么近代科学和科学革命只产生在欧洲呢？为什么直到中世纪中国还比欧洲先进，后来却会让欧洲人着了先鞭呢？怎么会产生这样的转变呢？"这就是著名的"李约瑟难题"。

从四维度的"媒介技术"定义出发，或许可以部分地解答这一难题。15世纪中叶，虽然欧洲人和中国人都掌握了人工造纸和活字印刷技术，但是书写符号的个数，也就是活字字模的数量却引出了下面两个问题：一是工人素质，欧洲排字工只需要分辨26个字母，中国工人则需要识别10 000个汉字；二是排字效率，欧洲每排一个"字"是做26选1的操作，而在中国是10 000里选1。这两个因素结合在一起，导致15～19世纪之间西方社会的印刷读物和识字人口迅速增长，而中国虽然比欧洲更早地发明了活字印刷技术，但实际的出版仍然依靠雕版印刷，社会阅读文化和识字人口一直停留在欧洲中世纪的水平。直到1949年新中国成立的时候，仍然有半数以上的人口是文盲。

以此为背景分析15世纪中叶东西方社会发展进程的逆转，或许可以帮助我们理解和体会媒介技术对于社会进步、科学发展的影响。

三、教育的"技术"发展史

以本文提出的"媒介技术"定义为基础，在教育史的关键时间点上打上"新媒介"出现的标记，得出如表2所示的五阶段教育的"技术"发展史的分析框架。

表 2　教育的"技术"发展史

媒介技术	教育目标	教学资源	教学方法	教学组织方式
口传时期	培养吟诵诗人	口头教材：保存在人脑中	口头对话	面对面
手写文字	培养"抄书匠"	手抄教材：内容、开本、页码不一致	讲授、记忆和辩论等	本笃教育规程世俗的私塾等
印刷文字	普及义务教育	标准的教科书图书馆	实验教学法探究式教学案例教学等	班级授课制现代学校制度
电子传播	高等教育大众化远程教育	"视频"教材、教育节目等	远程教学法："教"与"学"在时间、空间上分离	远程教育广播电视大学
数字传播	终身教育：人人皆学、处处可学、时时能学	网上多媒介材料	因材施教	混合式学习："教材"的混合、"教室"的混合

从媒介技术发展史和教育的"技术"发展史来看，一项创新的媒介技术引起教育变革通常有两个阶段：第一个阶段是"新瓶装旧酒"，用莎草纸记录口传史诗，用印刷机复制手工抄写的书稿等，都是用新媒介"装"旧内容的典型事例；第二个阶段是"新瓶酿新酒"，在新的表达环境下，出现新的创作手法和知识表达结构。莎草纸出现之后"抽象分类、形式逻辑推理、下定义"等书面表达的出现[25]，印刷技术出现后拉米斯教材范例以及学科分化的出现等，都体现了"新瓶酿新酒"的典型特征。

此外，从产业链的视角来看，新媒介技术对教育的影响不仅止于教与学这一环节，而是影响教育产业链的整个流程，从知识研发、出版、发行，一直到教育和教学。在信息技术的影响下，不仅产业链各环节自身会发生变革,更重要的是对整个产业链的调整,并导致某些环节和某些职业完全消失。①

下面,我们将翻开历史的画卷,看看在五次媒介技术革新的过程中,在人类科学探究和教育传承方面,都发生了哪些事情。

(一)口传时代

在公元前4世纪中叶的古希腊,以字母文字、莎草纸为基础的书面写作开始全面侵蚀口头传统。[26]此前,人类主要依靠口头语言来"记忆"生活经验和智慧。口传和书写的时间分野,大约就在这个时期。因为苏格拉底不写、而且反对写,他的思想是借由柏拉图的著作才传承到今天的。所以,我们也可以说,口传和书写的分界大约就在苏格拉底和柏拉图之间。

1. 口语时代的表达

由于不能借助外在的材料来保存人类生活体验,表达必须有利于保存记忆和激活记忆。口语社会中经常开展各种庆典活动,借助表演,把声音、动作和场景整合成一个整体,通过声觉、视觉、叙事、情景或环境的提示激活个人的记忆。

口语时代表达的基本结构是陈词和套语。那时候,"整个口语知识界或思想界都依靠……套语来构建思想。……已经获得的知识必须要经常重述,否则就会被人遗忘:固化的、套语式的思维模式是智慧和有效管理之必须"[27]。

口传表达依靠听觉感知系统,缺乏分类、推理等抽象的表达方式。"口语文化根本就不能对付几何图形、抽象分类、形式逻辑推理、下定

---

① 历史上的抄书匠和排字工都消失了,抄书业也消失了。随着电视的发明,出现了影视和广告行业。互联网也同样会引起某些工作的消失和新职业的出现。

义之类的东西","用分析性问题训练学生和其他人,似乎也是文本学习的晚期才出现的。"[28]

2. 口传时代的教育

口传时代显然还没有出现阿什比所说的教育"由家庭到基督教会或犹太会堂"的转移[29],家族部落主要通过讲寓言、讲故事和举行集会等方式,教育儿童接受部落的传统,并训练儿童承担一定的社会职责。

口语时代有一种特殊的人——吟诵诗人,他们负责"保存"本部落的文化传统,并在集会上为大家传唱头脑中记忆的内容。从吟诵诗人所承担的记录和传承文化的职能来看,他们有点像是一种"口头书本",或者"口语教材"。吟诵诗人的教育主要依靠师徒相授,通过反复背诵、反复练习来"复制"和"传承"本民族的经验和智慧。

(二)手工书写时代

在手工书写时代,传播的基本符号系统从口头语言变成了字母文字。有趣的是,最早出现在莎草纸上的文字是像《荷马史诗》这样的口头传说。紧接着,新的传播媒介技术酝酿出新的表达方式,分类和分析等表述方式开始出现。

有了莎草纸这种外化的记录载体,人们有可能把散落在世界各地的对自然现象的观察、关于生活的智慧等,以文字符号的形式汇集在一起,并经过比较、甄别和分类,形成系统的知识表述。这种"知识"有别于个人的、分立的观察和思考,它建立在社会群体的观察和交流的基础上,具有社会建构的色彩。知识的这种"社会建构"性,也为我们理解"媒介技术"与高深知识之间的关系,提供了一个思考和研究的切入点。

1. 莎草纸与亚里士多德的学术研究

借助于莎草纸的帮助，亚里士多德开展了人类历史上第一次有组织的研究工作。有一段时间，亚里士多德雇佣了上千人带着莎草纸到希腊和世界各地，为他收集各种自然历史资料。这些人并没有接受过专门的学术研究训练，他们的主要任务是收集各地的传说，把口头的传说变成莎草纸的记录，带回雅典。

亚里士多德如何处理一千多人搜集回来的庞大信息？史料没有记载。显然，亚里士多德首先需要有足够的空间，把这些莎草纸记录展开以便于查看；其次，他可能会按照地域/时间等建立一个分类/索引系统；第三，亚里士多德需要确立一些基本的科学判断逻辑，以处理那些相互矛盾的传说。分类、推理等基本的数据分析就从这里开始。

作为古希腊哲学的集大成者，亚里士多德注重对事物的区别和比较，开辟了汇集知识和整理知识的伟大事业。在他的伟大事业背后，我们无法忽视莎草纸和字母文字这些"新"媒介技术的贡献。

2. 亚历山大图书馆

根据史料记载，公元前3～2世纪，托勒密王朝通过重金收购、雇人抄写、掠夺和兼并等方式，在亚历山大城建立了当时世界上藏书最多、文种最多、书目记录最全的亚历山大图书馆。[30]

当时进入亚历山大港的商船都要受到搜查，所有书稿、手稿都会被埃及人抄下来，把原本保留在亚历山大图书馆，副本交给原来的主人。另外，托勒密王朝还通过重金购买、借阅等手段，收集世界各地的书籍。就这样，亚历山大图书馆藏书量最多时达到50万卷，其中包括第一本希腊文《旧约圣经》的译稿、古希腊诗人荷马的全部诗稿、《几何原本》的真迹原件、古希腊三大悲剧手稿真迹等。

图书资料在亚历山大城的汇集，也吸引了世界各地的精英汇聚在亚历山大城，开展学术研究和教育教学活动。古希腊天文学家埃拉托色尼、文献学家阿里斯塔克等都曾出任过亚历山大图书馆的馆长，哲学家埃奈西德穆、数学家和物理学家阿基米德等也均在此讲学或求学。亚历山大城还设有授课的讲堂，很多学生不远万里来到亚历山大城接受教育。

除了图书馆以外，亚历山大城还建立了博物馆、天文台、实验室、解剖室、植物园、动物园等，成为人类历史上最早由国家设立的研究院和教育机构。

3. 古希腊、古罗马的教育发展

罗马时代的学校大体有三级：初等学校是私人开办的收费学校；第二级学校是文法学校，学习的内容是文法和读诗；雄辩术学校是高等学校。雄辩术学校的教学目标是培养辩护师，教学内容包括天文、数学、集合、音乐、哲学、伦理、逻辑、法律等所有学问，还要训练说话的声调、节奏、抑扬顿挫、面部表情、手势、仪态、风度等。其教学方法主要是学生的演讲练习。学生们在熟读名人的演说词的基础上，自己写作演讲稿，在班上做演讲和辩论。[31]

雄辩术学校教育的实质是在书写材料的辅助下，训练逻辑严谨、富有感染力的口头语言表达能力。这表明当时的各项社会事务仍然倚重口头交流。

事实上，由于莎草纸数量有限，手工抄写速度慢，阅读物供应量稀少，识字教育仍然局限在少数人的范围内。在大众化的社会交往中，仍依靠"听"和"说"的口头交流作为主要的传播手段。因此，虽然人类经典的教育理论可以追溯到古希腊、古罗马时代，但如果认为当时的学校教育已经得到很大的发展,则可能是一种错觉。

4. 中世纪教育的停滞

关于中世纪读写教育的衰落和识字人口的大量减少,西方学者提供了很多不同的解释。其中有一种理由认为,教会对羊皮纸的控制影响了教育的普及。

从莎草纸抄写到羊皮纸的过程中,导致了教会对知识的垄断。所以,异教的著作受到忽视,基督教的著作则受到重视。"凡是圣经之外的知识,只要它有害,就宣判死刑,凡是它有益,就加以收录。""世俗学问并禁,神学研究优先。"[32]

还有一种观点认为,为了追求表面的华丽,中世纪手稿中字体书写过于花哨,难以辨认;中世纪书本极其奢华,但根本不是用来阅读的。

人们以工整的字体进行书写,来消磨时日。……这个时期对书籍的需求微不足道,内容几乎不管不问;人们为宫廷或某些世俗的或宗教界的大人物把书籍装饰得富丽堂皇。这些都表明,书籍的流传非常缓慢。……不仅如此,书籍根本不是为了供人阅读。它们只是有助于教堂财库的丰富,和个别富人收益的增加。它们与其说是思想上的宝物,不如说是经济上的财富。……精美的手抄本成了奢侈品。[33]

由于书写数量以及出版效率的制约,中世纪大多数人是根本不读书的文盲。中世纪的教学是口口相传,基本上是依靠学徒和"在职训练"来完成。中世纪学校的特点是"缺乏根据题材难易程度来编排课程的分级制度,各种题材同时教授、学生年龄混杂不一和学生自由选课"[34]。

中世纪学校的教材主要依靠教师自己抄写或者找人代抄，结果同一门课程的内容构成以及编排顺序可能都不一样。因为只有教师有教材，而学生没有教材，教学只能依靠教师讲、学生记。"死记硬背"是不可避免的。

（三）印刷时代

15世纪，带领西方进入印刷时代的实际上包括两项技术：公元12～14世纪，由中国人蔡伦发明的造纸术逐渐传遍了整个欧洲；15世纪中叶，德国人古登堡发明的活字印刷机。人造纸数量充足，打破了教会对羊皮纸的垄断。印刷机在精度和复制效率上的改进，使每一个需要的人都可以得到任何书籍的副本。书面表达的准确性，前所未有地推动了科学探索和教育教学的发展，并引导西方社会走上了快速现代化的道路。读与写逐渐变成了每个人发展的需要。

1. 书面表达

最早出现在印刷书上的内容是手稿时代的《圣经》，"新瓶装旧酒"。接着，新媒介技术"酿造"出了新的书面表达符号和表达结构。

首先，意大利文、法文和德文等民族文字取代拉丁语，成为欧洲各国的主要书面语言。其次，书面表达的文体不断创新。马丁·路德在宗教改革运动中大量地使用"小册子"宣传他的主张。1701年，英国出现了第一份日报，艾迪生为报纸创造了"社论"，以代替小册子和短文。笛福又对小册子的形式加以改造，使新闻记叙成为报纸的一部分内容。1779年，哈里森创办了《小说家》杂志，出现了编号的连续出版物。[35]

书面表达的内容和结构也越来越复杂多样。蒙田发表了个人随笔，英国作家班扬的《天路历程》把两个人间对白引进小说，笛福把故事情节引进英国小说。1742年，里查森把情节、人物、描写和对白糅合起来，使他的作品成为完全意义的小说。[36]

写作在个人生活中也发挥着越来越重要的作用。里查森编写了一套"以普遍关注的实用性话题为内容的日常书简丛书"，即《帕梅拉》丛书，作为书信体的范本，目的是"让乡下的读者自己学会写信"[37]。

口语时代由于记忆的阈限，"词"的数量有限，含义不断变化。白纸黑字使"词"的含义固定下来，而"词"的数量不断增加，字典和词典很快成为知识分子必备的工具书，"词典"也使书变成了权威的象征。

书面表达使人类可以在文字世界中处理复杂的时空关系，描述外在表象和心理冲突等复杂的人性层面，解释可观察的证据、关系和理论体系等复杂的认知结构。这无疑为人类认识外在的自然世界和交互冲突的社会环境，提供了一种新的表述技术手段。可以说，印刷技术创新了波普尔"三个世界"理论中"世界3"的存在空间和组织结构。人脑（世界2）对世界1的点滴观察和感悟有了一个容身的"空间"，文字表达结构的"创新"也为人类知识理论的建构提供了一种技术上的组织结构。

借助于印刷媒介技术，人类汇集了从古到今、从东方到西方的各种故事传说、地理考察、物种变化、政治经济等各方面的记录，形成了一整套分学科的知识体系。以至于，"有关公元前600年世界上的情况，今天的我们所了解的，的确比那个时代无论哪一个活着的人所知道的都要详细"[38]。基于印刷技术所建立的这套全方位、多角度、多层次的知识体系，集中了全部人类累积起来的对世界的观察、感受和认识，它是全人类知识建构的成果。

印刷媒介技术对现代学术研究和现代教育教学产生了两个重要的

影响：第一，在学术研究领域，形成了"可重复、可验证"的科学研究规范；第二，在教育教学领域，出现了一种新的知识组织结构——拉米斯教材范例。

2. 现代学术研究规范：可重复、可验证

中世纪，教会借助于对羊皮纸的控制逐渐获得了对"知识"的审判权力。印刷技术打破了教会对书写材料的垄断，也打破了教会对知识的审判权力。在哥白尼、伽利略与罗马教廷之间关于"日心说"的斗争过程中，逐渐形成了"可重复、可验证"的科学研究规范。

16世纪哥白尼提出了"日心说"理论。为了避免与罗马教廷发生直接冲突，他直到临终前才正式出版了《天体运行论》。该书一出版，立刻被罗马教廷视为大逆不道的邪说，意大利学者布鲁诺因为宣传哥白尼学说，被烧死在罗马鲜花广场；伽利略因为发展了这套学说，被教廷判处终身监禁。

然而，思想一旦得以表达和传播，就变成了一种独立于作者的客观存在。只要教会不能像销毁羊皮纸卷那样销毁《天体运行论》，就不能阻止思想的传播和生长。哥白尼去世以后，印刷媒介技术充当了"接力棒"，把证明和发展"日心说"的任务传给了后来的天文研究者。很多欧洲学者通过书籍接触到哥白尼的思想。在哥白尼研究的基础上，欧洲各地的天文爱好者进行了大量的天文观察，积累了更为丰富的观察数据。终于，哥白尼思想、丰富的观察数据和那个天才头脑——开普勒——幸运地相遇。开普勒在大量数据的基础上，经过计算分析最终证明了哥白尼学说，并提出了著名的开普勒三定律。

因为"副本"稀少，口传和手稿的传播近似于一种线性结构，而印刷技术所营造的社会传播是一种弥散性的结构。哥白尼思想、积累的观察数据不仅"遇到"了开普勒,还"遇到"了伽利略。

17世纪初,伽利略在(望远镜)工具和科学实验思想的支持下,进一步完善了哥白尼理论。1632年,伽利略用意大利文出版了《关于托勒密和哥白尼两大世界体系的对话》,详细描述用望远镜在月球上看到的情景,用运动的相对性原理回答人们对地球自转的诘难,用地球绕太阳公转说明四季星空变化的原因。

在哥白尼①"日心说"长达一百年的发展完善过程中,印刷媒介技术发挥了三个方面的作用:(1)为不同时代、不同地方的科学家,营造了直接和间接的思想碰撞机会;(2)保存和汇集了不同时代、不同地方天文学家的客观观察记录;(3)增加了新思想、观察数据和天才头脑"相遇"的机会。在印刷所营造的这个开放、弥散性的传播环境中,媒介技术就一个"接力棒"让天才的头脑相互"接力",使一个新思想、新发明迅速地发展和完善,推动了社会的发展。

这是人类科学史上第一次以充分的科学论据、大规模的观察和争论形成新宇宙观的科学探索,它无声地揭开了科学革命的序幕,"可重复、可验证"变成了新的学术判断标准。由亚里士多德(基于莎草纸)开创的有组织学术研究至此变成了一个日常性、有组织、成规模的人类实践领域。一个规模庞大的科学家群体开始出现,科学探索成为我们认识自然、推动人类社会发展的重要力量。

3. 教科书版式的变化

印刷机的发明,直接影响了教科书的出版格式和内容逻辑结构。

在手工抄写时代,每本书抄写的字体大小、地图和人体骨骼结构图的比例各不相同,每本书的厚薄都不一样,手抄书既没有页码,也

---

① 加"哥白尼"这个限定词,以区别于亚历山大城时期的"日心说"。

没有目录和索引。

16世纪中叶,书籍出版的标准化格式逐渐形成。1516年,约翰·弗罗本在伊拉斯谟的《新约全书》第一版中首次使用了页码。接着,印刷书籍中开始出现目录、索引和注释,标点符号、段落标题、分段、书名页和页首标题等陆续出现。到了16世纪末,机器印制的图书在外观上已经接近于今天的图书。

当人们为了印刷的目的重新修订教科书时,学科领域的内容和组成逻辑也被改造了:

中世纪时,由于很少有老师完整地看过《法典大全》,因此教授《法典大全》的老师既不能向学生、也不能向自己说明每一个法律的组成部分是如何跟完整的原理体系相联系的。但从1553年开始,以印刷为目的的一代法律学者着手进行编辑整部手稿的任务,包括重新组织各个部分,根据内容把它们归入不同的段落,以及为引文编制索引。他们使这部古典文献变得完全可以为读者所用了,文体上明白易懂,内在逻辑通畅。他们彻底改造了这个学科。[39]

同样的变化也发生在其他学科。在手工抄写时代,同一学科往往有不同的课本,课本各部分顺序的安排也不一致。"仅仅是为教授不同的学科和不同等级的课本做准备,就等于鼓励重新评审既定的步骤和重新安排对不同领域的处理方法。"[40]确定何者为先、何者为后,就是课本作者改造学科领域的过程。

4. 拉米斯教材范例

印刷书籍所具有的"ABC式"的线性内容组织方式,不同于带有口语文化遗存的手稿。手稿中充满了对话、箴言和警句,而教科书的陈述显得平淡无奇、直截了当、涵盖面广。印刷术造成的封闭表达结构不仅存在于文学作品中，而且存在于分析性的哲学著作和科学著作中，最经典的就是拉米斯教材范例。

彼得·拉米斯开创了教材的范式，一切"学科"（辩证法、逻辑、修辞、语法、算术等等）教材的范式：首先是冷冰冰的学科定义和分类，由此再引导出进一步的定义和分类，直到该学科的每一个细枝末节都解剖殆尽，处理完毕。拉米斯式的教材不指明它和该书之外任何东西的互动关系。书里不会讲棘手的困难，"对手"不会出现。[41]

根据拉米斯的教材范式，如果你恰当地定义、恰当地分门别类，书中的一切自然会不言自明，教材本身就会圆满无缺，自给自足。拉米斯把困难的问题和"对手"的辩难分派到不同的"讲授范畴"（lectures）里，使之分别进入辩证法、修辞、语法、算术等领域。[42]

今天，大多数的教材都是按照拉米斯范式编写的。印刷革命以后，随着教科书的刊印和修订，知识内容分别进入了不同的教科书和学科领域，导致学科分化越来越细，今天我们已经很难找到文艺复兴时期"百科全书式"的知识分子。今天大多数的专家都是"窄家"，这或许是印刷时代留给我们的一份遗产？

5. 现代学校制度

标准化的教科书和充足的书写材料，为现代学校制度的出现和发展奠定了基础。简单地说，现代学校制度的主要特征是：（1）教学按内容分科，按照内容的难易程度，分不同的年级开展教学活动；（2）学生按年龄分级；（3）以班级为单位，组织日常教学活动。在现代化的学校教育中,同一个班的学生年龄相仿,在同一时间段内学习难度大致相当的课程,并利用书写来检查学生的学习效果、提供针对性的反馈和指导。

印刷机出现一百多年以后,以"班级授课制"为核心的现代学校制度正式确立。随后的近四百年间,现代学校制度从欧洲传到美洲和世界各地,并在19世纪末20世纪初经由日本传到中国。

随后,学制、考试评价制度、学位制度等不断完善,形成了今天的现代教育体系。可以说,人们习以为常的这一整套教育制度完全建立在五百年前的那一项新媒介技术——印刷技术的基础上。

(四)电子传播时代

以电视为代表的电子传播媒介对社会传播生态环境主要有两方面影响:第一,信息以电子的速度传播,世界缩小成了一个"地球村";第二,从文字书写进入到影像书写时代,人类表达从单纯的文字表达进入到语言、音乐和画面共同表达的视听时代。

1."视听"教育

电影和电视带来的丰富的视听效果立刻引起了教育研究者的兴趣,关于视频媒介对教育的影响,出现了很多乐观的预言。1913年,爱迪生曾经预言:"不久将在学校中废弃书本……有可能利用电影来传授人类知识的每一个分支。在未来的10年里,我们的学校将会得到彻底的改造。"[43]

从"视听教学"开始,教育技术学正式登上了历史的舞台。但是,对带"电"的"多媒体"的过分关注也给教育技术学研究带来了致命的先天不足——他们一直把教育技术的"学科史"与媒介技术推动人类教育发展的"实践史"混为一谈,排斥"学科"建立以前出现的那些支持人类教育发展的"老旧技术",经常会有人说黑板、文字、纸张、印刷书等传统的媒介不是"教育技术"。

从"内容呈现"角度,致力于把"单媒体"变成"多媒体"的"视听教学"运动,除了为课堂教学增加了一些多媒体的教学资源以外,并没有给学校带来实质性的变革。爱迪生的预言很快破灭了,庞大的人类教育体系仍然依赖于印刷技术所营造的传播生态环境。

2. 电子传播媒介的局限

电视在教育领域作为有限的原因在于:电视传播网络作为一个封闭系统,是一个单向的传播通道,不支持双向对等交流。

电视用"影像"写作,通过电视台来播放。影像"写作"复杂又昂贵,电视台和广播电台数量少,相对封闭,普罗大众难以利用电视来表达自己的感受和理解。虽然在一对多的教师讲授传播流程中,电视具有规模优势;但是,当教师想要通过对话、考核、作业等形式来了解学生的学习效果时,这个教学反馈的"回路"必须依赖于印刷、电话等其他媒介技术。广播电视大学就是依靠这种模式来开展远程教学的。

只有那些支持双向对等交流的媒介技术,才能给传统的学校教育带来彻底的革命性变革。从这个角度看,电子传播媒介对教育的影响类似于手工抄写,它的主要使命是探索"影像书写"的技巧、积累"影像书写"资源,准备迎接互联网革命的到来。

3. 电视在"快速"出版和严肃"阅读"方面的意义

在电视带来的所有变化中有三点值得关注,它们可能在未来的互联网开放环境中,对学术研究和教育教学带来更大的影响。

第一,电视每天都以"影像"内容"记录"世界各地发生的事情。

依靠世界各地从业者的努力,电视每天都用镜头"记录"世界各地发生的"事实",这些巨量的"碎片"化"事实"影响着人们的信息接受偏好。然而,需要注意的是"碎片"不等于知识,"从电视上获得的意义往往是一些具体的片段,不具备推论性,而从阅读中获得的意义往往和我们原来储存的知识相关,具有较强的推论性"[44]。

第二,电视节目还是一种"快速"出版物,大量地"出版"专家言论。例如中央电视台的"直击华尔街风暴"、北京电视台的"财经五连发"对国美和陈晓争端的系列讨论,就像是一种"快速"出版物,是"读者"了解事件过程、学习金融和财经知识的良好内容。尤其是上海第一财经"中国经营者"对马云、马化腾、李彦宏、关国光等人的系列访谈,是最好的互联网学习资料,目前还没有任何教科书能与之比肩。

第三,电视也提供了大量的"严肃"读物。现在把电视简单地定位于一种娱乐媒介,已经不准确了,电视"写作"已经出现了"虚构"、"写实"和"新闻"等不同的类型。美国"60分钟"节目所开创的电视杂志、中央电视台记录频道、美国探索频道、美国国家地理等出品的电视纪录片,已经具备了严肃"读物"的意义。读者在观看这些节目时,不仅经常回放,而且可能会做笔记。在未来的学术论文中,也许会出现"引自《故宫》X集第X～X分钟"这样的标引。

(五)数字时代:以互联网为代表

互联网是所有传播媒介技术的集大成者。它传播速度快、传播范围广、表达符号丰富、记录准确、支持双向传播。这些优势集中在一起,使互联网在记录、表达和传播结构上,具有了前有未有的特征,彻底改造了原有的社会传播生态环境,也必将引起学术研究和教育教学的革命性变革。从本文前面对教育的技术发展史的梳理来看，互联网引起教育变革也会按照一定的历史逻辑，从以下几方面引起教育的变革。

1. 引起教育培养人的目标的变化

互联网出现以来，已经导致政治选举、产品制造、电子商务、金融支付等发生了一系列的变革。这些变革最终将改变传统的做事方式和组织流程，并最终引起教育育人目标的变化。这里以美国总统候选人筹款方式的变化，来分析互联网对政治议程的影响，并进一步分析这种变化可能引起的教育培养目标的变化。

小布什以前的美国总统候选人主要采用晚宴等面对面交流的方式筹集竞选资金。在筹款过程中，必然要发生场所、餐饮、（捐款人）住宿、往返飞行、着装等"中间费用"。如果来宾每人只捐200美元，可能都不够支付这些"中间费用"。奥巴马采用互联网捐款，他改变了捐款方式和流程，省去了大量的"中间费用"。所以，尽管奥巴马80%的捐款都在200美元以下，但他还是成为了美国历史上筹集竞选资金最多的总统候选人，并成为世界上第一位"互联网总统"。

互联网对政治的影响还不止筹款这一个环节，更重要的是民意的表达和政治家对民意的代表。在不同的媒介技术环境下，民意表达和汇集的成本不同，限制思想传播的难度不同，可能会导致政治协商制度的不同选择。无论是现代国家的内部治理，还是全球化的政治和经济协商，都会受到互联网的影响。

互联网在政治选举、产品制造、电子商务、金融支付等行业引起的一系列变化，将大大改变未来人类的工作方式、协商方式和协作方式，对教育的育人目标、人才素养结构，以及培养方式提出了一系列新的要求。如何让我们的孩子适应未来50年全球社会的变化和发展，是今天世界性的教育改革的根源。

2. 媒介技术创新，将引起教育发生两个阶段的变革：第一个阶段是"新瓶装旧酒"，第二个阶段是"新瓶酿新酒"。

教育信息化的本质是人类基本"书写"行为从"纸上"向"网络"的迁移。因此，第一步是把"存量内容"从旧媒介变成"新媒介"的格式，目前国家实施的多项教育信息化工程，包括精品课程建设、多媒体教学、白板教学等，都属于"新瓶装旧酒"的阶段。

信息技术对教育的"革命性"影响主要体现在第二个阶段——"新瓶酿新酒"，教育信息化的未来蕴藏在"新瓶酿新酒"的创新中。下一阶段的教育信息化建设，一方面要关注新的写作修辞，关注那些不能"装回"纸书的全新的知识组织结构；另一方面要重视教学流程在多空间的重构。在互联网的影响下，今天的课堂"同时并存着多个传播子系统，学生'身'的出现，已经不能保证'教与学'真的发生了"[45]，教师必须要思考如何在教室、工厂车间、医院和虚拟网络教室等多空间中，有效地安排各项教学活动和任务，使教学能够真正有效地促进学生的成长。

3. 互联网对教育的影响不仅仅止于"教与学"这一个环节，而是影响教育产业链的整个流程，从知识研发（学术研究）、出版、发行，一直到教育和教学。在信息技术的影响下，不仅产业链各环节自身会发生变革，更重要的是对整个产业链的调整。

这里，我们特别需要关注的是互联网对基于"印刷媒介"的传统学术研究流程的挑战。印刷媒介所支持的调查研究通常是依靠事后的追索，依靠抽样来还原事情的发生和发展。而且，纸媒介支持下的调查研究环节，在时间上是相互分离的。时间上的滞后和抽样的局限性，导致调查研究的每一个环节都可能出现失真。例如，问题表述词不达意；被调查者无意的遗忘或者有意的歪曲；抽样的局限性等，都可能影响到统计结果的准确性。近两年来，国家统计局发布的房价和住房支出数据屡遭批评，就暴露了传统抽样统计方法的问题。

在互联网环境下，借助于银行卡、电子商务平台以及未来的"物联网"等触发介质，大量的人类事务"在发生的同时就被记录"到网络数据库中。基于这些新数据源形成的统计分析结果，已经开始影响国家的重大决策。例如，通过阿里巴巴电子商务平台，监测中国的外贸进出口形势；利用银行卡刷卡消费数据，分析中国城市居民的消费结构等，都已经开始得到了宏观经济管理部门的重视。最近关于支付宝外资股权的退出纷争，也有这方面的因素。

基于互联网新的知识组织结构也开始出现。例如，美国科学家评选的"2009年最佳科学视频""Follow the Money"[46]就是一篇用"影像"撰写的学术论文。"论文"以动态视频来呈现多维度、立体化的研究成果，很难再把它"装回"到传统的纸质出版物。

四、总结

对教育的技术发展史的梳理，启发我们应该从多角度思考信息技术对教育的革命性变革。

首先，从口传、莎草纸到印刷技术，人类知识生产的方式有着明显的差异。今天，互联网所营造的弥散性的社会传播环境，使"研究"和"实践"之间出现了一种比以往任何时候都更为紧密的联系，甚至在某种程度上出现了"范围经济"现象，导致人类进入知识经济时代，知识生产从模式1进入到模式2。信息传播的弥散性、知识作为"范围经济"产品的特点,对未来的学术研究和高等教育将产生结构性的影响。

其次,媒介技术的演进,使人类储存知识的方式,系统地表述知识的体系也相应地演进和变化。"新瓶装旧酒"是把口传、手写、印刷环境下积累的知识体系装入到互联网新表达系统中。今后,网络游戏等带互动的表达手段,由超媒体、数据库和搜索引擎所带来的新的内容组织结构,将在互联网环境下,酿造出新的知识表达体系和知识组织结构。这将彻底改变现有的写作和出版行业,并使人们利用知识的方式和读与写行为发生根本性的改变。

第三,信息技术使人类教学更接近于"因材施教"的教育理想,而备选方案[①]的增加也大大提高了教育决策的复杂性。随着教育信息化的发展,建立在印刷技术基础上,带有工业化色彩的"满堂灌"式的教育可能被解构为若干个独具特色的细分教育市场。教育机构和学习者将在选择和组合的基础上,形成特色教学方案,以满足不同年龄、不同偏好的学习者的差异化学习要求。这是下一阶段中国教育信息化顶层设计的出发点。

本研究主要采用了西方媒介史的资料,而没有使用中国媒介史的资料。首先是因为,到目前为止还没有看到对中国媒介技术史系统的分析资料。其次,中国媒介技术发展的历史非常特殊。手工抄写和雕版印刷的历史一直持续到 19 世纪,而印刷机、广播、电影、电视、计算机、互联网等媒介技术又集中出现在 20 世纪(而且主要集中在 20 世纪下半叶)。因此,印刷技术、电子媒介、数字媒介的影响相互叠加,

---

① 例如,针对特定的教学对象和特定的教学目标,应该选择什么样的教学资源,在什么场所安排教学,怎样在教室、实验室、工厂车间、视频会议教室、网络教室等多个实体和网络空间中,合理地安排和组织各类教学活动,信息技术带来的这些多样化的选择,大大增加了教学设计的复杂性。

很难观察到每一种媒介的影响方式和影响路径。因此，本文提出的教育的"技术"史框架虽然建立在西方媒介史的基础上，但对于思考互联网影响下的中国教育未来发展仍然具有指导意义。

参考文献

[1][14]〔美〕埃里克·哈夫洛克.口承—书写等式：一个现代心智的程式[J].巴莫曲布嫫译.民俗研究，2003，(4)：14-34.

[2]〔法〕弗雷德里克·巴比耶.书籍的历史[M].刘阳等译.桂林：广西师范大学出版社，2005.

[3]仓理新.书籍传播与社会发展 出版产业的文化社会学研究[M].北京：首都师范大学出版社，2007.

[4]〔加拿大〕阿尔维托·曼古埃尔.阅读史[M].吴昌杰译.北京：商务印书馆，2004.

[5]〔英〕彼得·帕克.知识社会史：从古腾堡到狄德罗[M].贾士蘅译.台湾：麦田出版.

[6]〔法〕雅克·勒戈夫.中世纪的知识分子[M].张弘译，卫茂平校.北京：商务印书馆，1996.

[8][26][32][35][36][37][41][42]〔加〕哈罗德·伊尼斯.传播的偏向[M].何道宽译.北京：中国人民大学出版社，2003：35，39，102，124-130.

[9]〔加〕哈罗德·伊尼斯.帝国与传播[M].何道宽译.北京：中国人民大学出版社，2004.

[10]〔加〕麦克卢汉,〔加〕秦格龙.麦克卢汉精粹[M].何道宽译.南京：南京大学出版社，2000：171.

[7][11]〔英〕Asa Briggs & Peter Bruke. *A Social History of the Media*（*3rd*）. Cambridge UK：Polity Press，p5.

[12]〔美〕瓦尔特·翁.基于口传的思维和表达特点［J］.张海洋译.民俗文学研究，2000（增刊）：18-31.

[13]〔英〕杰克·古迪.口头传统中的记忆［J］.户晓辉译.民族文学研究，2005，（1）：133-140.

[15]国家中长期教育改革和发展规划纲要（2010—2020年）第19章，五十九条［Z］.

[16]〔美〕Sharon E. Smaldino.教学技术与媒体（第八版）［M］.郭文革译.北京：高等教育出版社，2008：25-26.

[17][29]〔英〕阿什比.科技发达时代的大学教育［M］.滕大春，滕大生译.北京：人民教育出版社，1983：37.

[18][34][44]〔美〕尼尔·波兹曼.娱乐致死［M］.桂林：广西师范大学出版社，2004：188-189，20，198.

[19]南国农.教育传播学［M］.北京：高等教育出版社，2005：11.

[20] Robert Kozma.（1991）. Learn with Media. *Review of Educational Research*，61（2）：180.

[21]荷马史诗词条［EB/OL］. http：//baike.baidu.com/view/15908.htm，2011-06-10.

[22]欧文·戈夫曼.日常生活中的自我呈现［M］.冯钢译.北京：北京大学出版社，2009：213.

[23][30]亚历山大图书馆［EB/OL］. http：//baike.baidu.com/view/25310.htm，2011-06-10.

[24]赫·乔·韦尔斯.世界史纲［M］.吴文藻，冰心，费孝通等

译.桂林：广西师范大学出版社，2001：410.

[25][27][28]瓦尔特·翁.口语文化与书面文化[M].何道宽译.北京：北京大学出版社，2008：104，42，17，42.

[31]昆体良.昆体良教育论著选[M].任钟印选译.北京：人民教育出版社，1989：4-5.

[33]〔法〕雅克·勒戈夫.中世纪的知识分子[M].张弘译，卫茂平校.北京：商务印书馆，1996：6.

[38]H.G.韦尔斯.世界史纲[M].曼叶平，李敏译.北京：燕山出版社，2004：144.

[39][40]〔美〕尼尔·波兹曼.童年的消逝[M].桂林：广西师范大学出版社，2004：45-46.

[43]罗伯特·M.加涅.教育技术学基础[M].张杰夫主译，王吉庆，钱庆元校.北京：教育科学出版社，1992：14.

[45] Follow the Money[EB/OL]. http://video.sina.com.cn/p/tech/d/v/2010-02-21/193060486584.html，2011-06-15.

[46]郭文革.网络学习"入侵"课堂……[J].中国远程教育，2009，(6)：36-37.

本文选自《北京大学教育评论》2011年第3期

MOOC 热背后的冷思考

汪基德　冯莹莹　汪滢[*]

大规模开放在线课程（Massive Open Online Course，简称 MOOC 或慕课）是近年来高等教育领域里新兴的教育模式。2012 年，MOOC 如同"一场数字海啸"席卷了全球整个教育界，其中 Coursera、Udacity、edX 三大主流平台呈现三足鼎立的局面，注册用户由 2008 年的约 2 000 名迅速增长为数十万名。美国《纽约时报》将 2012 年称之为 MOOC 元年。[1]英国一份题为《雪崩来了》（An Avalanche Is Coming）的报告指出，全球高等教育领域正在发生一场前所未有的革命，主要的驱动力就是网上大学的兴起；首相府前顾问麦克尔爵士说，如果十年之内英国没有几所大学关门，他会感到"非常吃惊"。[2]国内高校对 MOOC 的研究和实践虽然起步较晚，但也毫不示弱。在中国知网里以"MOOC"为主题进行搜索，2012 年相关论文共计 7 篇，2013 年底迅速增长为 167 篇，2013 年第 3 期的《开放教育研究》还开设了慕课研究专栏。对于 MOOC 的看法，大家各执一词，支持者对其推崇备至，乔佐治亚理工学院校长 George P. Peterson 认为，"MOOC 预示着教育领域有发生颠覆性变革的可能性"[3]；有支持者甚至认为"在不久的将来，传统大学将不复存在"[4]。批判者则认为 MOOC 从根本上无法脱离传统课堂模式，毫无发展意义。美国亿万富翁、月球快车公司创始人纳温·简认为，"MOOC 并非教育系统的突破，而更像以前电

---

[*] 汪基德，河南大学教育科学学院院长、现代教育研究所教授、博士生导师；冯莹莹，河南大学教育科学学院硕士研究生；汪滢，北京大学教育学院博士研究生。

视教育的翻版,这些在线课程没有做到以学生为中心,传统教学的弊端依然存在"[5]。多数人对 MOOC 呈观望状态。我们认为,针对当前的 MOOC 热,不应盲目跟风,应冷静思考 MOOC 热背后的原因,发现 MOOC 发展中的阻力,探寻 MOOC 的可持续发展之道。

一、MOOC 热的原因

MOOC 是"大规模开放在线课程"的简称,其关键词有三个:大规模(M)、开放(O)、在线课程(OC)。因此,MOOC 首先表现在其学习对象的大规模,有些课程有数十万学习者参加;其次是它面向社会公众的免费开放(现在也出现了收费的 MOOC);再次是它在网络上提供的在线课程,有志愿者进行在线交流与指导。从目前国内外教育机构提供的现实的 MOOC 以及国内外学者对 MOOC 的定义中可以看出,MOOC 是一种以学习者为中心,以动态发展的学习内容为特征,通过在线交流提供全面及时的学习反馈的免费开放网络课程。它不仅提供优质的学习资源,还提供免费的学习体验。

MOOC 本质上属于网络课程范畴,具有网络课程的一般特性。在这里我们把现有的微课、公开课、精品课程等网络课程称为第一代网络课程,进而比较一下传统课程、第一代网络课程和 MOOC 三者之间的区别。(见表1)

表1 传统课堂、第一代网络课程、MOOC 特征比较

	传统课堂	第一代网络课程	MOOC
学费	有	无	无
课程数量	可选择的课程数量有限	无限制	无限制
课程种类	专业课+公共课	无限制	无限制
时空限制	需要在指定时间到指定地点上课	无	有周期性话题讨论和作业

续表

	传统课堂	第一代网络课程	MOOC
学习节奏	教师控制	学生控制	学生控制
课时	约45分钟	约45分钟（微课除外）	2～20分钟
学生规模	小规模	支持大规模	支持大规模
注册	需注册为本校学生	无需注册	需注册为平台成员
课程内容	固定	固定	生成式
教学模式	以教师为中心	以教师为中心	以学生为中心
课堂互动	多数为师生互动	无互动	师生互动、生生互动
（课下）线下互动	基本无	无	师生互动、生生互动
课堂习题	部分课程有	无	有
学习反馈	课堂解决	无	课堂、课下都可解决
评估模式	平时成绩+期末考核，以教师评估为主	无	基于软件的测验、作业、习题集；教师评估；学生互评
校际合作	基本无	无	有
学分认证	有	无	有

由表1可以看出，第一代网络课程和MOOC均能弥补传统课堂课程数量和种类有限的缺点，打破学习的时空限制以及支持大规模学生的自主性学习。除此之外，MOOC的课堂及线下互动、课堂习题、积极的学习反馈和新增的评估模式、名校合作和学分认证等功能是第一代网络课程所不具备的。这大概也是MOOC受到追捧的主要原因，MOOC热的具体原因如下。

（一）名校名师效应

斯坦福大学、麻省理工学院、北京大学、清华大学、复旦大学等世界名校都是莘莘学子奋斗的目标，但并不是所有的学生都有机会去名校学习。MOOC的出现填补了这一空缺，MOOC平台汇聚了全世界名校名师的课程，只要有互联网的地方，名校名师的课程触手可及，没有年龄、国度和时间等限制。学习结束后达到标准者还可获得名校的结业证书，这些因素都吸引着学习者加入 MOOC。

（二）免费优质的学习资源

传统网络课程提供的视频资源，以教师讲授为主，学生更多扮演一种观摩课程的角色，无法参与互动，时间长了容易产生学习倦怠。MOOC 将课程内容根据学习者的学习规律分为 2～20 分钟的微视频，部分教师在讲授的过程中会有随堂提问，答对的学生才能参与下一步的学习，这种方式类似于游戏通关，增强了教师与学习者、学习者与学习材料之间的互动，丰富了学习者的学习体验。

（三）持续多样的学习支持服务

学习者在 MOOC 平台上选课后，会收到教师的开课通知和课程相关内容，在开课过程中，教师会通过邮件通知学生作业的完成时间。目前 Coursera 平台与网易公开课合作，为部分 MOOC 课程制作字幕，方便学习者学习不同语言的课程。课堂中教师与学生进行互动以便能及时检验学习效果，课程结束后学生可以通过 Facebook、Blog、wiki、社交网站和论坛等学习工具进行讨论和互动，及时解决学习问题。

（四）多元化的评价机制和及时反馈

MOOC 的评价方式既包括形成性评价，也包括总结性评价；既有教师评价，也有学习者的互评。授课过程中会有提问和随堂测试，课程结束后会有课后测试和期末考核；作业完成提交后，只有对同伴的作业进行评阅后，才能看到自己作业的被评意见，保证了学习者互评方式的落实。另外，MOOC 平台利用学习分析技术记录学习者参与讨论的活跃度、完成作业的时间、同伴互评的参与度以及期末考核的成绩等数据，便于对学习者的学习情况作全面的评价以及对学习中的问题进行及时反馈。

当然，MOOC 的实践效果能否与理论预期一致仍然是一个值得深思和探讨的问题。

二、MOOC 发展中面临的挑战

第一代网络课程开放的仅仅是学习资源，也就是说，它还停留在内容开放的层面。MOOC 涉及面十分广泛，它不仅与资源相关，还与资源背后的教师、学习支持、课程评价、证书、学分以及未来的就业紧密相关[6]，它开放的是课堂或整个学校。因此 MOOC 支持者认为，传统大学在不久的将来会被 MOOC 取代。国内大多数学者也将关注点定位在探讨 MOOC 的优势上。我们认为，MOOC 的出现确实给高校带来了机遇，但同时也面临一些挑战。

（一）学习者方面

1. 学习持续性不强，退学率高

虽然 MOOC 的注册人数很多，但真正能完成课程学习的人数却很少，即 MOOC 平台中学习者的持续性不强，退学率高。教育技术咨询专家和分析师 Phil Hill 教授在 MOOC 教学实践的基础上，提出了 MOOC 学习者的五种原型：爽约者、袖手旁观者、临时进入者、被动参与者、主动参与者。据 Phil Hill 教授的统计，MOOC 平台中约有 47% 为爽约者，他们在开课前注册了 MOOC，但是此后从未进行过课程学习；主动参与者仅占 21%；其他成员包括 14% 的基本不参与互动的袖手旁边者，7% 的不愿意努力完成课程的临时进入者和 11% 的被动参与者；在课程结束时，仅有 15% 的学习者完成课程的学习，其中多数为主动参与者。[7] 据 Coursera 平台统计，在注册参加特隆和诺维格讲授的线上"人工智能"课的 16 万名学生中，只有 14% 的学生完成了课程。[8] Patterson 报道，加州大学伯克利分校在 Coursera 平台上开设的"软件工程"课程，有 5 万名学生注册，但只有 7% 的学生通过了考试。[9] 在 MIT 的 2012 年初的 6.002x "电子和电路"课程中，有来自 160 个国家和地区的 15.5 万人注册，其中 2.3 万人访问了第一个问题集，9 000 人通过了中期考核，只有 7 157 人完成了课程的最终考核，其中 340 名学生在最终的期末考核中取得了较好的成绩。[10]

由此可以看出，MOOC 要求学习者具有高度的自觉性和自控能力，并不是所有的学习者都适合 MOOC 的学习模式。

2. 语言与文化差异影响互动交流

MOOC 的学习者来自全球不同地区不同国家，由于目前 MOOC 平台上大部分课程为英文讲授，英语基础较差的学习者很难专注于课程内容的学习，更别提参与问题讨论，即使是英文熟练的学习者，也因文化差异，会对课程内容有不同程度的错误理解，由此产生交流上的问题。2013 年果壳网针对 MOOC 中文用户进行大规模调研，关于阻碍学习因素的调查结果显示，有 55% 的学习者会面临语言障碍问题。[11] 由此看来，MOOC 促使教育全球化的目标和 MOOC 将取代传统大学的说法是很难实现的。

（二）教师方面

1. 教师的水平需要经受考验

MOOC 热的很重要原因就是名校名师效应，人们普遍相信名校的名师一定能把课讲好。但是他们之所以被称为名校名师，往往是因为他们在科学研究领域或传统课堂教学领域中获得的荣誉，没有资料表明这些名师的信息素养很高以及在网络教学方面经验丰富。MOOC 处于初步发展阶段，教师的网络教学水平没有评定的标准，仅凭教学资源的丰富程度和学生的追捧来评定并不科学。另外，MOOC 并未对教师进行相关培训，教师专业发展支持系统的缺失也会影响 MOOC 课程的教学质量。

2. 教师的负担加重

2013 年 2 月，《高等教育纪事报》开展了一项在线调查，调查对象是所有从事 MOOC 教学的教师，184 名教授中有 103 人做出反馈。[12] 大多数教师反映 MOOC 干扰了他们正常的校园教学，加重了教师的课余负担，给教师带来了一定的挑战。

主持课程的教师在教授 MOOC 之前，需要花费大量时间去准备课程，除了录制课程视频之外，还需要发邮件通知学生开课时间并告知课程的相关知识，尤其是要了解学生已具备的知识基础。在传统大学教育中，学校已经将每个专业的课程体系和知识结构梳理清晰，学生只需要按学校规定的时间来进行选课。而 MOOC 平台所提供的课程并没有严格的课程体系结构，为避免学生面对大量课程不知所措，教师必须在开课之前对课程的体系结构和学习者应具备的基础知识有一个清晰明确的认识，并及时告知学生。进入 MOOC 授课时间后，教师每周至少花费十个小时进行课程信息的维护和解答。MOOC 学习者通过邮件、wiki、论坛等方式与教师交流，教师需要通过邮件、发帖回复大多数学生的问题，对于不常见的问题，教师需要一一回复，这无疑占用了教师的大部分课余时间。虽然有些 MOOC 平台针对此问题为每名教师安排两名助教，并采用了常见问题由平台自动给出答案的技术，但是面对 MOOC 的大规模学习者，更多问题还需要教师亲自解答。因为互动问题一旦解决不好，MOOC 很有可能沦为第一代网络课程。

（三）课程方面

1. 课程缺乏总体规划

课程的总体规划设计是远程教育必不可少的前提，具体而言，包括系统分析、设计决策和制定规划。首先，系统分析的内容主要包括对课程和学生子系统构成要素、结构、功能和特点的分析以及对系统的分类。其次，设计和决策是在对社会环境、市场、教育需求、学生、课程和资源等状况进行调查和分析研究的基础上，决定采用什么样的在线教育系统。再次，在设计和决策的基础上，对以学生和课程为主的子系统进行具体规划并制定系统开发的组织实施方案。[13]MOOC目前整体上处于汇聚课程阶段，尚未看到通过"总体规划设计"，面向社会需要，开设经过系统化设置的专业，全面提升学生职业能力的举措。[14]我国的部分MOOC课程甚至是将网易公开课或各学校的精品课程资源上传至MOOC平台，利用MOOC平台的选课、deadline（截止时间）以及交流工具等功能来实现交互学习，更谈不上系统规划。

2. MOOC并非适合所有课程的教学

MOOC属于网络课程的范畴，在理论课上可以共享优质的教育资源，但却无法取代传统校园中的实践课程，如体育类课程、理工类课程的实验以及各专业学生实习。尽管MOOC声称要提供虚拟实验室平台来解决部分理工类课程的实验问题，但体育类课程和各专业学生实习无法被虚拟教育取代。因此，MOOC只是一种新的课程实施形式，它无法取代传统教育。

3. 证书可靠性和学分认证方式遭质疑

MOOC相比第一代网络课程的优势之一就是在结课时可以颁发结业证书、提供学分认证、推荐就业等服务。MOOC虽然对上线课程严格要求，如2012年8月，Udacity平台因为一门"离散数学"课程质量不达标而取消开课。但目前MOOC平台的大部分课程都是依据名校名师的品牌效应来确定的，并没有一个严格的课程标准与评估机制。在此情况下，如何防止低水平的课程冠以MOOC之名，如何杜绝学生"替学"和"作弊"现象以及如何保证"证书"和"学分"的可信度，就成了一个很有争议的问题。2012年，一篇对Coursera的报道称："有一些课程学生抄袭成风，教师被迫恳请学生停止抄袭。"[15]另据一名学生反映，抄袭是由于Coursera为处理规模问题而采用同伴评分所致。[16] 72%的被调查者并不认为那些在家通过MOOC自学成功的学生可以获得课程学分。[17]针对这一问题，MOOC平台除了规定学生在指定时间到达考试中心参加考试的传统方法，其他的都是技术性的方法，如利用"击键生物识别术"来记录学习者的打字节奏以防止"替考"，利用摄像头防止"作弊"，但这些技术也存在一些漏洞。我们认为，无论使用什么技术，在虚拟环境中进行考试和学分认证的有效性和可靠性仍待考究，毕竟不是每个学生都拥有较强的自制能力和较高的道德水平。

4. 教学方法与学习模式单一

从理论上讲，MOOC可以采用多种教学方法和学习模式，然而，正像著名的教育技术和远程教育学者Bates所指出的那样：实际上到目前为止，MOOC采用的是一种"依赖于信息传递、计算机对作业评分和同伴评价的非常古老的、过时的行为主义教学法"[18]。MOOC运动并没有创造出自己独特的网络学习方式和有用的技术，一些所谓的新技术早在40年前就在远程学习领域为大家所熟知了。[19] MOOC只是一个大型在线演讲厅，是一种无效的学习模式。从学生的整体发展来讲,传统大学有 MOOC 无法比拟的优势。这是因为,一方面,大学校园为学生提供学习的场所和机会;另一方面,大学校园还教会学生人际交往和基本的生活能力,学校的各种社团活动和图书馆也是校园文化的重要成分,不同的学校有不一样的历史和学习氛围,这些都是 MOOC 无法相比的。

三、促进 MOOC 可持续发展的策略

MOOC 的出现确实给网络教育带来了新的生机,给高等教育带来了机遇和挑战。MOOC 的支持者往往只看到 MOOC 理论上的优点,把理论上的可能性当作现实性,忽视了现实中存在的这样或那样的问题。为促进 MOOC 的可持续发展,我们认为可以采取如下策略。

(一)创建更加完善的学习支持服务系统

MOOC 的高退学率是制约其发展的瓶颈之一,因此在 MOOC 平台上完善学习支持服务是解决学习者高退学率的重要策略。首先,MOOC 的课程通过网页实现,网页终端可以提供词典、笔记、讨论框等工具方便学生解决学习问题,避免在学习过程中切换网页和工具而分散注意力。其次,MOOC 虽然使用了 wiki、facebook、网站内部论坛等工具进行交流,但是学生的参与度并不高,这一方面是因为学生的问题不一定得到及时反馈,另一方面是因为有些问题因缺乏面对面交流而无法解释清楚,因此,教师的引导和师生面对面的交流也是 MOOC 平台需要考虑的学习支持服务之一。关于师生的面对面交流问题,可以借鉴各国远程教育已有的支持服务经验,在适当的地方设置教学点为有学习困难的学生提供一对一的辅导,否则 MOOC 课程只能是少数学生的"挑战项目",而非普惠社会大众的"优质课程"。[20]

（二）建设适应 MOOC 教学模式的高水平的师资队伍

MOOC 只是一种教学模式或一种教学技术，它能否发挥其应有的作用，取决于采用这种模式或技术进行教学的教师。目前，就大多数教师而言，对 MOOC 这种教学模式还不太适应，甚至感到是一种教学负担。因此必须建立适合 MOOC 教学模式的足够数量的高水平的师资队伍。首先，MOOC 可以参照各国开放大学的教师配置经验配备足够数量的高水平师资。据 2008 年的统计数据，英国开放大学的师生比（包括兼职教师在内）已经达到 1∶24.8，同时教师招聘录用的标准也相当严格，该校一直在通过各种手段引进世界顶尖的旗帜性人才；此外，该校的地区学习中心也会依据学术资格、相关教育经验招聘兼职辅导教师，其中一半以上都是来自于大学的专职教学人员。[21]学校还为兼职教师提供培训，这既考虑了教师个人的职业发展，也保障了开放大学的教学质量。[22]中国国家开放大学也拥有一支较高水平的师资队伍，目前拥有专职教师 5 万多人，其中具有高级职称的教师超过 2 万多人，占教师总数的 37%。[23]其次，MOOC 平台必须注重培养教师在网络教育方面的基本专业技能。要熟悉 MOOC 教学环境，充分发挥 MOOC 的优势，克服 MOOC 的不足，最大限度地调动学习者自主学习的积极性，及时发现学习者存在的问题，与学习者讨论并且必要时提供帮助，避免学习者因为遇到困难中途退学。

（三）将 MOOC 与传统课堂紧密结合

我们认为，MOOC 不可能取代大学校园，MOOC 有远程教育的优势，而传统课堂又弥补了 MOOC 无法面对面交流和进行实践活动等缺点，将 MOOC 与传统课堂进行结合是 MOOC 的可持续发展途径之一。将 MOOC 的在线学习模式与传统课堂的面对面学习模式进行整合，可以生成在线学习和学生自组织的面对面互动模式,学生利用平台所提供和推荐的虚拟社区寻找本地相同兴趣的学习者,自行组成学习小组,自行安排网上学习交流和面对面互动,将来的MOOC课程可以把要求学习者组建或参与本地的面对面互动作为获得课程学分的条件之一[24];也可以生成在线学习和本地教师的面对面互动模式,与各地优秀教师进行合作,将在线讲授与本地课堂相结合,教师在本地课堂中对学生进行针对性的指导,进行深度互动和讨论。

(四)建立严格的课程评定标准和考核制度

MOOC课程引入了结业证书和学分认证的机制,就必须在课程标准、考核制度等环节上建立严格的评定标准,这样才能保证证书和学分的可靠性和权威性。目前MOOC的课程主要是由名校名师的非正式认证,相关教育部门可以制定一个统一的课程评定标准,将优秀课程与课程内容、课程结构、学习目标和就业需求挂钩,而不仅仅是从名校名师和学生偏爱程度来评判课程。

MOOC的考核制度一直存在争议,面对大规模的学生和有限的教师,MOOC的考核偏向于机器评分和学生互评。机器自动评分能够让教师摆脱大量重复的作业批改工作,由同伴对写作式作业进行评估能够发挥学习参与者的潜力,实现互助学习。但机器自动批阅目前仅限定于客观题,交互性更强的内容批阅功能又仅限于特定课程。学生同伴评价存在态度粗鲁,回答、评价效率低等问题,无法与教授或助教相比。[25]另外,在目前中国没有建立起完备的信用体系背景下,课程最终考核单独依靠技术来进行监督不太可靠,在不断引进先进技术的同时,结合实地考核是一个可行的办法。只有解决了这些问题,学分认证服务才有进一步实施的可能。

（五）将 MOOC 与其他新型学习模式相结合

在线教育发展至今，涌现出了许多新的学习模式，如翻转课堂、移动学习、微课等，每种模式均有自己的优势。国内 MOOC 交流平台果壳网的心理学编辑张穆君认为，"尽管 MOOC 在过去的网络课程基础上已经有重大飞跃，但想象力仍然极其有限。这就像是刚刚从广播转做电视的时候，人们以为电视就是对着镜头念广播。其实电视可以做的事太多了"[26]。在看清 MOOC 优缺点的同时，我们应该将它与其他信息时代的学习模式相结合，弥补缺陷，实现可持续发展。比如将 MOOC 与翻转课堂进行结合也是可行的方案之一。有研究认为，学习过程当中，学生真正学到的只有 5% 的知识，但是如果让教师听学生讲课并引导学生正确思维，学生就能学到 90%[27]，因此将 MOOC 与翻转课堂结合起来，利用 MOOC 的课程资源，构建基于 MOOC 的翻转课堂，也是一种非常值得探索的教学模式。

（六）建设中国式 MOOC

上海高校课程共享中心首席运营官葛新指出：中国式 MOOC 的目的是以技术为创新载体，帮助中国大学实现优质课程创新、共享，提升教学效率，让更多学生能以兴趣为学习导向，拥有自由选课权。[28] 中国式 MOOC 的发展还处于探索和起步阶段，最大的问题就是缺少优质的免费课程资源，高校的免费课程资源不优质，企业的优质资源不免费。因此，停下盲目追随的脚步，开发优质的免费资源是首要任务。可以由中央政府出面，系统规划，统筹安排，集中全国最优秀的学校、最优秀的专家来开发优质的 MOOC。在选题上，可以从中国传统文化课程入手，这类课程有着历史的积淀和韵味，有中国的特色和优势。在方式上，可以采取校企合作的方式，将企业的优质资源开发经验与学校的课程结合，先建立具有中国特色的明星课程，类似哈佛的"公正"和"幸福课"，具有一定的影响力之后再开发其他类型的课程。

四、结束语

技术欲变革教育已经有很长的历史了。1841年"黑板的发明者如果不属于人类最伟大的恩人之一，也是学习和科学领域最好的贡献者之一"[29]。一个世纪以后，1940年电影被认为是继印刷技术出现后教育领域中最具革命性的工具。1957年，电视被誉为"教育的革命"，1962年的程序教学，1967年的计算机教学，都被贴上了继古登堡（Gutenberg）的印刷技术以后最重要的发展。尽管信息通信技术确实具有改善和扩展教育的潜能，且能削减成本，但是其结果至今仍然非常令人失望。如果我们想让MOOC实现真正改善教育的目标而不是仅成为教育技术中的另一个一闪而过的点时，就不能忽视MOOC发展过程中遇到的问题。[30]只有不断改进问题，我们才能实现MOOC的健康、可持续发展，才能真正落实《教育规划纲要》提出的信息技术对教育发展的"革命性影响"。

参考文献

［1］蔡文璇，汪琼.2012：MOOC元年［J］.中国教育网络，2013，（4）.

［2］王左利.MOOC：一场教育的风暴要来了吗？［J］.中国教育网络，2013，（4）.

［3］外滩画报.MOOC：像追美剧一样上大学［EB/OL］.http：//www.bundpic.com/2013/04/21624.shtml.2014-08-13.

［4］焦建利.MOOC：大学的机遇与挑战［J］.中国教育网络，2013，

（4）.

［5］［6］祝智庭，等.观照MOOCs的开放教育正能量［J］.开放教育研究，2013，（6）.

［7］Phil Hill. MOOC中的5种学生类型［J］.中国教育网络，2013，（4）.

［8］王文礼.MOOC的发展及其对高等教育的影响［J］.江苏高教，2013，（2）.

［9］Meyer, R. What It's Like to Teach a MOOC（and What the Heck's a MOOC?）［EB/OL］.http：//www.theatlantic.com/technology/archive/2012/07/what-its-like-to-teach-a-mooc-and-what-the-hecks-a-mooc/260000/.

［10］［15］［19］［29］［30］约翰·丹尼尔，等.让MOOCs更有意义：在谎言、悖论和可能性的迷宫中沉思［J］.现代远程教育研究，2013，（3）.

［11］MOOC学院.MOOC中文用户大摸底［EB/OL］.http：//mooc.guokr.com/opinion/437530/.

［12］［17］李纪元.MOOC背后的理念［J］.中国教育网络，2013，（4）.

［13］丁兴富.远程教育学［M］.北京：北京师范大学出版社，2001.115.

［14］［20］［21］姚媛，等.MOOC与远程教育运行机制的比较研究［J］.远程教育杂志，2013，（6）.

［16］Gibbs, L. Coursera Fantasy：Blogging My Way through a MOOC［EB/OL］. http：//courserafantasy.blogspot.kr/2012/08/yes-plagiarism -howsad-is-that.html.

[18] Bates, T. What's Right and What's Wrong about Coursera— Style MOOCs? [EB/OL].http://www.tonybates.ca/2012/08/05/whats-right-and-whats-wrong-about-coursera-style-moocs/.

[22] 张胜利.英国开放大学兼职教师管理及对我国开放大学建设的启示 [J].现代远距离教育,2011,(4).

[23] 余善云.中国开放大学的学科与师资队伍建设 [J].开放教育研究,2012,(2).

[24] 李明华.MOOCs革命：独立课程市场形成和高等教育世界市场新格局 [J].开放教育研究,2013,(3).

[25] Colman, D. MOOC Interrupted：Top 10 Reasons Our Readers Didn't Finish a Massive Open Online Course [EB/OL]. http://www.openculture.com/2013/04/10_reasons_you_didnt_complete_a_mooc.html.

[26] MOOC学院.MOOC：更好和更时髦的教育系统 [EB/OL].http://mooc.guokr.com/opinion/437048/?baiducustom=y.

[27][28] 徐辉富,等.直面变革：中国式MOOCs的实践探索 [J].开放教育研究,2013,(6).

本文选自《教育研究》2014年第9期

教育技术学本科专业发展现状及改进对策研究

杨九民[*]　梁林梅

一、研究背景

2012年3月，教育部出台了《关于全面提高高等教育质量的若干意见》（简称"高教30条"），在"完善人才培养质量标准体系"这一条中，明确提出了"建立健全符合国情的人才培养质量标准体系……会同相关部门、科研院所、行业企业，制订实施本科和高职高专专业类教学质量国家标准"的目标和任务[1]；2013年7月，教育部启动了高等学校本科专业类教学研制工作。为了完成《教育技术学专业教学质量国家标准》的研制，教育部高等学校2013—2017年教育技术教学指导分委员会成立了由十一人组成的《标准》研制工作组，组长由"教指委"主任委员、华中师范大学校长杨宗凯教授担任，并聘请"教指委"六位副主任委员担任工作组顾问。

在《标准》研制过程中，工作组在2014年8月至9月期间，先后发放了两轮关于教育技术本科专业发展现状及《标准》相关内容征求意见的调查问卷，共有84所拥有教育技术学本科层次人才培养的院校参与调查，并提交了有效问卷。根据教育部阳光高考信息平台公布的2013年全国普通高校招生计划显示，2013年全国招收教育技术学专业本科生的普通高等院校达214所（不含军事院校和港澳台高校）。[2]因此，本次调查的样本数基本上占到了国内教育技术学本科专业总数的三分之一。在问卷调查的基础上，本研究还参阅了2014年9月"教指委"在华中师范大学召开的《教育技术学专业教学质量国家标准》研

---

[*] 杨九民（1969—）男，湖北枣阳人。教授，主要从事教师教育与教学设计研究。

制专业及行业调研座谈会资料和《标准》征求意见院校反馈中的相关数据、资料。

二、问卷调查的基本数据

1. 院校基本信息

（1）在被调查的84所院校中，有3所院校隔年招生，2所院校暂缓招生，9所院校招收教育技术学的专科生。

（2）在院校类型方面，985、211高校占17%，省属重点院校占41%，地方普通院校占42%；师范类院校占37%，正在向综合性发展的师范类院校占13%，综合型院校占31%[①]，应用型本科院校占19%。

2. 学位授予情况

（1）被调查院校中有46%的专业可授予硕士学位，17%可授予PhD博士学位，6%可授予EdD博士学位。

（2）从具体的学位授予情况来看，本科阶段以理学为主，硕士研究生阶段教育学略高于理学，博士研究生阶段以教育学为主；工学学位在人才培养的各个阶段都只占极少部分，见表1。

表1 本科、硕士和博士阶段可分别授予的学位类型

	理学	教育学	工学
本科	69%	26%	5%
硕士	41%	57%	2%
博士	29%	71%	0

---

① 注：总体而言师范院校比例为50%，综合型院校比例为31%。这两组数据与国内学者的相关研究结果一致。请参阅：杨方琦. 新时期教育技术学本科专业发展的思考[J]. 电化教育研究，2012，(2)：101-107.

3. 招生人数及生源情况

（1）目前被调查院校的教育技术学本科专业生源以理科生为主（占74%），文理兼招次之（25%），有少量学校（1%）只招收文科生。

（2）每年的招生规模以30～60人为主（占被调查样本的64%），一些院校（22%）在60～100人之间，还有部分院校（12%）在30人以下。

（3）受到近年来高校人才培养模式改革的影响，有12%的院校已经实施了在低年级阶段的综合大类招生。

4. 关于总学分问题

被调查院系的毕业总学分平均数为168，且不同院校之间存在一定差异，最低是140，最高为215。与国内学者2008年调查的对应数据相比[3]，无论是低于150学分还是高于180学分的院校数都有所减少，大多数院校的总学分集中在160左右。具体情况如图1所示。

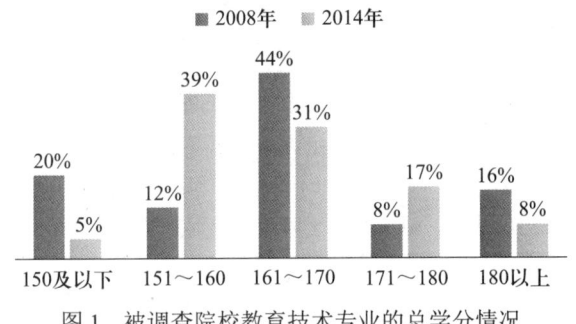

图1 被调查院校教育技术专业的总学分情况

5. 毕业生的就业去向

目前国内教育技术本科毕业生的主要就业领域包括了中小学信息技术教师（及学科教师）、教育培训公司、中小学电教人员、教育科技企业、其它公司（企业）等，升学读研也成为许多院校学生的选择之一，还有一些毕业生选择了和本专业不相关的其他领域就业。如图2所示。

6. 关于专业培养方向的问题

（1）目前被调查院校本科生的主要培养方向包括了信息技术教育、数字教育媒体、教育软件工程、教学系统设计等，如图3所示，本研究的调查结果和国内同行2008年的相关调查研究相一致。[4]

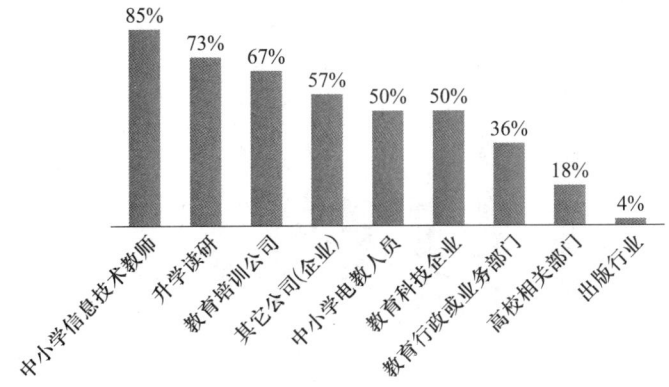

图2 教育技术本科毕业生的主要就业去向

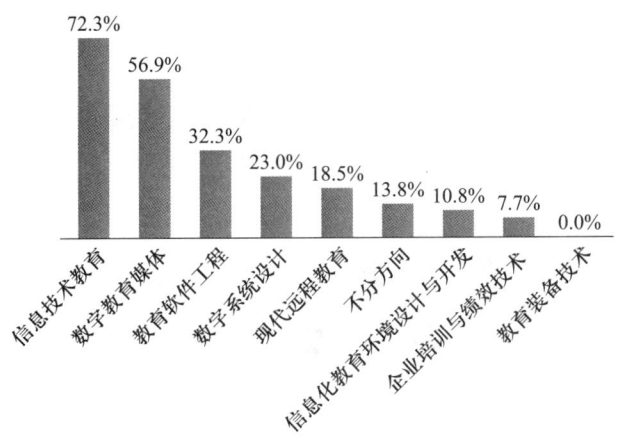

图3 目前教育技术专业本科生的主要培养去向

（2）就未来发展而言，被调查院校认为国内的教育技术本科人才培养应该聚焦于信息技术教育、数字教育媒体、教育软件工程、企业培训与绩效技术、信息化教育环境设计与开发等方面，如图4所示。

7. 对专业主干课程的共识

在专业主干课程方面，被调查院校普遍认同以下六门：教学（系统）设计、教育技术学导论、教育技术研究方法、教育电视节目编导与制作、多媒体课件设计与开发和远程教育基础（远程教育应用），具体情况如图5所示。

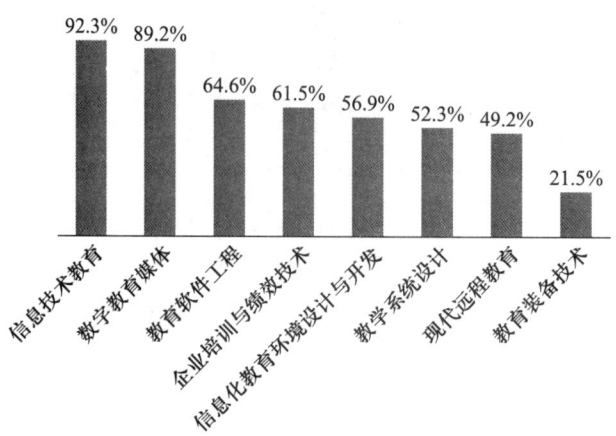

图4 教育技术专业本科生培养未来应该聚焦的主要方向

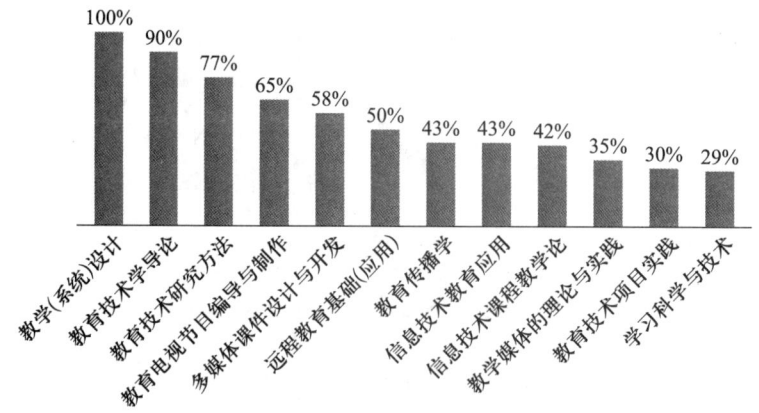

图5 被调查院校对专业主干课程的认识

8. 教育技术专业本科层次人才应该具备的基本专业能力

调查结果普遍聚焦于以下基本专业能力：教学与培训系统设计与开发能力（89%）、教育影视与多媒体创作能力（86%）、教育软件与平台设计和开发能力（82%）、教育装备与环境开发和管理能力（50%）、教研能力（42%）。

9. 专业办学条件现状

（1）依照教育部颁发的《普通高等学校基本办学条件指标（试行）》[5]，目前有 19% 的被调查专业的基本办学条件没有达到教育部规定的合格要求。

（2）在专任教师数量方面，大部分专业处于 10 人左右，如图 6 所示。

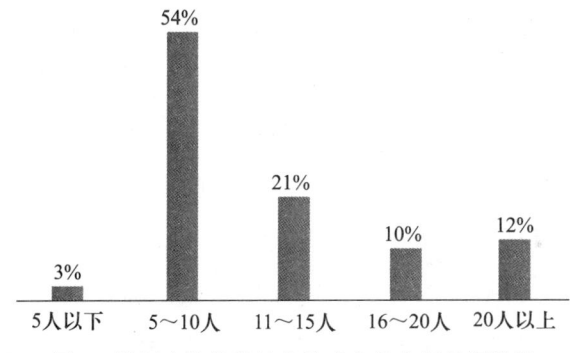

图 6　被调查院校的教育技术专业专任教师数量

（3）有 75% 的院校认为应该在专业本科人才培养中对必修课进行压缩，并提高选修课程的比例；但有 42% 的院校认为目前缺乏相应的办学条件（尤其是师资队伍）来为学生开设数量充足的专业选修课程。

（4）有 12% 的被调查院校没有建设专业教学实验室。

（5）18% 的被调查院校没有建立固定的专业实习、实训或实践基地。

（6）在教学经费方面，有 8% 的院校认为很充足，24% 的院校认为比较充足，55%的院校有些紧张，13%的院校存在严重不足的状况。

10. 对毕业生的跟踪反馈

在对毕业生的跟踪反馈方面，有57%的院校建立了相应的毕业生跟踪反馈机制。

三、当前国内教育技术本科专业发展面临的主要问题和挑战

中国的教育技术专业在改革开放后经过了三十多年的发展，逐步形成了从本科、硕士到博士层次的相对完整的人才培养体系，无论在办学规模、办学条件，还是在社会影响力方面都取得了令人瞩目的成就。但进入21世纪之后，随着知识经济、第三次工业革命、全球化和信息化等的迅猛发展，整个中国社会及教育系统正在发生着剧烈的变革，与国内高等教育领域的许多学科（专业）类似，教育技术专业发展（尤其是本科人才培养）面临着前所未有的挑战和危机。正如南国农先生曾经的追问："（为什么）当前我们国家的教育信息化可以说是红红火火，教育技术作为一个事业来说，它是红红火火，如日中天，但是作为一门学科来说，它正在逐渐地衰弱，独立生存发展的空间越来越小？"[6]面对着整个国家教育信息化实践的蓬勃发展和全社会终身学习的强大需求，"教育技术学科遇到了更多的挑战而不是机遇，反映在具有教育技术学科点（包括专业点）的200多个大学中，教育技术学科整体处于弱势地位，反映在国家学科发展层面，教育技术学科的影响力偏低"[7]。

当前无论是985、211这样的研究型大学，还是地方本科院校的教育技术学专业，都或多或少面临着各种各样的发展困境与危机。这其中既有专业和学科发展外部复杂环境因素的综合影响，诸如本科生日

益严峻的就业形势，传统师范院校及师范专业的转型，高校人事制度复杂的改革，985、211高校和地方重点院校探索大学通识教育改革给招生、人才培养及课程体系等带来的巨大冲击，地方应用型本科院校将面临新的发展转型等等，但也不同程度反映出了学科和专业自身所存在的诸多问题。

1. 由于学科本身的综合性和交叉性，不同类型院校之间差异极大，导致长期以来无论在专业定位还是在培养目标、专业核心能力及课程体系等方面都存在较大差异，学科共识短时间内难以达成

从本次问卷调查的数据可以发现，目前国内的教育技术本科专业主要分布在以下三个层次的院校：985/211院校、省属重点院校和地方普通院校（甚至还包含了一些职业院校）。省属重点院校和地方普通院校各占半壁江山，985/211院校的数目虽然不多，但其专业影响力和学术影响力都非常大；虽然目前的教育技术本科专业仍然以师范院校为主体，但综合型院校的比例在逐步增大，一些传统的师范院校也正在向综合型院校转型；从院系归属上，教育技术专业现实中设立在如下多个学院（部门）：教育学院（教科院）、人文社会学院、计算机（软件）学院、现代教育技术中心、网络教育学院、新闻传播学院、传媒学院等；从学科取向上，又存在着"教育取向的教育技术"、"计算机取向的教育技术"和"传媒取向的教育技术"[8]；另外，"（教育技术）不单单是一个研究的领域，而且它还有广阔的正在发生着的实践领域"[9]。

教育技术自身的不成熟性、多样性、交叉性和流变性，在一定程度上导致了不同层次院校、不同类型院校、不同地域、不同学科取向、不同实践取向的教育技术专业之间差异极大，无论在专业定位，还是

在人才培养目标、专业核心能力界定及课程体系设计等方面都存在较大差异，学科稳定、可持续发展所需要的基本共识短期之内难以达成。

2. 专业整体办学条件无法满足人才培养的需要

本次问卷调查和专业座谈的情况显示，有19%的被调查专业的基本办学条件没有达到教育部规定的合格要求，有13%的院校面临教学经费严重不足的状况。而且存在专任教师数量不足，生师比较大，年轻教师比例较大的问题。一些地方普通院校的办学条件令人担忧，个别院校存在"教学经费捉襟见肘，导致设备损坏不能及时维修，计算机软件无法升级换代，教师正常的学术交流无法进行，许多高水平的学术会议不能参加"的窘况[10]；存在着"专任教师人数不足（兼职教师比例过大），生师比偏高，没有达到教育部规定的18：1的基本要求"[11]，还面临"专任教师队伍年轻化，缺乏高层次人才和学科学术骨干"的发展困境。[12]

对于新建地方本科院校而言，由于大多数是从专科院校升格或者是办学力量比较薄弱的几所学校合并而成，这类院校无论在基础设施、师资力量、本科办学经验等方面都存在诸多问题，因此属于整个专业发展中的薄弱群体。

3. 受到多重因素影响，部分专业招生和就业面临严峻挑战

国内有学者研究表明，"除了'985工程'院校和多数'211工程'院校生源充足外，绝大多数地方院校教育技术学本科专业的报考人数严重不足，即使是设有教育技术学专业硕士学位授予点的院校也是如此"[13]。这种现象在地方普通院校尤为突出，存在着招生人数递减，部分学生专业认同度不高，专业思想不稳定，调剂现状导致学生低年级转专业等突出问题。[14]在《标准》研制意见反馈中，有院校反映：

"我省的教育技术学逐渐萎缩，很多院校不招本科生或者隔年招本科生……（另一个省）教育技术学专业第一志愿录取率低，带来的是高转专业和低报到率，省内先后有四所地方普通院校停招，一所院校招招停停，只剩下两所师范大学在招生"。

对于教育技术专业本科毕业生的就业和出路问题，一直是国内诸多学者关注的焦点："早在1994年，我们就曾作过一个关于本科和专科教育技术学专业招生、分配和毕业生工作类型的研究……本科教育技术学专业的扩招，不但无益于教育技术及其学科的进一步科学发展，而且这些学生的毕业分配将会成为一个问题"[15]；"教育技术学人才不能满足社会需求，尤其是大量教育技术学专业本科生的出路问题仍然令社会关注，也成为教育技术学科人才培养面临挑战的信号。"[16] 从本次的调研数据来看，中小学信息技术教师仍然是许多院校的主要就业领域。近年来教育部实施的"特岗教师计划"为教育技术学的毕业生提供了良好的工作机会，但由于就业学校教育信息化条件差及计算机专业毕业生的竞争，教育技术学毕业生在中小学从事信息技术教学的并不多，只能根据学校情况任教其他学科。[17]

4. 课程体系庞杂，实践环节薄弱

由于一些院校专业发展定位和人才培养目标欠明晰，致使课程体系庞杂，普遍存在总学分偏高、必修课程所占比例过大的问题，学生可以自主选择的课程空间非常有限。在教育部2012年颁发的《普通高等学校本科专业目录》中，教育技术学可授教育学或理学或工学学士学位，本次问卷调查表明目前各高校在教育技术本科阶段以理学（占69%）和教育学（占26%）为主。不同学位对于人才培养目标及核心能力的要求存在一定差别，如何在课程体系上体现和符合不同学位的要求，这在一定程度上给院校的课程设置带来较大的难度；另外，从本次调查数据可知，从生源来看，目前有25%的院校属于文理兼招，文理科生基础的差异，也给课程设置和教学实施带来一定挑战。

除了课程设置方面的问题，在专业和行业座谈会上反映出的另一个突出问题是，当前人才培养体系中的实践环节有待加强。有企业专家指出当前"（教育技术）毕业生学的东西侧重于学校知识，在实践方面还很缺乏，实习实践经历欠缺"一些院系的专业负责人也强调要加大实践教学的比例，增加项目实践课的学时，提高学生的动手操作能力。而从本次的调查数据来看，仍然有12%的被调查院校没有建设专业教学实验室，有18%的被调查院校没有建立固定的专业实习、实训或实践基地。

四、改进对策与建议

教育技术学专业作为中国高等教育人才培养体系中不可或缺的一部分，必然应当主动适应当前教育全球化和信息化发展的大趋势，同时更要立足于中国社会经济发展和整个高等教育系统综合改革的复杂现实，面向中国的教育信息化实践和终身学习社会的发展需求，改革人才培养模式，探索中国特色的专业发展之路。因此，在选择和制定人才培养方案时，既要考虑当前的市场需求，又要考虑长远的社会发展，还要面向学生的个体发展需要。[18]

1. 不同层次、类型院校（专业）的分类、特色发展

教育部在《关于全面提高高等教育质量的若干意见》中明确了"探索建立高校分类体系，制定分类管理办法，克服同质化倾向"的指导思想，鼓励各高校"根据办学历史、区位优势和资源条件等，确定

特色鲜明的办学定位、发展规划、人才培养规格和学科专业设置"[19]。在上一届"教指委"研究和制定《高等学校教育技术学专业指导性专业规范》的时候，提出"为了很好地适应教育技术学本科专业多样化的发展局面……要坚持分类发展的原则，鼓励各类学校根据自身特点适当调整教学内容，促使各类学校逐步办出自己的专业特色"[20]。新的《教育技术学本科专业教学质量国家标准》中明确提出了"各高校在制定相应专业培养目标的过程中，应从学科自身的发展规律出发，结合国家需求和社会发展趋势、区域和行业特点，在现有办学基础与特色的基础上，充分发挥国家、区域、学校各种资源优化配置的整体优势，因地制宜地制定各专业的培养目标"[21]。例如北京大学教育技术学科"与整个学科的发展相似，北大教育技术学科也面临前所未有的发展机遇和严峻的挑战……通过对教育技术与学习科学发展趋势、国内高校教育技术学科取向的反复调研及分析，并考虑面临的机遇和挑战、现有的研究基础和条件，北大教育技术学科应该定位为'学习科学取向为主的教育技术学科'"[22]；而清华大学教育技术专业则"选择了高等教育数字化学习与管理环境作为主攻方向……探索出了'学科建设与教育信息化实践紧密结合、互动发展'的自主创新发展模式"[23]。

鉴于985/211院校、省属重点院校和地方本科院校及师范院校（专业）和非师范院校（专业）在人才培养目标、发展定位及就业需求等方面的巨大差异，不同院校需要在学科共识和遵循《教育技术学本科专业教学质量国家标准》的基础上分类、特色、差异化发展。地方院校的教育技术专业更应该树立起为地方社会和经济发展（尤其是地方教育综合改革及教育信息化实践需求）服务的办学意识，聚焦地方急需,服务地方发展,实现人才培养目标共性与区域(地方)特色的有机整合,为区域(地方)教育信息化需求培养理论与实践能力兼备的复合、应用型人才。

2. 提高师资水平,注重年轻教师的专业发展

由于在过去的十多年里教育技术专业在规模上发展迅速,致使师资紧缺且整体专业水平不高,许多院校的师资构成以年轻教师居多,无论在教学经验还是研究能力方面都无法满足专业发展、高质量人才培养和为教育信息化实践服务的现实需求。"教育技术学专业人员的素质问题,成为教育技术学学科未来发展的日益严峻的问题。"[24]

为了提高学科师资队伍的整体水平,《标准》中对"教师发展环境"提出了明确的要求:"为教师进修、从事学术交流活动提供支持,促进教师专业发展,包括对青年教师的指导和培养;有条件的高校应积极支持教师开展国际化的学术交流……为教师提供良好的教学工作环境和条件,尤其是体现学科特色和满足学科教学及教师专业发展需求的信息化环境,鼓励和支持教师开展教学研究与改革、学术研究与交流,参与社会服务,进行积极自主的专业发展等。"[25]

随着国内拥有教育技术学博士学位授予权高校的增加(目前已有24所院校拥有教育技术学博士学位授予权,其中16所院校正式招生[26]),随着教育部、各地方政府、各院校对于高校教师出国进修、交流支持力度的不断加大,师资问题的困惑正在逐步缓解。

3. 共建共享专业核心课程

课程是人才培养的主要途径。由于部分院校师资力量薄弱、教学经费和资源有限,导致一些专业核心课程的质量和效果都不尽如人意,严重影响到了人才培养质量。建议围绕《标准》确定的五门共同必修

课程("教育技术学导论"、"教学设计"、"教育技术研究方法"、"教学技术与媒体"和"学习科学与技术")[27]，在"教指委"的统筹下，学习和借鉴大规模开放式在线课程（MOOC）建设的理念和方式，探索专业核心课程的共建共享机制。

在专业核心课程的共建共享中，那些学科基础较好、资源较为丰富、师资力量较强、社会影响力较大的国内教育技术领军院校及教育技术学的国家级特色专业应该树立起开放共享的理念，主动承担起引领和支持整个专业核心课程建设的社会重任。

4. 加强企业培训与绩效技术和在线教育方向的建设

从问卷调查的数据可以发现，受到多种因素的综合影响，当前教育技术专业毕业生传统的就业领域在逐渐萎缩，目前已有近半数的毕业生开始选择各类企业（教育培训公司、教育科技企业、其他公司企业等）就业；另一方面，各院系对于"企业培训与绩效技术"方向人才培养的需求也在增加。而在相关企业方面，对于教育技术专业人才的需求也比较迫切，正如在《标准》研制行业座谈会中某企业老总所言："企业对于教育技术学专业的学生的需求度还是很强烈的，但是现在有一个现象就是需求与供给有所脱节，一方面是需求想找供给却找不到，另一方面是供给想找需求却找不到……因此我认为，不是教育技术学专业的学生不好就业，反而是在他们就业率很高的地方——企业中放弃机会，因此导致了需求与供给脱节的这种现象产生……另外，在教育技术领域绩效改进也是企业比较关心的问题，这个需求未来也会很大。"另一位企业管理者也认为："教育技术原来培养的对象都是教育领域的，其实企业需求很大，比如做产品经理、项目经理等。"

上一届"教指委"在研究和制定《专业规范》的时候,在确定了本专业五个发展方向的同时,也认为"教育技术学专业培养方向在绩效技术与人力资源开发、知识工程等方面也会有很大的发展空间"[28]。国内有学者在探讨国内教育技术学科发展思路时提出了"保住老饭碗、寻找新饭碗和打造金饭碗"的发展路径,其中的"寻找新饭碗"就是建议"将企业培训纳入教育技术学的研究范畴中,能够拓宽教育技术学的研究思路,并为学科的发展提供丰厚肥沃的土壤……高校教育技术学专业关注企业培训的教学设计,能够为推进学科的进一步发展提供现实动力"[29]。在北京大学教育技术学科的三个主要发展方向中,终身学习与人力资源开发(包含了企业培训和绩效技术)就是其中之一。[30]新一届"教指委"在《高等学校教育技术学专业指导性专业规范》的基础上,结合近年来的最新发展和学科实际,将专业方向调整为"信息技术教育、数字教育媒体、教育软件工程、在线教育、企业培训与绩效技术"[31]。

5. 通过多种途径强化专业实践,提高毕业生的实践能力

如何提高和加强教育技术专业人才的实践能力,已经成为当前专业建设中的一项紧迫任务。在《标准》研制的座谈会和调研反馈中,无论是院系管理者还是行业专家都在一致呼吁:"加大专业实践项目的学时,提升学生实践动手能力……加强实践教学和实践能力的培养,增大实践教学的比例。"事实上各院校已经在开展许多切实可行的人才培养改革探索,例如北京师范大学教育技术学人才培养在多年的发展中坚持以实践能力培养为核心,逐步建立起在学科平台之上的"一体化、三层次、共享式"的教育技术学实践新体系[32];华南师范大学建立高校与地方政府、高校、用人单位、行业等参与的人才培养协同创

新平台,注重学生创新实践活动,优化教育实习环节,探索多元化的教育实习模式。"[33]

在《教育技术学本科专业教学质量国家标准》中对"专业实践项目类课程"进行了明确的界定:"指不包括专业实习和教育实习在内的,独立开设的,旨在以实践项目的形式培养学生综合解决信息化环境下教育教学实际问题能力的系列课程。"并且要求"专业实践项目类课程不低于8个学分。"[34]

6. 从自身入手,探索信息技术支持的创新型人才培养新模式

反思以往以及当前正在实施的专业人才培养模式和课程教学方式,作为信息化教学和学习方式倡导者与推动者的教育技术专业人员,事实上并"没能发挥教育技术自身的优越性,没能将各种优良的研究成果首先用于自身的教学实践……不能一方面在大张旗鼓地向外输出新的教育教学模式和新的教育教学理念,另一方面,教育技术工作者自身却始终固守着传统的教学理念,保留着陈旧的教学模式"[35];"在大学教育不断被人诟病的中国,教育技术学科是否也应该发挥其应有的作用,积极推动最新的信息化教学工具与前沿的教学设计理论与模型的应用实践,以培养出在知识经济、信息化时代能立有一足之地的21世纪人才……教育技术学科如何发挥自己所长,提高我国本科教学的质量与效率还需要我们认真思考。"[36]

在《标准》的座谈会上,"如何加强信息技术在本专业课程教学中的常态化应用,如何充分发挥专业优势,在人才培养和新型教学模式的探索中起到引领和示范作用",得到了专业同行的一致赞同。因此,在《标准》中明确提出了"作为教育技术学专业的教师,……能够在自身的信息化教学实践中起到引领和示范作用,积极开展信息技术环

境下探究性教学、以问题为中心的教学、混合式教学、团队教学等新型教学方法和模式的探索"[37]。

7. 注重学科建设，加强学科基础理论研究

专业办学依赖于学科的支撑，要使教育技术学专业建设符合教育技术内涵与学科发展的规律，就要关注学科的发展。[38]但发展至今，教育技术的学科独立地位尚未完全形成，学科特征尚未完全体现。[39]教育技术学理论研究上的贫弱，已经影响到了教育技术学专业人才的培养。[40]

因此，如何有效解决教育技术学专业发展中面临的一系列困惑和问题？如何提高人才培养质量？如何促进学科的健康、可持续发展？必须要加强学科的基础研究，尤其是涉及学科逻辑起点、学科性质、学科定位、学科研究对象、研究方法、学科专业特色等问题的基础理论研究，继续完善学科理论体系的构建，为学科的实践和人才培养打下坚实的科学基础。

结语

纵观美国教育技术专业近三十年的发展道路，也同样不可避免地经历了动荡和不断调整的过程。与中国的教育技术专业发展类似，遭遇过专业停办、专业归属的不断变化及专业方向的不断调整。在1985年至1989年期间，全美有44个专业停办（占到了当时专业总数的25%）。其中伊利诺伊州共有9个教育技术专业，有6个遭遇了停办的厄运。纽约州共有13个教育技术专业，有7个停办。[41]即使是在21世纪的今天，受到经济不景气的影响，美国很多高校的年度拨款预算在逐年下降，其后果就是学校中发展不好的院系将面临"被调整"的厄运，轻则被合并到其他系，重则将被撤销。[42]

作为一个年轻的学科,教育技术的发展必然要经历萌发、狂热、回归、再发展等阶段。[43]目前可以说中国的教育技术学科正处在迅猛发展之后的理性回归和反思、调整时期,但随着中国教育信息化实践的全面、深入展开,随着中国终身学习和学习型社会建设的新发展,对高素质教育技术专业人才的需求也会越来越迫切,教育技术专业的发展将迎来一个既艰难、又充满活力的新时期。

参考文献

[1][19]教育部高教司.教育部关于全面提高高等教育质量的若干意见[EB/OL].(2012-04-23)[2015-01-29].http://www.edu.cn/gao_jiao_788/20120423/t20120423_768680.shtml.

[2][26][35]吴向文.从我国教育技术学博士点建设看其学科发展[J].江苏开放大学学报,2014,(1):39-44.

[3][4]郑忠梅,韦海梅,曹贤中.地方普通院校教育技术学专业人才培养模式的思考[J].电化教育研究,2008,(12):84-88.

[5]教育部.普通高等学校基本办学条件指标(试行)[EB/OL].(2004-03-19)[2015-01-29].http://www.edu.cn/20040319/3101666.shtml.

[6][36]任友群,程佳铭,吴量.一流的学科建设何以可能?——从南国农之问看美国七所大学教育技术学科建设[J].电化教育研究,2012,(6):16~28.

[7][16][23][42]韩锡斌,程建钢.教育技术学科点建设的系统分析和发展策略[J].远程教育杂志,2012,(3):3-10.

[8][29][39][43]任友群,詹艺.第三只眼睛看教育技术[J].电化教育研究,2009,(12):5-9.

[9][15][24][40]刘美凤.中国教育技术学学科发展面临的问题与对策[J].中国电化教育,2003,(10):9-15.

[10][12][14]吴波,黄先恺.地方高师院校教育技术学本科专业办学困境与出路——以上饶师范学院为例[J].上饶师范学院学报,2012,(3):35-41.

[11]杨丽媛,江健玲.地方本科院校教育技术学专业应用型人才培养研究——以嘉应学院为例[J].嘉应学院学报(哲学社会科学),2013,(4):83-89.

[13]杨方琦.新时期教育技术学本科专业发展的思考[J].电化教育研究,2012,(2):101-107.

[17]张子锋.欠发达地区教育技术学专业发展刍议[J].池州学院学报,2014,(5):141-143.

[18][38]张祖忻.教育国际化背景下教育技术学专业发展思路[J].中国电化教育,2012,(6):20-23.

[20][28]黄荣怀,沙景荣.关于中国教育技术学科发展的思考[J].中国电化教育,2005,(1):5-11.

[21][25][27][31][34][37]教育部高等学校2013—2017年教育技术教学指导分委员会.教育技术学专业教学质量国家标准[EB/OL][2015-01-29].http://etjzw.ccnu.edu.cn/.

[22][30]尚俊杰.北京大学教育技术学科:整合与探索[J].北京大学教育评论,2013,(3):65-77.

[32]衷克定.教育技术专业的人才实践能力培养与实践体系建设[J].现代教育技术,2009,(11):131-135.

[33]徐福荫,黄慕雄,胡小勇,赵建华,焦建利."五个三结合"协

同创新教育技术学国家级特色专业人才培养模式[J].电化教育研究,2012,(12):110-114.

[41] 梁林梅.美国教育技术专业近三十年的发展与变迁管窥——基于AECT的系列调查[J].电化教育研究,2010,(11):108-113.

本文选自《电化教育研究》2015年第7期

从"知识"到"思维":教育技术学发展的学科转向

安 涛* 周 进 韩雪婧

进入信息化时代以来,知识更新越来越快,分化越来越细致,这对许多学科的发展既提供了机遇,也构成了严重挑战。作为教育研究中技术学层次的学科,教育技术学是随着技术的广泛应用而逐渐发展起来的,应具有浓郁的技术实践性。而且,教育技术学理应搭上信息化的快车,进入高速发展期,但实际情况并非如此。如南国农先生所言,"当前我们国家的教育信息化可以说是红红火火,教育技术作为一个事业来说,它是红红火火,如日中天,但是作为一门学科来说,它正在逐渐衰弱,独立生存发展的空间越来越小。"换言之,"为什么我们的教育信息化越来越发展,而教育技术学却越来越衰弱?"[1]也就是说,社会需求与学科发展呈现断层现象,这个问题关乎着教育技术学科的发展。虽然造成这种现象的原因是多方面的,但对学科自身发展进行反思势在必行。

本研究基于知识与思维关系,对教育技术学发展进行审视,分析知识本位下的教育技术学发展困境,提出学科思维是超越知识本位的有效途径,并提出教育技术学的学科思维是设计思维,最后对教育技术学学科思维的发展路径进行探讨。

一、知识本位:当前教育技术学发展的理论审视

我国的学术领域普遍存在浓郁的学科情结。作为一门新兴研究领域,我国教育技术学也致力于学科发展与建设。而学科本质上是一种

---

* 安涛(1981—),山东泰安人。副教授,博士,主要从事教育技术哲学与教育技术学科研究。

知识活动，以知识生产为己任，其功能在于发现、传播和应用知识，其形式表现为教学科目与科学研究等。从某种意义上说，学科对知识生产具有重要意义，是知识生产的现代性诉求，奠定了知识生产的确定性。学科是大学教育的"第一原理"，也是"构成其他一切的基石"。总体上看，教育技术学发展与知识活动处于典型的学科发展模式。这对教育技术学发展具有重要意义，能促进教育技术学研究摆脱笼统、随意的前学科研究状态，建立起充满秩序的和确定性的逻辑框架和清晰的立场。[2]教育技术学也由此形成了自身特有的概念、规则与研究视域。

但学科模式也对教育技术学发展产生了严重的消极影响，学科是一种以"为知识而知识"的发展模式，并体现出强烈的"知识本位"特征。而且这种知识生产模式本身具有一定的封闭性，知识活动是一种基于学者的问题与兴趣的纯学术研究，其目的是为科学自身发展，但也人为地割裂了学科之间的关系，使学科之间呈现封闭倾向。而且，学科边界趋于固化，这极易导致学科发展的"孤立主义"与学科壁垒的对立。因此，当面对复杂的社会问题时，知识本位的学科研究显得较为吃力。而教育技术恰恰具有复杂性与多维性，这种单学科研究方式对教育技术问题的解决必然显得捉襟见肘。而且，教育技术学具有强烈的实践性。技术的价值指向是"如何去做"，教育技术是"运用新理念、新技术，破解教育问题，推动教育变革的创新实践领域"[3]。可见，教育技术学的实践"天性"与"象牙塔"式的知识本位学科模式相悖逆。所以，以知识本位的学科研究方式来规训开放性的教育技术学科如同刻舟求剑，必然会削弱教育技术学发展的活力。

知识本位的学科发展模式对教育技术专业发展也造成了消极影响。学科发展的封闭性与学科壁垒导致了落后的人才培养模式和局限性的专业视野，其中最突出的现象便是教育技术专业发展的萎缩，专业招生与学生就业都存在巨大压力。造成这种现象的原因固然是多方面的，但知识本位的固化模式是其中的内在原因之一。教育技术专业培养目标较为滞后，往往注重知识的教学，但忽视了社会需求与创新能力的培养。而当前教育技术专业普遍存在"课程体系庞杂，实践环节薄弱""教育技术专业课程教学改革迟缓，课程设置多年不变，讲授内容更新缓慢"等问题。[4-5]可以说，教育技术专业发展的封闭性与社会需求相脱节，无法满足社会需求，并导致了教育技术专业呈现日益萎缩的发展局面。如有研究指出，"就业去向主要是各级学校的信息技术课程教师；教育相关行业的教学设计和教学资源的开发、应用、管理与评价人员；继续攻读硕士学位的研究生。"[5]"教育技术学专业所培养的博士毕业后做选择时，较少选择教育信息化一线实践岗位，多数选择高校教育技术学专业教师岗位，以至于教育技术学人才培养进入一种自循环式封闭模式。"[3]

所以说，知识本位的发展模式的支配下，教育技术学发展陷入瓶颈，并与社会发展和需求出现脱节现象。因此，教育技术学应打破知识本位的发展模式，寻求超越之路，从而立足于教育实践，投身于教育信息化浪潮之中。

二、学科思维：知识本位的超越之路

学科思维成为教育界讨论的热点话题。随着信息时代的到来与知识量的激增，以传输知识为主的教育模式已不适应时代发展，提升学生素养成为教育发展亟待解决的问题。而且，教育的最终目的也是培养知识的创造者与思考者，而不是知识的接收器。所以，学科思维理应成为教育发展的关键点。虽然有研究对学科思维进行探讨，但都对其内涵语焉不详。本研究认为，学科思维是一门学科在特殊使命引导下的，以一定的学科知识为基础，以相关的概念学科语言为载体，形成的专门化的发现问题、分析问题与解决问题的思维方法及过程。

学科思维在头脑中不是自然形成的，而是经过长期的学科探索与实践并由相应的知识传统与行为准则逐渐升华而形成的。学科思维一旦在学科从业者中获得稳定的认同感，就会形成一种独特的方法系统或由此而来的话语体系，并表现为一种专业化能力、自然而然的思维习惯或定势。也就是说，当主体面对某特定事件时，会产生一种出于本能、不假思索的应对方式或思维性格。比如，数学思维表现为量化、公理化的认知形式，能透过复杂现象来揭示其蕴含的深刻规律及本质特征，进而能给人们带来认识的简洁性与深刻性，以及可知性、公理性、抽象性、确定性、条文性、可计算性等理性化品质。[6]从某种意义上说，学科思维具有本源性意义，是学科发展之"道"的体现。

学科思维具有抽象性与统摄性，其外显还需借助于逻辑推理，其逻辑基础是形式逻辑，包括演绎逻辑、归纳与类比逻辑，"将注重于新的知识、新的概念和新的原理，以及在不同情势下新的语言表述方式。它将不可避免地偏向于逻辑推演或形象把握等细致的技术和策略。"[7]因此，学科思维具有方法论意义，能克服经验性、随意性与偶然性因素的制约。另外。学科思维与学科知识的关系并不是泾渭分明的，而是相互依存、相互塑造。一方面，知识是思维的活动要素和存在条件。知识是思维之源，没有知识便没有思维。"思维和精神是理解、运用知识的基础，知识是精神与思维、能力的载体。"[8]从这种意义上看，知识则是思维活动的对象，并通过思维活动显现出知识的力量与人的智慧。而且，知识也是思维产生的重要条件，人们的思维能力与观念是人们在知识探索与实践过程中逐渐形成发展起来的，是知识内化的结果。另一方面，思维是知识创造的重要前提。知识被认为是思维加工的产物，"思维是知识发生中的加工机器、必要条件和必经环节"[9]，而新知识会随思维活动的开展而产生。可以说"思维为本，知识为流；思维是前提，知识是产品……学习必须优先发展思维能力"[9]。特别是在教育中，思维训练的重要性备受重视。"授人以鱼不如授人以渔"的谚语则形象地说明了思维方法的重要性。可以说，思维表现为知识内化于心的特殊能力，既源于知识又超越知识。从某种意义上，思维是第一性的，而知识是第二性的；学科思维是一个学科的灵魂，而知识则构成了学科的血肉。

三、设计思维：教育技术学的学科思维

教育技术学的学科思维处于缺席状态中。除了知识本位对学科带来的影响，技术的工具理性也制约着教育技术学的发展。各种新技术、新产品应用充斥教育技术领域，人们往往注重技术的功能，而忽视了教育技术本身所蕴含"规律"与"道理"的总结与抽象，学科思维问题并没有受到足够的重视，更未得到彰显。这也造成了教育技术学发展的肤浅与流弊，如瞎子掰棒子，知识积累与思维发展方面上处于低水平徘徊状态。有学者指出，教育技术的"变"为世人瞩目。教育技术学科长期被认为是一个"无根类学科"，或称为"浮萍学科"，而教育技术的"常"却常常被人所忽略。[10]所以，学科思维对教育技术学显得尤为重要。学科思维有助于教育技术学透过纷繁复杂的技术乱象，把握学科发展的一般规律，从而使学科落地生根，摆脱对技术亦步亦趋的发展状态。

学科思维应既能体现教育技术的本质特征，也能反映教育技术的

学科使命。而"设计"被认为是教育技术的一个重要范畴,教学设计被称为教育技术的核心支柱,是沟通教学理论与教学实践、教育与技术的桥梁。事实上,无论是技术应用还是教育情境,都具有劣构性,并不是天生地能促进学生发展,都需要进行一定的技术设计或教学设计以满足学生与教育的发展需要。"有关人造物的设计构成了工程的本质,因为只有设计能建立、规划独特的工程架构,设计将整个工程活动联结成了一个整体。"[11] 可以说,只有通过精心设计,教育技术才能实现信息技术与教育的深度融合,进而促进传统教育的流程再造、结构重组与文化重构,转变教育发展的动力结构,建构促进人的自由、全面和个性化发展的教育新形态。[12]

因此,设计思维可以成为教育技术学的学科思维。设计思维在教育技术界已经引起关注,但更多的是把它作为促进学生发展的一种思维方式,而没有自觉地上升为学科意识。设计思维被认为是设计与思维构成的复合体,将设计的方法、过程与策略内化、上升为一种特有的思维方式。可以说,设计思维并不是设计工作过程,也不等同于设计本身,而是体现为"如何设计"的思维过程,设计人员能够在所要求实现的目标与现实条件之间不停地换位思考,并通过草图、模型等有形物的形式对其思考进行外在化表现,从而寻求设计或创造的最佳方式。目前,最有代表性的设计思维模式是斯坦福大学设计学院提出的 EDIPT 模型,该模型包含移情、定义、设想、原型与测试五个步骤,是建立在用户需求之上的,并通过对设计方案的反复迭代,设计出满足需求的产品或服务。

在教育技术领域,设计思维可以定位于教育技术问题的解决,其要素可以概括为问题形成、问题表征、创建假设、检验假设与实践应用五个要素。具体而言，教育技术设计者首先基于特定的教育情境和自身的知识与经验，形成需要解决的教育技术问题；其次对问题加以表征，进行界定、分类或分解，以建立理解和掌握问题的系统框架；然后对问题解决建立假设，提出可能的解决方案；再对方案进行检验，使解决方案更加清晰具体，并且验证它们是否有效；最后，在具体实践情境中对设计方案加以应用，也会对方案进行综合评价和意见反馈。研究证明，设计思维能提高教学质量，也能通过显性化支架优化在线学习活动的设计，提高学生的学习质量。[13]

设计思维通常需要借助一定的逻辑推理或问题解决方式，为复杂教育技术问题的解决或新产品的创造提供方法论。常用的逻辑推理有演绎、归纳与类比推理，演绎与归纳逻辑表现为线性推理方式，能借助已有的解决方法对未知问题做出分析与判断，可以提高问题解决的可靠性，更适合良构问题的解决；而类比方法具有更高程度的思维跳跃性，能根据已有的问题解决原型或范例的相关性完成新问题的解决，对复杂问题与劣构问题的解决极具启发性。可以说，设计思维能为复杂的或无章可循的问题提供创造和再造的思路或启发，使得问题解决更加条理化、清晰化，也能使教育技术人员掌握问题思考、创意构思与原型迭代等能力，使教育技术活动变得简单透明、有"法"可依。[14]

本质上而言，设计思维既是一种技术理性，也表现为个体的"实践智慧"。技术理性是设计思维的基础。设计思维不同于人的经验与感觉，强调思维的逻辑性、解决问题以及规范性，并基于计算、衡量与系统的观点。因此，设计思维闪耀着技术理性的光芒。倘若没有技术理性的基础性作用，设计思维也将沦为个体的经验之谈，不可避免地带有个人思维的主观性与片面性。虽然技术理性在学理上饱受争议，但它仍然没有作为一种深层的、内在的机理与文化精神而全方位地渗透到教育技术的运行之中,教育技术学依然需要技术理性的指引。另一方面,设计思维应超越技术理性的物化思维,强调思维的非逻辑性,体现人的实践智慧。教育技术问题充满情境的多元性、复杂性与不确定性,而且教育技术发展的价值指向是人的发展。因此,设计思维还应发挥人的主体性,强调设计的人文性、情感性,重视人的灵感、想象力与创造性直觉等非逻辑思维。这不仅能促进设计思维的独创性、人性化,还能为设计过程与产品带来动态的、多样化与美感体验。可以说,设计思维理应基于人的自由本性与选择,表达人的实践智慧。当设计思维"超越了实用功能及技术理性而指向生存终极意蕴的叩问时,这种本真意识与自由选择作为内在的生命动力驱动着设计思维过程"。[15]因此,设计思维应该是功能与形式、技术与艺术、物质与精神的统一。

另外,设计思维能统摄教育技术学的发展。从学科角色与定位看,教育技术学是一门实践性与桥梁性学科。设计思维能建立人的发展、教育情境与技术手段的关系,恰好能有效推动学科"如何实践"的问题,并能成为教育技术学的灵魂。设计思维具有发散性,促使思维向多方向扩展,能"对头脑中保持的经验进行改造,按新样式组合起来,当然这不是简单的机械性组合,参与到新关系中的个别思考发生着变化,同别的思考结合为新的伙伴关系,形成新思考"[16]。具体说,设计思维一方面能面向教育技术问题与事实本身,从复杂的教育技术关系和生成体验中解决问题,另一方面,设计思维能从多角度、多层次与多学科中汲取知识与灵感,从而促进教育技术学的发展,开拓教育技术学的研究视野,同时还能促进不同学科知识与方法的融合,从而有助于教育技术学增进学科内涵，培育上位理论，凝聚学科"硬核"。可以说，一个成熟的学科应张弛有度，释放着浩然的原创之气和理性力量。[17]设计思维成为教育技术学发展的重要驱动力，不仅能揭示教育技术存在的内在规律，解决教育技术问题，还能实现对教育技术知识与现象的切实整合与转换，使教育技术学发展产生相应的"内聚力"。

四、教育技术学设计思维的生成

对于教育技术学这样一门新型学科来说，设计思维需要在学科实践与发展、学科教育的过程中逐渐养成。传统的学科发展方式只是就知识论知识，设计思维隐藏在知识传输与培养过程中，要靠从业者主动领悟。因此，教育技术学设计思维的培育应从自发状态走向学科自觉。在此，本研究从教育技术观的反思以及学科人才培养模式的转变两方面进行论述。

首先，教育技术学应走出技术决定论的束缚，树立建构性的教育技术观，并完成经验转向。当前教育技术领域依然充斥着技术决定论的思潮，不假思索地将技术作为促进教育发展的决定因素，但事实上技术不是影响教育发展的灵丹妙药。教育技术不应只是被动接受技术，而是去审视技术、理解技术。实际上，在教育发展中"技术是长板，教育是短板"。也就是说，技术因素并不是制约教育技术发展的问题，而教育问题才是制约教育技术发展的瓶颈。教育技术学发展应该是"根据教育问题找技术"，而不是"用技术套教育问题"。否则，教育技术学发展便有削足适履之嫌，在死胡同里徘徊。显然，技术决定论视野中并不存在设计思维的生长空间。

根据技术建构论的观点，任何技术活动的发生与发展都有一定的社会前提，它的实施都涉及社会的诸多因素。技术只有适应了社会发展才能得到发展，否则便会受到制约。[18]因此，建构性的教育技术观能从教育技术复杂的、动态的关系和情境中坚持"以学生为本"，正确把握与处理人、教育与技术关系，使技术真正服务于教育，促进人的发展。所以说，技术建构论本身蕴含了技术的设计思维，教育技术学的技术建构观也需要设计思维的发展。

更进一步说，教育技术发展应关注各种技术所包含的具体的教育经验因素，而不应局限于一般意义的、大写的、抽象的技术，也不仅仅从人文主义的视角对技术进行批判，而更多是从经验主义和实用主义的角度对具体的、特殊的技术进行分析与设计。[19]也就是说，通用性、模式化的技术未必适合所有教育情境，教育技术应用还应因人而异，针对不同人群和教育情境进行个性化的设计与再造。这便要求教育技术应增强设计意识，从技术的物理结构、特定的教育情境、使用者的意图以及学生的技术需求等多方面因素入手，设计或开发专门功能的技术产品或过程。所以，教育技术应走向复杂的、具体的教育情境，在微观教育世界中设计技术，促进学生的发展。反过来说，通过实践中设计能力的锤炼，能促使教育技术设计思维的提升与生成。

其次，教育技术学设计思维的形成还依赖学科人才培养模式的转变。"设计思维的培养是一种意识的培养，一种思维模式的建立，一种观察角度的转换，也是一种审视态度的转变。"[20]知识本位的学科培养模式与学科建制对教育技术学发展已产生严重束缚，教育技术学的人才培养需要转换新的模式与思维。因此，教育技术学设计思维培养也应因势利导，走出以往单纯知识传输模式的窠臼，面向真实的教育技术问题，在"做中学"中完成设计思维的培养与升华。事实证明，基于项目或问题的教学模式能有效培养学生的设计思维，学生针对具体问题进行研究，提出问题的解决方案或设计原型，并对方案或原型不断加以完善。在这个过程中，学生既能建构理性的、抽象的教育技术学知识基础，又能发展有效的问题解决与自主学习能力，并完成设计思维的内化。比如，美国教育技术学科建设能为此提供启发，"学生亲身参与系里研究中心或其他研究项目的研究，经历一个完整的研究过程，并在其中得到严格的学术思维与实践能力训练。"[1]另外，世界著名的IDEO设计公司、斯坦福大学设计学院等机构提出的一系列一般性的设计思维模式也可以为设计思维教育提供可借鉴模式，这些模式都强调真实的研究与反复迭代的学习过程，能有效培养学生的想象力与设计思维。

显然，设计思维教育的培养模式具有鲜明的多元性。教育技术学培养模式必须完成学科组织结构的变革，走出校园并借助外生的社会逻辑力量，在更广阔的跨学科空间中寻求设计思维的沉淀与凝聚。而且，设计思维教育更注重学习情境的多元性，不再局限于大学的教室，还包括非学术性的企业、咨询机构等。学习成员也具有多样性，围绕不同的问题，灵活选择不同研究团队，"在这个过程中所汇集的经验创造出一种能力，这种能力非常宝贵且被转移到新的语境之中。"[21]还需要指出，设计思维教育虽然具有一定的跨学科性，但完全采用跨学科的设计思维训练取代教育技术的学科教育也是不可取的。跨学科需要以教育技术学科为基础学科，这是其发展的基点。教育技术学的学科教育有助于培养学生学科认同感和能力凭证，并培养学生本学科的思维视角和世界观。而跨学科教育承载着多元认知方式与多重社会认同，能给予学生全面的思维视野和问题解决能力。所以，教育技术学设计思维教育也需要在学科教育与跨学科训练之间寻求平衡，以培养学生的"双重认同"——既忠于本学科，又认同现在所涉及的研究问题。[21]

参考文献

[1] 任友群,程佳铭,吴量.一流的学科建设何以可能——从南国农之问看美国七所大学教育技术学科建设[J].电化教育研究,2012(6):16-28.

[2] 安涛,李艺.教育技术学的"学科"与"跨学科"发展[J].电化教育研究,2015(6):9-15.

[3] 陈丽,王志军,郑勤华."互联网+时代"教育技术学的学科定位与人才培养方向反思[J].电化教育研究,2017(9):5-12.

[4] 杨九民,梁林梅.教育技术学本科专业发展现状及改进对策研究[J].电化教育研究,2015(7):98-103.

[5] 刘和海,饶红.我国师范院校教育技术学学科建设:现状与反思[J].中国电化教育,2015(6):31-41.

[6] 魏建国.数学思维与近代西方法制形式理性化[J].社会科学研究,2006(7):99-41.

[7] 陈金钊.法律思维:一种思维方式上的检讨[J].法律科学,2003(2):10-15.

[8] 王家耀.地理信息系统的发展与发展中的地理信息系统[J].中国工程科学,2009(2):10-16.

[9] 姜继为.思维教育导论[M].北京:中央编译出版社,2012:3,15.

[10] 李芒.论教育技术的"原理"[J].电化教育研究,2011(8):5-8.

[11] MITCHAM C. *Thinking Through Technology: The Path Between Engineering and Philosophy* [M]. Chicago: The University of Chicago Press, 1994:216.

[12] 左明章, 卢强, 杨浩. 协同推进机制创新：促进信息技术与教育深度融合的可能之路[J]. 现代教育技术, 2017（4）：59-66.

[13] 尼尔·安德森, 卡洛琳·蒂姆斯, 卡林·哈吉哈希米. 使用设计思维方法提高在线学习质量[J]. 中国远程教育, 2014（9）：5-12.

[14] 闫寒冰, 郑东芳, 李笑樱. 设计思维：创客教育不可或缺的使能方法论[J]. 电化教育研究, 2017（6）：34-40.

[15] 李平. 设计思维的悖谬性阐释[J]. 艺术百家, 2011（4）：190-195.

[16] 余雁. 跨越边界——多元视角下的设计思维[J]. 艺术评论, 2013（1）：129-132.

[17] 钟海青. 论教育理论研究的困境与超越[J]. 华东师范大学学报（教育科学版）, 2004（9）：7-12.

[18] 许良. 技术哲学[M]. 上海：复旦大学出版社, 2004：215-216.

[19] 张成岗. 西方技术观的历史嬗变与当代启示[J]. 南京大学学报（哲学·人文科学·社会科学版）, 2013（4）：60-67.

[20] 孙屹. 设之计, 思之维——浅析设计思维的培与养[J]. 文艺争鸣, 2015（8）：206-208.

[21] 迈克尔·吉本斯. 知识生产的新模式[M]. 陈洪捷, 沈文钦, 等译. 北京：北京大学出版社, 2011：6, 132.

本文选自《电化教育研究》2018年第9期

出版说明

教育是国家进步、社会发展、经济繁荣和民族振兴的基石。改革开放40年来，我国教育学科无论在理论还是在实践上，无论在研究的范围和深度、广度上都取得了令人欣喜的新发展。

改革开放40年来，伴随着教育制度体系的不断完善，我国教育学科理论研究水平得到进一步提升。这期间，无论是1985年《中共中央关于教育体制改革的决定》还是2017年颁布的《关于深化教育体制机制改革的意见》，每一次国家教育政策的出台都充分依靠和吸收了教育学科理论的新发展。而梳理、总结我国教育学科40年来所获得的大发展，对丰富和发展中国特色社会主义教育理论体系，坚定中国特色社会主义教育自信无疑地具有非常重要的意义。

40年来我国教育学科各分支学科在改革开放的大背景下都实现了各自不同的快速发展。本丛书分为高等教育学、教育哲学、教育经济学、教育技术学、比较教育学、课程与教学论、教育管理学、教育社会学、教育政策学九卷，从不同学科角度体现改革开放推动我国教育科学获得的重大发展。

丛书撰写既面向世界，又立足中国。每卷内容主要分为两部分，第一部分在厘清该学科产生与发展的背景基础上，阐释改革开放促进这些学科在中国的建立与发展（包括理论研究、人才培养、学术共同体建设等），体现时代性。该部分在丰富翔实的资料的基础上，集中梳理、阐释该学科改革开放40年以来所取得的重大进展；第二部分汇集了这一时期学科研究的代表性论文，作为重要文献积累，意在从另一个角度呈现中国教育学科的重建、发展、改革和创新的真实历程，体现教育学者对相关学科发展的思考与探索。为建构中国特色社会主义教育理论体系尽一份绵薄之力是我们出版这套丛书的初衷。

必须说明的是：从本丛书的主题选择到分卷主编的选定，以及丛书名的确定都得到了我国著名教育家顾明远先生的热情鼓励和亲切指导。2018年1月，年近九旬的顾明远先生冒着严寒亲临丛书编写会并主持讨论，对丛书编写的意义、体例、内容、实施做了十分具体的指导，给了与会者很大的激励。但是，顾先生几次声明不做丛书主编，他相信各位分卷主编的专业能力和学术素养，因此，丛书只设编委会，不设总主编。尽管如此，顾先生一直关注着丛书的撰写和出版进度，并不辞辛苦地给予具体指导。在我们的力邀下顾先生撰写了丛书序言，在此我们对尊敬的顾先生表示由衷的谢意！

由于丛书从选题确定到付梓周期很短，这期间各位分卷主编和相关编者能够在百忙之中，倾情投入丛书的撰写，并对丛书的编辑出版工作给予了大力支持，在此也向他们表达我们由衷的感谢！感谢所有被选文章的作者，正是他们的真知灼见，推动了教育学科的向前发展！感谢授权我们选用文章的作者和各家期刊社，正是他们的授权，让本丛书能够更好地展现教育学科40年来的发展。

为保护知识产权，我们向选文权利人（作者或期刊）邮寄了授权协议书，部分权利人收到并签署了授权协议。但由于种种原因（如联系方式变动），希望一些尚未收到协议书的权利人看到本书后能主动与我社取得联系。在此，先对由此给有关学者或期刊造成的不便表示歉意。

在编辑过程中，为保留选文的原貌，我们只对个别错字、讹误按编辑规范进行了改动，并根据图书的出版要求对部分文章的版式进行了调整。由于时间仓促，这套丛书一定还有很多不完善之处，希望读者多提宝贵意见和建议，以便重印和再版时更正。

高等教育出版社有限公司

2018年11月20日

郑重声明

高等教育出版社依法对本书享有专有出版权。任何未经许可的复制、销售行为均违反《中华人民共和国著作权法》，其行为人将承担相应的民事责任和行政责任；构成犯罪的，将被依法追究刑事责任。为了维护市场秩序，保护读者的合法权益，避免读者误用盗版书造成不良后果，我社将配合行政执法部门和司法机关对违法犯罪的单位和个人进行严厉打击。社会各界人士如发现上述侵权行为，希望及时举报，本社将奖励举报有功人员。

反盗版举报电话　　（010）58581999　58582371　58582488
反盗版举报传真　　（010）82086060
反盗版举报邮箱　　dd@hep.com.cn
通信地址　　北京市西城区德外大街4号　高等教育出版社法律事务与版权管理部
邮政编码　　100120